司法・犯罪心理学入門

捜査場面を踏まえた理論と実務

桐生正幸・板山 昂・入山 茂

［編著］

福村出版

はじめに

　日本において、初めての心理学国家資格「公認心理師」が定められ、大学カリキュラムの中に「司法・犯罪心理学」の講義科目が明記された。

　これまでの司法・犯罪心理学の講義内容は、概ね司法精神医学や臨床心理学に基づく犯罪者の動機や処遇・矯正に関する内容が多く、また成人犯罪よりも少年非行について講義が多くなされてきていた。そのため「公認心理師」に関わるカリキュラム内容も、処遇・矯正などの実務的な内容が主となり、心理学を学ぶというよりも司法機関の組織や業務手順を学ぶ傾向が強いものになっているものと思われる。

　しかしながら、現在の犯罪とその周辺事象に関連する心理学研究は多様化しており、処遇や矯正における臨床心理学的アプローチや異常心理学による講義内容だけでは十分な対応はできなくなっている。たとえば、犯罪捜査における研究では、犯罪者の行動を中心に統計学や地理学などを加味して学際的研究が実務ベースで実施されている。また、被害者への心的援助の研究や目撃者の記憶の検討など、犯罪者以外に焦点を当てた研究も盛んに行われている。

　このような研究動向は、司法・犯罪心理学とは何か、と問うたときに「犯罪者や、犯罪に関与する被害者、目撃者、物理的環境などに対し、心理学の理論によって分析、検討を行う学問」と、あらためて定義する必要性があり、それに見合った大学教育、研究を実施すべきことが強調されるものと考える。

　そこで本書では、このような動向に沿って、大学院生や初学者などが、実際の犯罪捜査場面を踏まえた研究を行う際に、確認すべき法的手続き、理論、研究方法、研究テーマなどをまとめてみたところである。2012 年に出版した前書『基礎から学ぶ犯罪心理学研究法』（福村出版）では、「犯罪者に出会わなくても犯罪心理学は研究できる」をテーマに、大学生が行える基本的な心理学研究のデータ収集、分析、結果のまとめ方などを示した。それを踏まえ本書では、犯罪捜査分野の司法・犯罪心理学研究にて、最前線の若手研究者を多く執筆者として招きレベルアップした構成になったところである。

まずⅠ章は、犯罪捜査における法的手続き、社会心理学との関連、科学捜査・司法検視、統計手法・データ分析について構成している。

　司法・犯罪心理学の研究を実施するうえで、法と科学捜査の手順は必要不可欠な知識である。これまでの司法・犯罪心理学の専門書にて刑事訴訟法を解説するものはほとんどないことから、本章は大いに参考となるであろう。また、社会心理学との関わりや研究成果を知ることは、犯罪行動に限らない広く一般的な人間行動への視点を得ることができ、加えて多変量解析といった統計手法が有力な分析ツールになることを理解できるであろう。この章では、研究をスタートするうえでの土台固めをしていただきたい。

　Ⅱ章では、認知心理学や社会心理学から司法・犯罪分野へアプローチした研究分野を紹介している。目撃証言、取調べ・供述、裁判過程の心理学、被害者非難・責任帰属、といったテーマは、司法・犯罪心理学研究が始まって以来、断続的ではあるが続けられている研究であり、多くの豊かな知見と有用な研究手法を残している。新進気鋭の各執筆者が、最新の研究成果を踏まえてわかりやすく解説している。ぜひ、引用文献なども入手して確認し、研究土壌を豊かにしていただきたい。

　Ⅲ章は、今後ますます研究が進められるであろう、交通事故・交通捜査、テロリズム・スパイ、性犯罪における認知行動療法についての解説である。昨今の高齢者による交通事故における認知能力の分析などをみても、交通事故、交通事件の捜査に心理学的知見が投入される可能性は極めて高い。また、オリンピックや万博といった国際的な催しにおけるテロ対策においても、テロリストの心理を把握することは重要である。そして、認知刑法犯の総数が激減しているなか、決して減少していない性犯罪の心理的要因を探るために、認知行動療法の手法は大いに参考となる。

　なお各章には、多岐にわたった内容のトピックスが挿入されている。これらからも、読者は、今後の研究のヒントを得ることと思われる。

　さて本書は、司法・犯罪心理学の研究を目指す初学者のためにまとめたものであるが、現在、犯罪捜査において、心理学研究がどのように関わっているのかを知るうえでも参考となる。それゆえ、実際に犯罪捜査に携わる警察職員の

方々にとっても、有益な文献になるものと考えている。欧米と同様に日本においても、警察鑑定以外に大学の心理学者などから捜査段階での意見書や裁判における鑑定書などが、法廷に数多く提出され始めている。私も、これまで殺人事件など複数の事案において意見を求められ、書面を作成した経験を持つ。警察職員にとっても、最新の司法・犯罪心理学が犯罪捜査にどのように寄与しているかを知ることは、極めて重要なことであろう。ぜひ、エビデンス重視の科学捜査の一つとして、司法・犯罪心理学を、犯罪捜査場面にて活用するきっかけを見出していただきたい。

　今、司法・犯罪心理学の研究は着実に進んでおり、社会への影響や有用性も現れ始めている。本書は、犯罪心理学理論をカタログ的に示したものでもなければ、猟奇的犯罪者の紹介もない荒削りな学術書ではあるが、それらの影響や有用性を明確に記している。犯罪捜査に携わる読者や関心を持つ読者にとって、これまでにない読み応えを感じてもらえると確信しているところである。

2019 年 9 月

編者を代表して　桐 生 正 幸

もくじ

理論・分析手法

I

この章では、犯罪捜査を主眼とした司法・犯罪心理学の研究において、基礎となる理論と具体的な手法について説明する。

　1節では、「犯罪捜査における法的手続き」について弁護士である有賀隆之氏に執筆をお願いした。いうまでもなく、犯罪事象に関する研究においては、刑法、刑事訴訟法などの法律を念頭に置いておくことが重要である。心理学は自然科学的手法にて研究を行うものであるが、研究対象とする犯罪事象の多くが法律によって定められているものである。また、犯罪捜査も法的手続きによって進められており、関連する法律を知っておくことは司法・犯罪心理学の研究をするうえで必須といえよう。

　2節と3節では、研究をより潤沢にするうえで不可欠な社会心理学理論と法医学的知見から、新たなアプローチについて論じている。科学捜査の現場に長年携わり博士（社会心理学）の学位も持つ岩見広一氏には、犯罪者プロファイリングの研究から、また本邦で唯一心理学的検死の研究を進めている入山茂氏には法医学の視点から、それぞれ示唆に富む論を展開していただいた。

　4節では、犯罪事象の資料や収集データの分析に欠かせない統計的手法について、実際の分析事例や具体的な方法について説明を行った。ここでは、編者である桐生が講義内での実施例を示し、また研究などに協力いただいている SAS JMP の担当者からテクニカルな解説をいただいている。

　各トピックスでは、厳罰化問題や新たな捜査資料となりつつあるドライブレコーダー活用例、鑑識、海外研修について記載されている。本文と照らし合わせながらお読みいただきたい。

犯罪捜査における法的手続き

有賀隆之

1. 総　論

（1）捜査の意義

　捜査とは、犯罪が発生したときに、その犯人と証拠を発見し、収集し、保全する捜査機関の活動をいう。

　捜査は、捜査機関が行う活動であり、たとえば国税査察官や入国警備官など特殊な行政機関が行う調査は、捜査に類似するが、捜査ではない。

（2）捜査の原則

　捜査は、社会秩序維持のために必要な活動である一方、その目的を達するために、強制処分によって被疑者その他の関係者の人権侵害を伴うことがある。そのため、捜査を考えるにあたっては、捜査による社会秩序維持や真実発見の必要性と基本的人権の保障のバランスを常に考える必要がある。こうした観点から、捜査における原則として、任意捜査の原則と令状主義がとられている。

（a）任意捜査の原則

　任意捜査とは、強制処分によらない捜査をいう。これに対し、強制捜査とは、強制処分による捜査をいう。

　強制処分は、個人の意思を制圧し、身体、住居、財産等に制約を加えて強制的に捜査目的を実現する行為など、特別の根拠規定がなければ許容することが相当でない手段をいい、刑事訴訟法に特別の定めのある場合でなければすることができない（刑訴法197条1項但書）。また、任意捜査で同一の目的を達することができる場合には強制捜査によるべきではなく、できるかぎり任意捜査によるべきとされる。これを任意捜査の原則という。

　強制捜査は、人権侵害を伴うものである以上、できるかぎり回避することが望ましいことから、あくまで例外とされ、任意捜査が原則とされている。

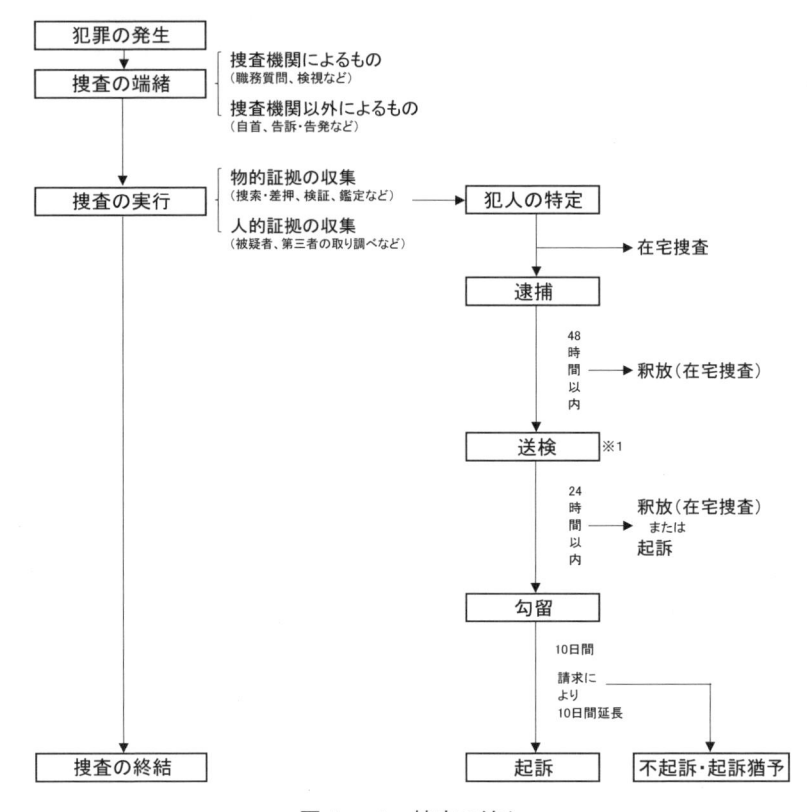

図1－1　捜査の流れ

※1：検察官および検察事務官による逮捕の場合には送検はなく、逮捕後48時間以内に
　　　勾留または起訴しないかぎり、釈放しなければならない。

(b) 令状主義

　令状とは、逮捕・勾留、捜索・差押などの強制処分の裁判書である。令状主義は、すべての強制処分は令状がなければ行うことができないという原則である。ただし、例外として、法の定めに基づき、現行犯逮捕など令状なしで強制処分を行うことができる場合がある。

(3) 捜査の主体（捜査機関）

　捜査の主体は、捜査機関である。捜査機関には、検察官、検察事務官、司法

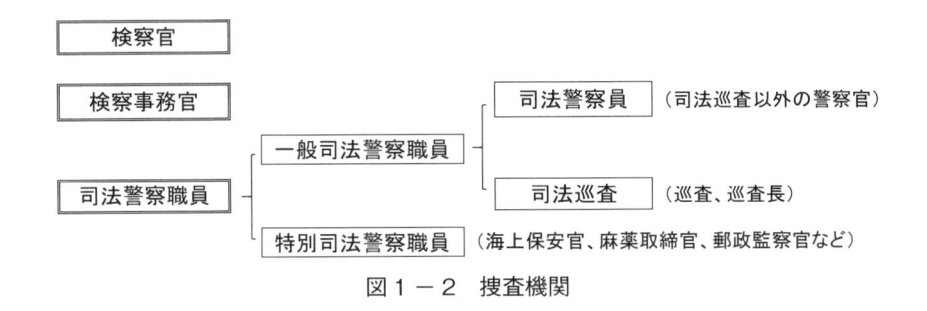

図1－2　捜査機関

警察職員の３種類がある。このうち、司法警察職員には、一般司法警察職員（警察官）と特別司法警察職員（海上保安官、麻薬取締官、郵政監察官など）があり、さらに、一般司法警察職員には、司法警察員と司法巡査がある。司法巡査は、司法警察員の補助的な立場にあり、概ね巡査と巡査長がこれにあたる。司法巡査以外の警察官が司法警察員である。

２．捜査の端緒

（1）総説
　捜査は、捜査機関が犯罪があると思うときに開始される。捜査が開始されるに至った原因を捜査の端緒という。捜査の端緒には、捜査機関が直接認知する場合と捜査機関以外が認知して捜査機関に届け出るものがあるが、その方法に制限はない。たとえば、新聞・雑誌やテレビ・ラジオ等の報道による情報や風評、噂話などから犯罪を認知する場合も捜査の端緒となる。捜査の端緒により、捜査は開始される。

（2）捜査機関による捜査の端緒
（a）職務質問（警察官職務執行法２条１項）
　警察官は、異常な挙動その他周囲の事情から合理的に判断して何らかの犯罪を犯し、もしくは犯そうとしていると疑うに足りる相当な理由のある者等を停止させて質問することができる。また、職務質問をするため、付近の警察署等への同行を求めることができる（任意同行）。

13

　職務質問は任意捜査であるため、身体の拘束や答弁の強要をすることはできないが、個人の自由意思が制圧されたといえない範囲の有形力の行使は職務質問に付随する正当な職務行為として、令状がなくとも認められる。たとえば、職務質問中に逃げ出した者を、さらに質問を続行すべく追跡して背後から腕に手を掛けて停止させたり、職務質問に附随して所持品検査を行うことも一定の限度で認められる。

(b)　検視（刑訴法 229 条 1 項）

　検視とは、変死者または変死の疑いがある死体について、死体の状況を見分することをいう。

　変死者とは、老衰死や病死等の自然死ではなく、犯罪により死亡した疑いのある死体をいう。また、変死の疑いがある死体とは、自然死か否か不明な死体であって、不自然死の疑いがあり、かつ犯罪によるものかどうか不明なものをいう。検視に令状は不要である。

(3)　捜査機関以外による捜査の端緒

(a)　自首（刑法 42 条）

　自首とは、犯罪事実または犯人が誰であるか捜査機関に発覚する前に、犯人が自ら進んで捜査機関に犯罪事実を申告し、処罰を求めることをいう。

(b)　告訴・告発・請求（刑訴法 230 条、239 条 1 項）

　告訴・告発・請求は、いずれも犯人以外の者が捜査機関に対して犯罪事実を申告し、その訴追を求める意思表示である。

　これらのうち告訴は、告訴権を有する者が行うものであるのに対し、告発・請求は、告訴権を有する者以外の者が行うものである点で異なる。刑訴法上、告訴権を有する者として定められているのは、被害者やその法定代理人などである。なお、これらに類似する被害届は、犯罪事実の申告を行うのみであり、訴追を求める行為ではない点で異なっている。

3.　捜査の実行

　司法警察職員は、犯罪があると思料するときは、犯人および証拠を捜査する

ものとされている（刑訴法 189 条 2 項）。捜査は、証拠を収集し犯人の身柄を確保して犯罪を明らかにしたうえで、最終的に検察官による公訴提起を行うことを目的に行われる。捜査の目的を達するため、捜査機関は必要な手段、方法を用いることができる。

（1）物的証拠の収集

　物的証拠の収集は、任意捜査による場合と強制捜査による場合があり、前記した通り、任意捜査が原則であり、強制処分を伴う強制捜査を行うには令状が必要であるほか、刑訴法に特別の定めがある場合でなければ行うことができない。近年は捜査手法が多様化していることから、強制処分に該当するか否か問題となる捜査手法が多い。

（a）任意捜査

①領置

　捜査機関は、遺留品や所有者等から任意提出を受けた物を領置することができる（刑訴法 221 条）。これを領置といい、任意捜査に該当する。

②写真撮影

　写真撮影は、個人のプライバシーを侵害するものであるが、必要性・緊急性を考慮のうえ、具体的状況において相当と認められる範囲内において、令状なくして写真撮影をすることは許容される。

③通信履歴の保全要請

　通信事業者が有する通信履歴（ログ）は、比較的短期間に自動的に消去されることが多いが、ネット犯罪等の犯人特定のための有力な証拠となるため、捜査機関は、通信事業者に対して、原則として 30 日を超えない期間を定めて、ログを消去しないよう書面で求めることができる（刑訴法 197 条 3 項）。ログは加入者に処分権はないため加入者の権利を直接侵害するものではなく、記録を消去しないよう要請するものにすぎないことから強制処分には該当しない。

（b）強制捜査

①捜索・差押

　捜索とは、一定の場所、物または人の身体について、物または人の発見を目的として行われる強制処分をいう。また差押とは、物の占有を取得する強制処

分をいう。これらの捜査を行うためには、原則として捜索・差押令状が必要であり、捜索・差押令状に明示された場所および物の範囲内でのみ行うことができる（刑訴法 218 条 1 項前段）。ただし、被疑者逮捕の現場等で必要があるときは、例外的に令状なしで捜索・差押をすることができる（刑訴法 220 条 1 項）。

②検証・鑑定

検証は、場所、物、人について、五感の作用により、その形状を関知する処分である。また鑑定は、特別の知識経験を有する者による、事実の法則またはその法則を具体的事実に適用して得た判断の報告である。検証には、強制処分にあたらない実況見分と、強制処分にあたる検証がある。身体検査も検証の一種であるが、とくに身体検査令状によらなければならない（刑訴法 218 条 1 項後段）。強制処分にあたる検証であっても被疑者逮捕の現場等で必要があるときは、令状なしで行うことができる（刑訴法 220 条 1 項）。

③通信傍受

通信傍受は、電話その他の電気通信において、現に行われている他人間の通信につき、その内容を知るため、当該通信の当事者のいずれの同意も得ないで、これを受けることをいう。通信傍受は、「犯罪捜査のための通信傍受に関する法律」により、一定の重要な犯罪について、厳格な要件のもと、傍受令状により行うことができる。

④強制採尿

体内にある尿は、とくに薬物事犯において重要な証拠となる。被疑者が尿の任意提出を拒む場合には、尿道にカテーテルを挿入して強制的に採尿される。実務においては、医学的に相当と認められる方法によるという条件のもと、捜索・差押令状に基づき行われる。

⑤GPS 捜査

GPS 捜査は、GPS 機器を個人の所有物に装着することでその移動状況を逐一把握することを可能とする捜査方法であるが、個人の意思に反して私的領域に進入するものとして、強制処分に該当する。

（2）人的証拠（供述証拠）の収集

人的証拠（供述証拠）の収集は、被疑者の取調べと第三者の取調べがある。

逮捕・勾留されている被疑者を除き、取調べについては、出頭を拒み、またいつでも退去することができる（刑訴法198条1項但書、223条2項）。ただし、捜査に欠くことのできない知識を有すると明らかに認められる者が出頭または供述を拒んだ場合には、第1回公判期日前に限り、検察官の請求により、裁判官による証人尋問ができる（刑訴法226条）。なお、被疑者の取調べに際しては、あらかじめ供述拒否権があることを告げる必要がある（刑訴法198条2項）。

（3）身柄の確保

　犯人の身柄の確保は、逮捕・勾留により行われる。これらは強制処分であるため、原則として令状が必要となる。

（a）逮捕

　逮捕には、通常逮捕、現行犯逮捕、緊急逮捕の3種類がある。

①通常逮捕（刑訴法199条）

　逮捕状による逮捕である。検察官または司法警察員は、罪を犯したと疑うに足りる相当な理由がある者について、裁判官に対して逮捕状の発付を請求し、発付された逮捕状を被疑者に示したうえで逮捕することができる（刑訴法201条）。

②現行犯逮捕（刑訴法212条1項）

　現に罪を行い、または現に罪を行い終わった者を現行犯人といい、誰でも、逮捕状なしに逮捕することができる。これを現行犯逮捕という。現行犯逮捕は、嫌疑が明白であり誤認逮捕の危険は少なく、緊急性があることから令状主義の例外として認められている。

③緊急逮捕（刑訴法210条1項）

　捜査機関は、死刑または無期もしくは長期3年以上の懲役・禁固にあたる罪を犯したことを疑うに足りる十分な理由がある場合で、急速を要し、裁判官の逮捕状を求めることができないときは、その理由を告げて犯人を逮捕することができる。これを緊急逮捕という。緊急逮捕がなされた場合には、ただちに裁判官の逮捕状を求める手続をしなければならず、ただちに逮捕状を求める手続を行わない場合には、その逮捕は違法となる。

④逮捕後の手続

　司法巡査が逮捕をしたときは、ただちに司法警察員に被疑者を引致しなけれ

ばならない（刑訴法202条）。

　司法警察員が逮捕または被疑者を受け取ったときは、ただちに被疑者に対し、犯罪事実の要旨および弁護人を選任できる旨を告げたうえ、弁解の機会を与え、留置の必要がないと思料するときはただちにこれを釈放し、留置の必要があると思料するときは被疑者が身体を拘束されたときから48時間以内に書類および証拠物を添えて身柄を検察官に送致しなければならない（送検。刑訴法203条1項）。

　検察官は、被疑者の身柄を受け取ったときは、被疑者に弁解の機会を与え、留置の必要がないと思料するときはただちにこれを釈放し、留置の必要があると思料するときは被疑者が身体を拘束されたときから24時間以内に、勾留請求または公訴の提起をしなければならない（刑訴法205条1項）。

　なお、検察事務官が逮捕したときは、ただちに検察官に被疑者を引致しなければならず（刑訴法202条）、検察事務官から身柄を受け取った検察官は、犯罪事実の要旨および弁護人を選任できる旨を告げたうえ、弁解の機会を与え、留置の必要がないと思料するときはただちにこれを釈放し、留置の必要があると思料するときは被疑者が身体を拘束されたときから48時間以内に、勾留請求または公訴の提起をしなければならない（刑訴法204条1項）。

(b) 被疑者の勾留

　被疑者の勾留は、逮捕に引き続いて行われる強制処分である。被疑者の勾留請求には、同一事実について被疑者が逮捕されていることが要件となる。これを逮捕前置主義という。

　被疑者の勾留期間は、原則として勾留の請求をした日から10日間であり、やむを得ない事情がある場合に限り、裁判官は、検察官の請求により、10日を超えない限度で期間を延長することができる（刑訴法208条）。

4. 捜査の終結

　検察官は、起訴相当と認めるときは公訴提起をするが、諸事情を考慮して起訴猶予にすることや、犯罪の嫌疑が不十分であること等を理由に不起訴処分にすることもできる。このように検察官が公訴提起をするか否かの判断ができる

程度の心証が得られる段階に達すると、捜査は一応終結する。

　なお、一応というのは、公訴提起後であっても捜査をすることは可能だからである。もっとも、捜査は基本的に公訴提起を目的とするものであるため、公訴提起後の捜査は補充的な意味を持つにすぎない。

交通における厳罰化

小嶋理江

　かつては、自動車の運転によって人を死傷させた場合、業務上過失致死傷罪（刑法211条。5年以下の懲役もしくは禁固、または100万円以下の罰金）が適用されていた。娯楽であろうと仕事であろうと、運転に反復・継続性があり、生命・身体への危険を及ぼす可能性を持っている自動車の運転は、業務であると考えられる。したがって、無免許で運転する行為も業務と捉える。「業務上の過失」というのは、業務上必要な注意を怠った場合であり、すなわち、業務を行うにあたって要求される注意義務を怠ったという違反になるのである。しかしながら、不注意で死亡させた場合が、故意の飲酒であろうと速度超過であろうと、実刑であっても5年以下で済まされることに、遺族は納得するであろうか。飲酒運転や速度超過などの悪質な自動車運転による死傷の危険性に対処するため、2001年に危険運転致死傷罪が新設されることとなる（刑法208条。負傷させた場合15年以下の懲役、死亡させた場合1年以上の有期懲役）。正常な運転が困難な状態で自動車等を運転することを、故意による危険な運転行為として捉えたことが注目された。しかし、正常な運転が困難な状態であることの立証の難しさなどから、無免許運転など悪質な危険行為による交通事犯でも危険運転致死傷罪が適用されないなどの問題が生じた。

　自動車の運転に関わる死傷事故事件を包括的に捉え、これまで刑法に定められていた危険運転致死傷罪が独立したものとなり、「自動車の運転により人を死傷させる行為等の処罰に関する法律（自動車運転死傷処罰法）」が制定され（2013年11月）、翌年施行されることとなった。

　諸類型は、次の通りである（大谷, 2015）。

①危険運転致死傷罪（2条）（故意の危険運転行為の結果、人を死傷させた場合）

②準危険運転致死傷罪（3条）（正常な運転に支障が生じるおそれがある状態で運転）

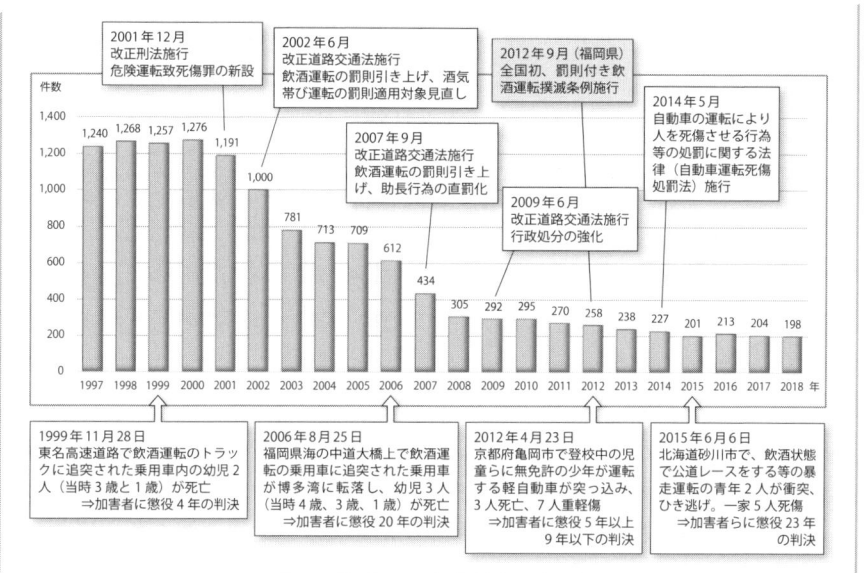

図1　飲酒死亡事故件数の推移

出典：警察庁（2017: p.8, 2019）をもとに筆者が一部改変。

③過失運転致死傷アルコール等影響発覚免脱罪（4条）（発覚を免れるための作為）

④過失運転致死傷罪（5条）（運転上必要な注意を怠った場合）

⑤無免許運転による加重（6条）（①②③④のときに無免許運転であった場合）

　危険運転致死傷罪における危険運転行為の類型は、①アルコール・薬物[(1)]（その影響により正常な運転が困難な状態）、②制御困難高速度（進行を制御することが困難な高速度）、③技量未熟（進行を制御する技能を有しない）、④妨害目的（人または車の通行を妨害する目的で、走行中の車の直前に進入したり、著しく接近し、かつ重大な交通の危険を生じさせる速度）[(2)]、⑤赤信号殊更無視（赤信号またはこれに相当する信号を殊更に無視し、かつ重大な交通の危険を生じさせる速度）、⑥通行禁止道路（通行禁止道路を進行し、かつ重大な交通の危険を生じさせる低速度）である（那須, 2015）。

　重罰化によって、飲酒運転による死亡事故件数は減少している様子がうかがえる（図1）。しかし、外からの圧力や教育によって一定の効果がある一方で、相対的には少数であっても行動を変えることができない人も存在する。自らの行動を統制できないごく一部のドライバーに対する最後の手段は、物理的環境によって危険要因の利用可能性を排除するしかない（谷口, 2017）といっても過言ではない。

　また最近社会問題となっているのが、運転中のスマートフォンの画面注視や操作が原因となる死傷事故である [3]。いわゆる「ながらスマホ」である。なかでも、スマートフォン用ゲームアプリの「ポケモン GO」によって引き起こされた死傷事故は、一時報道をにぎわせた。まさに、故意的な前方不注視といえよう（古川, 2017）。現在、軽微な交通違反の場合に適用となる交通反則通告制度の対象であり、反則金を納付すれば刑事事件として刑罰が科されない [4]。しかしながら、多発する悲惨な死亡事故の現状から、単純な過失とは一線を画すと判示し、交通反則通告制度の対象からの除外や罰則強化など、道路交通法改正における厳罰化の傾向にある [5]。

　厳罰化は、すなわち責任が重くなっていることを意味する。これは、加害者、被害者の重大な利害にからむものである。したがって、交通事故捜査の処理に従事する側の人間は、事故原因の究明と過失認定などにおける慎重な手続きが責務となる（清水ら, 2014）ことを忘れてはならない。

■注記
(1)　規制薬物（覚醒剤、麻薬等）、指定薬物（医薬品医療機器等法で定められたもの）だけでなく、中枢神経系の興奮や抑制、または幻覚等の作用を有する物質も該当し、運転者の身体的・精神的能力を低下させる薬理作用のあるものはすべて含まれる（城, 2016）。
(2)　割り込み、幅寄せ、あおり、対向車線へのはみ出し行為などが該当する。速度については、妨害目的で走行し、相手と大きな事故に結びつくような衝突が回避困難になると考えられる速度を指す。たとえば、妨害目的で急に車両の前に割り込み減速した場合、時速 20 ～ 30km の走行は要件を満たす場合が多いという見解が示されているが、相手車両などの走行状態や位置関係などから総合的に判断される。

(3) 2017年名神高速（滋賀県）で、スマートフォンを見ながら大型トラックを運転して多重事故を起こし、5人を死傷させた元運転手に対する判決は、求刑を上回る異例のものとなり、世間の注目を集めた（求刑禁錮2年、判決禁錮2年8ヶ月）。警察庁（2018）によれば、平成28年中の携帯電話使用等に関わる交通事故は1999件となっており、その中で、画像目的使用（スマートフォン等の画面の注視や操作）やその他の操作が原因の事故は約90％を占めている。

(4) 現行では、携帯電話使用等の交通の危険違反で3月以下の懲役または5万円以下の罰金、保持の違反で5万円以下の罰金となっており、それぞれに反則金が定められている。

(5) 2019年3月、道路交通法の一部を改正する法律案が国会に提出された。その中に、携帯電話使用等対策の推進に関する規定の整備として、罰則の強化が含まれている。

■引用・参考文献

古川伸彦（2017）危険運転致死傷罪およびいわゆる準危険運転致死傷罪について. 法政論集, *274*, 39-51.

林克己（2009）特集：交通事故事件捜査──「海の中道大橋」上における幼児3名死亡の飲酒ひき逃げ事故の概要. 月刊交通, *40*（12）, 45-50.

警察庁　やめよう！運転中のスマートフォン・携帯電話等使用　Retrieved from https://www.npa.go.jp/bureau/traffic/keitai/info.html（2018年4月20日）.

警察庁（2017）平成29年版警察白書　ぎょうせい.

警察庁（2019）平成30年における交通死亡事故の特徴等について　警察庁交通局交通企画課.

前田雅英（1988）刑法総論講義 第3版　東京大学出版会.

那須修（2015）当直責任者も必読！警察署における交通捜査ハンドブック　立花書房.

大谷實（2015）刑法講義各論［新版第4版補訂版］　成文堂.

清水勇男・佐藤隆文・日下敏夫（2014）改訂 新・交通事故捜査の基礎と要点　東京法令出版.

城祐一郎（2016）ケーススタディ 危険運転致死傷罪　東京法令出版.

谷口俊治（2017）対人関係の表出としての運転行動と教育の役割. 交通安全教育, *12*, No.620, December, 一般財団法人日本交通安全教育普及会, 6-18.

犯罪者プロファイリング研究と社会心理学理論

岩見広一

1．犯罪者プロファイリングの研究テーマ

（1）犯罪者プロファイリングとは

わが国において、犯罪者プロファイリング（offender profiling）とは、「犯行現場の状況、犯行の手段、被害者等に関する情報や資料を、統計データや心理学的手法を用い、また情報分析支援システム等を活用して分析・評価し、犯行の連続性の推定、犯人の年齢層、生活様式、職業、前歴、居住地等の推定や次回の犯行を予測するもの」と定義されている（警察庁, 2014）。

実際にこの仕事をしている警察職員にとっては、この定義はすんなり理解できる表現であるが、まったくこの分野の実情を知らない読者にとっては、おそらくちんぷんかんぷんであろう。この定義を解説すると、犯罪者プロファイリングは、犯人の特徴や犯人の行動を推定する技術である。推定に必要な資料は、犯罪現場、犯行のやり方、被害に遭われた方、過去に起きた似た事件やその犯人等の情報である。そして、これらの多くの情報を分析して犯人について推定する道具が、心理学の知識や技術、犯罪の情報を分析するために開発された警察の機器である。

（2）実際の犯罪者プロファイリングのプロセス

わが国の警察は、実際の犯罪捜査において犯罪者プロファイリングを利用しており、2012（平成 24）年には、全国で 573 件実施されている（警察庁, 2013）。捜査現場での犯罪者プロファイリングは、2000（平成 12）年に北海道警察において、心理職と警察官の混成 3 名による専門チームが設置されたことにより本格的に始まった（岩見, 2016b）。実際の現場では、研究知見を単純に適用するのではなく、犯罪捜査の進展状況を精査し、捜査に活用できる重要事項を優先して実施されてきた。また、都道府県警察の科学捜査研究所心理分野の職員には、ポリグラフ検査や犯罪者プロファイリング等の仕事を円滑、効率

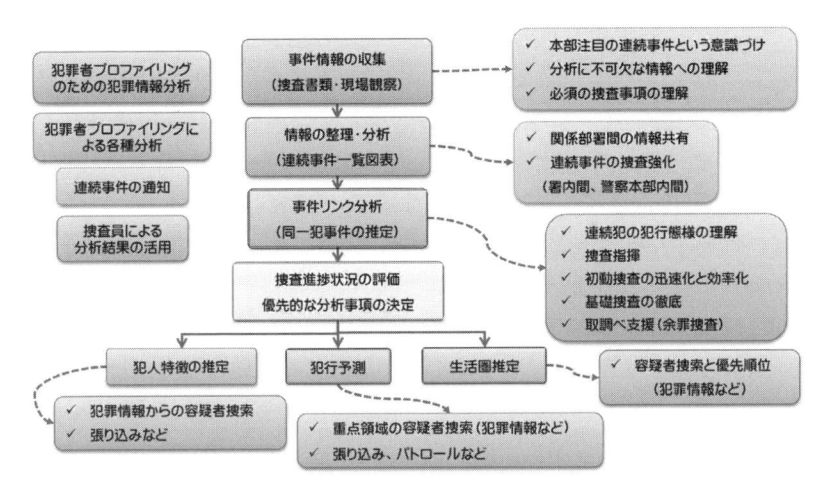

図2－1　犯罪者プロファイリングの分析機能が捜査に与える影響力

的に行うために、それらの業務に関係する人々との適切なコミュニケーションに配慮した行動が求められる。とくに、犯罪者プロファイリングについては、犯人に関する推定結果にどのような捜査方法を組み合わせれば犯人発見に効果的か、その捜査方法を実現するためには、どことどこの捜査員の人脈に働きかけるのが効果的かなど、個々の捜査員が持つソーシャル・ネットワークへの配慮が重要になる（岩見, 2017b）。

　図2－1は、実際の犯罪者プロファイリングにおける各分析機能が捜査に与える影響力を示したものである（岩見, 2011）。各分析機能とは、事件情報の収集、情報の整理・分析、事件リンク分析、犯人特徴の推定、犯行予測、生活圏推定である。それぞれが捜査に与える影響力は、各分析機能から出ている点線矢印の先にあげた項目である。たとえば、犯行の連続性を推定することを目的とする事件リンク分析は、捜査員が連続犯の犯行態様を理解し、捜査幹部が捜査を指揮し、今後発生する事件での初動捜査の迅速化と効率化、基礎捜査の徹底、被疑者が検挙された後の取調べ支援に有効であることを示している。

（3）犯罪者プロファイリングの研究における目的と方法

　犯罪者プロファイリングに関する心理学等の学問的な分野では、推定に役

25

立つ知識の発見と蓄積が重要な研究テーマとなる。この種の研究で必要となる資料は、推定する際に必要な資料（A）と逮捕された犯人に関する特徴や行動に関する資料（C）に大別できる。それぞれの資料から作成されたデータには、多変量解析等の統計分析が実施される。その分析結果を解釈し、AからCの推定に使えるルールを発見するのが研究目的となる。この研究指針は、「A → C方程式」という（Canter, 2004）。A → C方程式のように、類似した犯行行動を示す犯罪者は類似した特徴を持つという仮定は、相同仮説（homology assumption）と呼ばれている（Mokros & Alison, 2002）。また、統計分析に基づいた推定ルールを用いて犯人像等を推定する方法は、統計的プロファイリングと呼ばれている。

　たとえば、萩野谷ら（2014）は、ロジスティック回帰分析を用いて連続窃盗犯の年齢層、共犯性、特定の犯罪経歴といった特徴を犯罪行動から推定するルールをいくつか発見している。推定ルールの一例は、窃盗現場での物色が乱雑で、宝石類やおもちゃなどが盗まれている場合、複数犯による犯行の可能性が高いというものである。

　上記は窃盗犯に関する研究例であるが、犯罪者プロファイリングの研究対象となる犯罪は、殺人、強盗、放火、性犯罪等の凶悪犯罪のほうが多かった。また、犯罪者プロファイリングの研究においてよく利用される統計分析は、非計量的多次元尺度構成法、数量化理論Ⅲ類、ロジスティック回帰分析、決定木、ベイジアンネットワークなどがあげられる。これらの統計分析については、財津（2011）、玉木（2017）が参考になる。

　犯罪者プロファイリングの分野では、犯人の居住地等の推定や犯行地予測については、とくに、地理的プロファイリング（geographic profiling）と呼ばれている。この分析では、地理情報システム（geographic information system）を利用した所在地の座標情報等が必要になる。地理的プロファイリングの研究では、犯行地と犯人の居住地等との関係、連続犯の犯行地選択傾向について、地点間の距離や座標などから推定ルールを発見するのが目的となる。

　たとえば、岩見（2016a）は、地理情報システムを用いて、性犯罪の連続犯が選択した犯行地の座標から地理空間分析で得られた複数の領域内に犯人の

居住地等やその後の犯行が含まれていたかを検証し、実際の地理的プロファイリングにおける利用方法について考察している。また、萩野谷（2016）は、連続窃盗犯の犯行地点間距離から犯人の犯行時における交通手段を予測することで、従来の居住圏推定方法を改善する試みをし、居住地推定支援プログラムを開発している。

　一方、わが国の警察職員による学会発表には、実際の犯罪者プロファイリングの効果検証等に関するものも含まれている。たとえば、横田ら（2013）の研究では、わが国で警察機関が実施した304事例について、分析事項、推定手続き、検挙後の推定結果との照合等が調査された。事件リンク分析、犯人像推定、居住地等推定、次回犯行予測のそれぞれについて、事例分析、統計分析など、複数の手法が用いられていた。たとえば、次回犯行予測は5割強の事例で実施され、事例分析、一連事件の統計分析、類似事件の統計分析など複数の手法が用いられ、8割強の推定結果は正しかったと述べられている。また、小野ら（2013）は、わが国の犯罪者プロファイリングに対する捜査側の満足度等について調査研究している。同研究は分析結果の正誤等を検証する目的から、被疑者が検挙された事例のみを扱っているものの、捜査側の評価の7割以上は、犯罪者プロファイリングが捜査に役立ち、わかりやすく、満足しており、今後も依頼するという肯定的なものであった。さらに、倉石ら（2013）は、わが国の犯罪者プロファイリング分析者の熟達化について検討している。熟達化とは、ベテランの分析方法について明らかにすることである。研究の結果、犯人像推定と地理分析で利用された情報や手法には、分析経験年数との関連が認められた。とくに、分析経験の長い者は、事例に応じてさまざまな分析手法や情報を絞り込んで用いており、事例分析の分析能力も高いことが明らかになった。その後、小野ら（2014）は、犯罪者プロファイリングの評価に影響を及ぼす要因について因子分析と決定木を用いて検討している。その結果、犯罪者プロファイリングの活用を促進するためには、分析結果を捜査に生かせる形で提供して、捜査を進展させることが不可欠であると述べている。そのために、捜査員のニーズの把握、報告方法への配慮、捜査員との積極的なコミュニケーションの必要性が示唆された。

2. 犯罪者プロファイリングにおける社会心理学の視点

　犯罪者プロファイリングの分析資料の一つは、犯罪行動である。犯罪行動は、人間を取り巻いた社会的要因の影響によって生じた社会行動の一種であるため、その行動は、まさに社会心理学の研究対象となる（高橋, 1993）。つまり、犯罪は、犯罪者と被害者、犯罪者と環境との相互作用であると表現できる。これら相互作用には、必ず時間と場所という状況要因が関係する。また、犯罪捜査は、捜査に携わる者と犯罪者、被害関係者、関係する捜査員、関係する組織、そして環境との相互作用であると表現できると考えられる。ここでも相互作用が生じた時期、捜査の進展状況等の時系列的な状況要因が関係する。この状況要因に焦点を当てることが、効率的・効果的な犯罪捜査を行ううえで重要であると考えられる。

　これまで述べたように、犯罪者プロファイリングとは、未知の犯人である他者の属性を推論する方法であり、推論過程や推論方法の開発に関する研究が不可欠といえる。しかしながら、実際の犯罪者プロファイリングは、推定を担当する者と犯人を捕まえる者は、それぞれ異なる人々である。そのため、犯人の属性を推論しただけでは、犯人を捕まえることに直結しないのである。

　したがって、犯罪者プロファイリングを犯人の検挙に貢献させるためには、推定結果が捜査現場で効果的に活用されるように、実社会への適用について考えることが必要になる。言い換えれば、わが国における犯罪者プロファイリングは、現実の社会で起きた問題を解決するために、新たな問題解決手法として導入され、これまでの問題解決過程である捜査の一部の機能として成立させていく過程を歩んできたといえる。

　このように、犯罪者プロファイリングは、「推論」と「活用」という2つの段階があって初めて犯人を捕まえることができる手法となり、われわれの社会に貢献できるものになるといえよう。また、「推論」と「活用」の段階は、それぞれ社会心理学との関連が深い研究テーマでもある。推論については社会的認知（social cognition）という概念が、活用についてはソーシャル・ネットワーク（social network）という概念が密接に関わってくる。

　犯罪者プロファイリングにおける社会心理学の過程については、表2－1の

表2－1　犯罪者プロファイリングの社会心理学的過程

	犯罪者プロファイリングの過程	対応する社会心理学的過程
研究	犯行特徴と犯人属性の共変関係	属性推論（内的属性よりも，外的属性の推定規則の発見を重視） 基準率等の実証的なヒューリスティック（バイアス等の回避方略として活用）
実務での推論	情報収集（捜査書類，現場観察，捜査進捗状況，先行研究等）	社会的認知（二過程理論による推論） バイアス等回避方略（係留，利用可能性，基準率の無視，早期閉鎖，代表性の拘束，捜索の満足，開梱原理，文脈エラー）
	情報集約及び優先事項（検挙に寄与しそうな推定を優先する）	限定合理性（不確実な状況下での合理的な意思決定）
	統計的分析と事例分析による各種推定事項（同一犯事件の推定・抽出，犯人像の推定，今後の犯行予測，生活圏の推定等）	社会的認知（二過程理論による推論） バイアス等回避方略 新たな基準率（先行研究がなければ，類似解決事件の犯行特徴と犯人属性の共変関係について分析を実施）
	分析結果（検挙に寄与する推定のみを選別して結論を下す）	限定合理性（不確実な状況下での合理的な意思決定）
実務での活用	報告書の作成（読み手の情報処理に配慮）	ソーシャル・ネットワークへの配慮 コミュニケーション・ルール 組織的運用方策 説得とメッセージ（捜査員に向けた） 異文化（分析者と捜査員という異職種） 強い紐帯（捜査員間ネットワーク）
	報告書の配布先（組織捜査の規模と計画）	
	説明による捜査強化（関係部署の情報共有，検挙に向けた組織全体の動機づけ強化等）	

出典：岩見（2017a）をもとに作成。

　ように要約できる（岩見, 2017a）。これは、犯罪者プロファイリングの過程を研究、実務での推論、実務での活用に分けて、それぞれ対応する社会心理学の過程と対比させたものである。とくに、実務での推論と実務での活用の各段階については、先に示した図2－1の分析機能とその影響力とも関連している。

　犯罪者プロファイリングに限らず、被疑者が特定されていない段階での捜査状況においては、限定合理性（bounded rationality）という問題を意識する必要がある。限定合理性とは、「人は意思決定に際して必要なすべての情報を入手することもできないし、すべての選択肢を比較検討することも不可能である。そのため、人は限られた認知や思考の範囲内で主観的な合理的な判断に基づく意思決定を行い、目標に対して満足できるような成果を得ることを目指すことになる」という概念である（池田ら, 2010）。

（1）推定における社会心理学の視点

　犯罪者プロファイリングでは、観察可能な事件特徴と観察可能な犯人属性との間における対応関係、あるいは共変関係を支持する統計分析の結果が、推論を行ううえでの一つの確証情報となる。カテゴリー情報を用いた推論は簡略化された推論であり、やがては推論の効率化、速い処理に結びつくヒューリスティック処理に相当すると考えられる。

　従来の社会心理学では、ヒューリスティック（heuristic）といえば、概してネガティブに考えられてきた。たとえば、単なる思いつきや個人的経験等に相当する代表性ヒューリスティック（representative heuristic）、利用可能性ヒューリスティック（availability heuristic）等はネガティブに評価されている。その一方で、進化論的観点が導入された最近の社会心理学では、ヒューリスティックは、素早く簡便な意思決定の方略であり、日常的な場面では、多くの場合適切な判断を導いており、適応的なものと考えられるようになってきた。犯罪者プロファイリングにおいて用いるべきヒューリスティックは、研究結果に基づく実証的なヒューリスティックである。ただし、実証的なヒューリスティックにも、共変関係を支持する推定ルールが適用できない反証ケースは必ず含まれる。実務においては、限定合理性を念頭に、推定ルールの適用の限界を踏まえながら、研究知見を用いなければならないのである。

　幸いにも、実務の犯罪者プロファイリングでは、共変関係についての研究知見だけを頼りに犯人像等の推論をしているわけではない。実際には、それぞれの事件についてさまざまな情報があり、現場観察等によって正しい推論に結びつく客観的情報といった認知資源（cognitive resource）が存在することもある。こうした認知資源は、研究知見であるカテゴリー情報からは得られないことが多い。したがって、推論する側がバイアス回避方略の一つとして、捜査進展に伴って推論に利用可能な認知資源が得られているのかを継続的に調査し、それを事前確率的な前提条件として推論に活用する事例分析の姿勢と実行が不可欠となる。研究知見の応用方法に関する知識は、分析経験はもとより、分析経験を通して実施された研究の検証等によって形成される分析者のスキーマによって身につくものと考えられる。先ほど述べた実際の犯罪者プロファイリングについての全国調査においても、概ね統計分析よりも事例分析のほうが正推

定率が高いことが示された（横田ら, 2013）。この結果は、実際の犯罪者プロファイリングでは、分析者は単に研究知見を当てはめたカテゴリー情報によるヒューリスティックな推論だけではなく、認知資源を用いた事例分析を重視していることが裏づけられているといえよう。

（2）活用における社会心理学の視点

　犯罪者プロファイリングを単なる推論結果の提供にとどめず、犯人検挙に役立つ手法として分析結果を活用するためには、捜査機関という集団構造への配慮が不可欠となる。

　分析結果を捜査員に活用してもらうためには、報告書等の作成方法にも工夫が必要である。報告書等の資料は、分析結果の要点のみを示し、捜査員が理解に苦しむ専門用語は極力用いないようにすべきである。現在、捜査現場で使用されている報告書は、捜査の流れを理解し、読み手が捜査員であること、分析結果を捜査へ活用しやすいことに配慮がなされ、さらに簡略化したものになっている。また、報告書の存在自体は、分析結果を検証する際に、後知恵バイアス（hindsight bias）を回避するためにも有効に機能する。

　犯罪者プロファイリングの過程や分析結果が捜査員および捜査過程に影響力を与えるためには、北海道警察の取り組み例のように、分析者に研究者と捜査員の双方が不可欠であったことを示唆している。両者の人脈であるソーシャル・ネットワークを機能させることによって、分析結果の活用につながったと考えられる。犯罪者プロファイリングを有効活用するためには、人間関係の結びつきの強弱に配慮した働きかけが重要である。社会心理学では、この人間関係の結びつきを紐帯と呼んでいる。研究者である分析者には、同種領域の研究者たちとの強い紐帯は存在するが、分析結果の活用には捜査員との紐帯が不可欠であり、捜査員に比べると明らかにその紐帯は弱い。一方、捜査員である分析者は、捜査経験から多くの捜査員と強い紐帯は存在するが、犯罪者プロファイリングの研究と実務の融合という点では、研究者よりも紐帯は弱いのである。研究者と捜査員の双方の強い紐帯を融合することによって、犯罪者プロファイリングは効果的に機能すると考えられる。

3. 犯罪者プロファイリングにおける研究と実務の融合

　犯罪者プロファイリングの研究者は、現実の社会に犯罪者プロファイリングが役立つように、図2-2で示すような研究サイクルと実務サイクルを融合させる必要があると考えられる（岩見, 2016b）。

　研究サイクルとは、犯罪者プロファイリングという現実問題の解決を目指した現場と密着した過程である。実務に従事する研究者の立場としては、フィールドワーク（field work）の研究方法論を当てはめることになろう。社会心理学的な観点からは、フィールドワークには、「持続性と関与性」「柔軟性と自己修正性」「微視性と全体性」という3つの特性があるという（箕浦, 1999）。この考え方を犯罪者プロファイリングの分野に当てはめると、持続性と関与性は、犯罪捜査の現場に研究者自らが参与し、継続的に観察を行うことを意味する。柔軟性と自己修正性は、観察を進めながら、随時研究の枠組みや焦点を見直し、進路修正を行っていくことに該当する。微視性と全体性は、犯罪捜査に関連した制度や慣習、規範といったマクロレベルの事象と、犯罪捜査場面で展開される個々人の行動等のマイクロレベルの事象の双方に目を向けることを意味する。

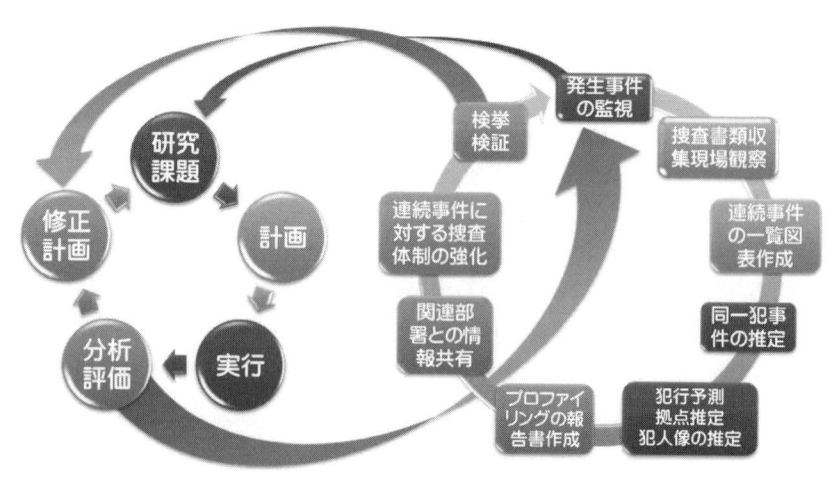

図2-2　研究サイクル（左）と実務サイクル（右）の融合

　一方、実務サイクルは、先に述べた通り、犯罪者プロファイリングを新規事業として既存の捜査に組み込むという業務の改善を意味する。そのため、研究者には、積極的に捜査現場に介入していく姿勢と行動を伴うアクション・リサーチ（action research）という概念が重要になると考えられる。つまり、犯罪捜査への介入活動を通じて、捜査機関が抱える問題の解決や向上を目指す実践的研究が重要となる。箕浦（2009）によれば、アクション・リサーチは、「問題を同定し、状況を診断して解決に向けてプランを練り、介入活動をして、活動の結果を評価し、そこで学んだことを次の介入活動のプランに生かす循環的なプロセスを辿る」という。これは、犯罪者プロファイリングにおける研究と実務のサイクルにもそのまま当てはまるものである。

　研究と実務の融合という双方向性については、図２−２のうち、検挙検証から導かれた研究は、「検挙事例の検証結果から生じた研究の修正計画」という双方向性を示している。また、実際に発生している事件を課題として取り組む研究は、「日々の発生事件の監視を通して発見した研究課題」という双方向性を有している。さらに、支援ケースが多い犯罪に対する備えとしての研究は、「研究による分析評価を踏まえて発生事件を監視適用して業務の定着化を図る」という双方向性を持つといえよう。このように、実務への研究の適用という融合について常にイメージしておくことは、有用な研究とは何かを考える動機づけの形成に役立つと考えられる。

4．まとめ

　社会心理学の視点からすると、犯罪者プロファイリングの研究は、人間の行動等から犯人属性が推定可能な社会的認知に関する実証的研究として位置づけられる。また、犯罪者プロファイリングを犯人検挙に役立つ分析手法とするためには、推定結果の提出にとどまらず、組織的な捜査に結びつく働きかけが不可欠である。すなわち、関係者間のソーシャル・ネットワークを強化する配慮によって、強力な捜査体制を築き、犯罪の解決に結びつける必要がある。

　犯罪者プロファイリングの担当者は、犯罪捜査に関係する人々のつながりを意識してきたといえる。関係する人々とは、犯罪を行う人、犯罪の被害に遭う

人、捜査をする人、犯罪発生場所付近の住民等である。とくに、防犯活動や通報等の効率化を考えた場合、地域住民間のソーシャル・ネットワークの強化にも配慮した関係者間の連携が求められる。

　2018（平成30）年に公認心理師という国家資格を持つ心理職が誕生した（日本心理研修センター, 2018）。公認心理師法によれば、司法・犯罪の分野においても公認心理師が必要とされている。公認心理師には多職種連携による適切なサービスの提供が責務の一つとしてあげられている。われわれの社会におけるさまざまな仕事は、関係するさまざまな人々とのつながりや協力等によって、初めて機能することが多い。その意味では、犯罪者プロファイリングの担当者は、長年かけて「多職種連携」について取り組んできたといえよう。

■引用・参考文献

Canter, D. (2004) Offender profiling and investigative psychology. *Journal of Investigative Psychology and Offender Profiling*, *1*(1), 1-15.

萩野谷俊平（2016）犯罪者プロファイリング研究——住居対象侵入窃盗事件の分析　北大路書房.

萩野谷俊平・花山愛子・小野修一・蒲生晋介・真栄平亮太・細川豊治（2014）住居対象連続侵入窃盗事件における犯人属性の犯罪手口による予測. 日本法科学技術学会誌, *19*（1）, 31-43.

池田謙一・唐沢穣・工藤恵理子・村本由紀子（2010）社会心理学　有斐閣.

岩見広一（2011）日本の捜査現場におけるプロファイリング. 犯罪心理学研究, *49*（特別号）, 169-170.

岩見広一（2016a）性犯罪における点分布パターン分析による地理的プロファイリング手法の比較. 応用心理学研究, *42*（1）, 30-39.

岩見広一（2016b）研究と実務の融合——犯罪者プロファイリングをとおして. 日本応用心理学会第83回大会発表論文集, 10.

岩見広一（2017a）犯罪者プロファイリングにおける社会心理学的過程に関する展望. 東洋大学21世紀ヒューマン・インタラクション・リサーチ・センター研究年報, *14*, 15-25.

岩見広一（2017b）現場の声4　科学捜査研究所での仕事. 太田信夫［監修］・大坊郁夫［編集］, シリーズ心理学と仕事10 社会心理学　北大路書房, pp.58-59.

警察庁（2013）平成25年版警察白書　ぎょうせい.

警察庁（2014）平成26年版警察白書　ぎょうせい.

倉石宏樹・横田賀英子・小野修一・和智妙子・大塚祐輔・渡邉和美（2013）犯罪者プロファイリングの評価方法に関する研究3 分析者の熟達化に関する検討. 犯罪心理学研究, *51*

（特別号）, 180-181.

箕浦康子［編著］（1999）フィールドワークの技法と実際——マイクロ・エスノグラフィー入門　ミネルヴァ書房.

箕浦康子［編著］（2009）フィールドワークの技法と実際II　分析・解釈編　ミネルヴァ書房.

Mokros, A., & Alison, L. J. (2002) Is offender profiling possible? Testing the predicted homology of crime scene actions and background characteristics in a sample of rapists. *Legal and Criminological Psychology*, 7(1), 25-43.

日本心理研修センター（2018）公認心理師現任者講習会テキスト［2018 年版］　金剛出版.

小野修一・倉石宏樹・横田賀英子・和智妙子・大塚祐輔・渡邉和美（2013）犯罪者プロファイリングの評価方法に関する研究 2 依頼者の評価に関する検討. 犯罪心理学研究, *51*（特別号）, 178-179.

小野修一・倉石広樹・横田賀英子・和智妙子・渡邉和美（2014）犯罪者プロファイリングの評価に影響を及ぼす諸要因の検討. 日本心理学会第 78 回大会発表論文集, 500.

高橋良彰（1993）犯罪社会心理学　令文社.

玉木悠太（2017）統計的プロファイリング. 越智啓太・桐生正幸［編著］, テキスト司法・犯罪心理学　北大路書房, pp.296-313.

横田賀英子・倉石宏樹・小野修一・和智妙子・大塚祐輔・渡邉和美（2013）犯罪者プロファイリングの評価方法に関する研究 1 分析の正確性に影響する要因に関する検討. 犯罪心理学研究, *51*（特別号）, 176-177.

財津亘（2011）犯罪者プロファイリングにおけるベイズ確率論の展開　多賀出版.

交通捜査におけるドライブレコーダー活用の一例

トピックス 2

小嶋理江

　2017（平成29）年6月の東名高速道路において、あおり運転のあげくに追越車線上で進路をふさいで無理やり停車させ、追突死亡事故を招いたという悪質で悲惨な交通死亡事故が発生し、世間の注目を集めた[1]。これを機に、あおり運転に遭遇経験のある者が、実は多く存在していたことが次々と報道された[2]。事故が起きてからでは遅い、犠牲者が出る前に対応すべきであるという世論に応える形で、2018（平成30）年1月16日、警察庁から各都道府県に対して「いわゆる『あおり運転』等の悪質・危険な運転に対する厳正な対処について」の通達が行われた[3]。

　この通達の内容は、悪質・危険な運転に対する厳正な捜査の徹底、迅速かつ積極的な行政処分の実施、更新時講習等における教育の推進、広報啓発活動の推進などである。この中で注目されるのは、「客観的な証拠資料の収集等を積極的に行い、道路交通法違反のみならず、危険運転致死傷罪（妨害目的運転）、暴行罪等あらゆる法令を駆使して、厳正な捜査の徹底」（警察庁, 2018）と、「点数制度による処分に至らなくとも、当該事件内容を精査し、自動車等を運転することが著しく道路における交通の危険を生じさせるおそれが認められるときは（略）、危険性帯有[4]に係る行政処分を積極的に行うこと」（警察庁, 2018）が、明確に記されていることである。つまり、犠牲者が出る前の段階で、客観的証拠を活用した捜査によって取り締まりを行い、また交通違反による点数の累積がなくても、危険性を持つ者に対し、免許停止の行政処分を実施するよう徹底されたのである。簡単にいえば、点数の累積なく、一発免停が可能になったのである。自動車の運転において交通の危険を生じさせるおそれが認められる危険性帯有者を、積極的に取り締まることで、悪質・危険な運転や悲惨な事故を防ごうとするものである。

　2015（平成27）年6月、北海道砂川市で、青年らが自動車2台でカーチェイスのような暴走運転をしながら信号無視で交差点に侵入し、衝突事

図 1　キャンペーンステッカー（左：スナップ作戦、右：スパルタン作戦）

故を起こしたうえにひき逃げをし、一家 5 人を死傷させた事故がある[5]。このとき、実は大事故発生より前から一般市民が彼らの暴走運転に遭遇しており、いつか事故が起きるのではないかと懸念していた事実が明らかとなった。これまで、違反は現行犯でないと捕まえられないから通報しても意味がない、警察が対応するのは事故が起きてからであるというような認識があったためである。防犯活動と同様、交通事故が起きる前にできることはないのかという予防的観点の必要性はいうまでもない。

　これに関連する英国における実践例がある。不安全運転行動や違反行為から危険運転まで、一般ドライバーが遭遇した車載カメラなどの映像を警察に情報提供することで、大事故発生前に悪質なドライバーを摘発可能にするような試みである。効果検証が行われている、ウェールズ警察によるスナップ作戦（Operation SNAP）やヨークシャー警察によるスパルタン作戦（Operation Spartan）を紹介しよう。

　これらの作戦は、交通環境をより安全にするため、ドライブレコーダー（ダッシュカム：Dash Cams）に記録された危険運転や交通違反に関連した映像や写真を、一般市民が情報として警察に提供できる機会を設けることで、捜査として迅速に対応する警察活動であるとしている。シートベルト未着用、信号無視、停止線無視や携帯電話使用などの明確な違反行為、そして危険運転等の記録映像をもとに、捜査を行い、立証されれば、実際に検挙する（もちろん、ドライブレコーダーによって撮影者自身に違反などが認められれば、情報提供した撮影者自身も罪を問われることが注意書きされている）。一般市民から寄せられる映像を積極的に収集することで、危険運転や違反をするようなドライバーに、どこかで誰かが見ている（撮影している）かもしれない、隠せないんだと思わせる心理的妨害が目的の

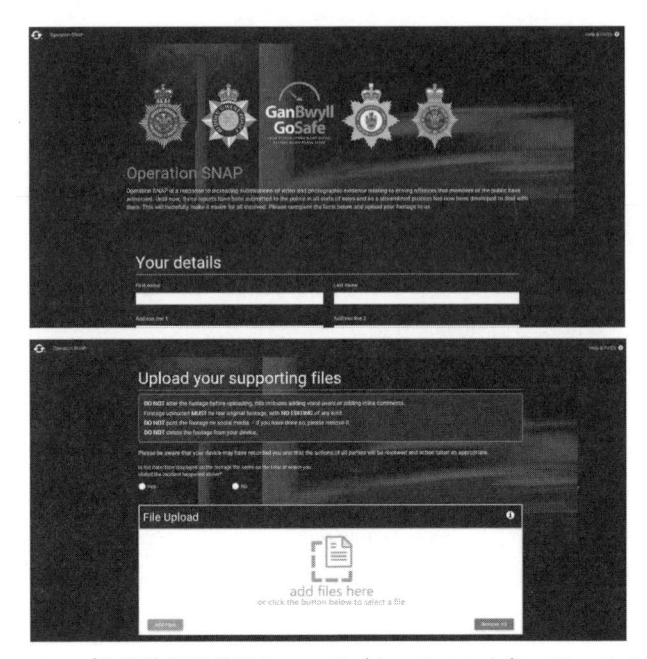

図2　スナップ作戦情報提供記入ページ（上：サイト上部、下：サイト下部）

（https://gosafesnap.wales/）

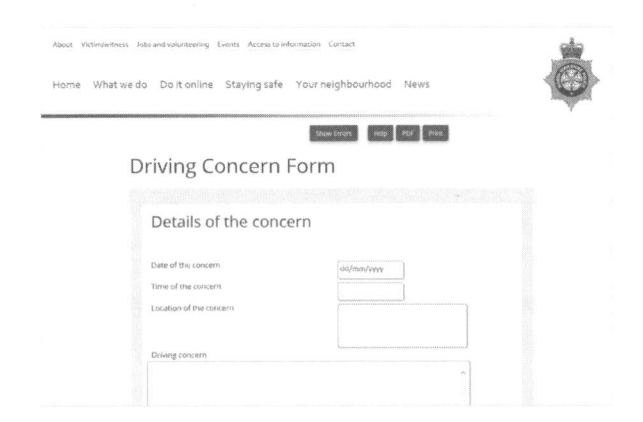

図3　スパルタン作戦情報提供記入ページ（サイト上部）

（https://northyorkshire.police.uk/what-we-do/road-policing/operation-spartan/）

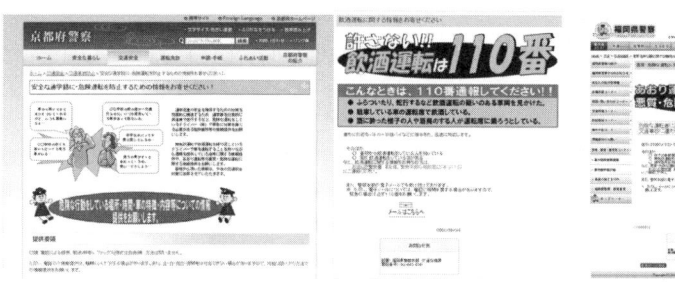

図4　日本における取り組み事例

一つである。これによりドライバーに対して、危険な運転の抑止効果をもたらす。さらに、ドライブレコーダーの映像は、運転習慣を改善し、安全運転の技術を向上させるための学習支援材料としても有効であり、道路上での振る舞いを理解するための有益なツールとなる。

　最近、日本においても、客観的資料としての映像の情報提供を広く呼びかけ、摘発が行われ始めた。京都府警、福岡県警、神奈川県警、奈良県警で実際にその試みが行われている。ドライブレコーダーの画質や機能性の向上などの最新技術の進歩により、映像は捜査の重要な物的証拠となっている。こうした映像の活用は、不安全運転行動の抑止につながることが期待できる。

■注記
(1) このとき、ロード・レイジ（Road Rage）という言葉も同時に注目された。これは、周囲のドライバーに対するリスクを高めるような不安全運転行動の一つで、攻撃的な運転を意味する（Houston et al, 2003）。代表例は、執拗なクラクション（honking）、車間距離を詰めて後ろに張り付く走行（tailgating）、速度超過（speeding）、威嚇等のためのハイビーム（flashing high beams）など。
(2) このとき、報道で頻繁に利用されたのが、一般社団法人日本自動車連盟が企画・運営しているJAFセーフティシアターであろう。このサイトには、一般ドライバーが遭遇したさまざまなヒヤリハットや不安全運転行動等の映像が投稿されており、その動画を見て交通安全を一緒に考えることを目的としている。
(3) 最近、悪質なあおり運転による事故事件が多発し、社会問題となっている。しかし現状では、あおり運転自体を罰する規定はない。今後、あおり運転に関する処罰つい

て、早急に検討されると考えられる。

(4) 道路交通法 103 条 1 項 8 号。行政処分は、運転免許の効力の停止等の処分量定基準の改正について（2013〈平成 25〉年 11 月 13 日付警察庁丙運発第 40 号）に規定される基準による。

(5) 事故は過失だと主張する被告側に対し、2016 年 11 月 10 日「飲酒の上、お互いに競うように高速で走行し、赤信号を認識しても減速せず事故現場の交差点に進入、飲み直しに行く途中で重大事故を起こし、身勝手極まりない」と危険運転致死傷罪を適用し、求刑通り懲役 23 年の判決が言い渡された（日本経済新聞, 2016）。

■引用・参考文献

福岡県警察本部　情報提供のお願い　Retrieved from http://www.police.pref.fukuoka.jp/johoteikyo/index.html（2018 年 4 月 1 日）.

Gosafe（2017）Operation SNAP（情報提供サイト）　Retrieved from https://gosafesnap.wales/（2018 年 4 月 1 日）.

Gosafe（2017）Operation SNAP（スナップ作戦に対する詳細な Q&A）　Retrieved from https://gosafe.org/faq/operation-snap/（2018 年 4 月 1 日）.

Harris, P. B., Houston, J. M., Vazquez, J. A., Smither, J. A., Harms, A., Dahlke, J. A., & Sachau, D. A. (2014) The prosocial and aggressive driving inventory (PADI): A self-report measure of safe and unsafe driving behaviors. *Accident Analysis & Prevention*, *72*, 1-8.

Houston, J., Harris, P., & Norman, M. (2003) The aggressive driving behavior scale: Developing a self-report measure of unsafe driving practices. *North American Journal of Psychology*, *5*(2), 269-278.

一般社団法人日本自動車連盟　JAF セーフティシアター（http://safe-drive.jp/#fst_vi=cmNOq6DXeNYjYDB2VsYtMsYW6IGLmJUdHQ2NJ9wiXicRErwiXi）（2018 年 4 月 1 日）.

自動車事故判例研究会（2017）必携 自動車事故・危険運転重要判例要旨集［第 2 版］立花書房.

神奈川県警察本部　交通相談受付　Retrieved from https://www.police.pref.kanagawa.jp/inq/form/fm600001.htm（2018 年 4 月 1 日）.

警察庁（2018）いわゆる「あおり運転」等の悪質・危険な運転に対する厳正な対処について（通達）　警察庁交通局

京都府警察本部　危険運転を防止するための情報提供　Retrieved from https://www.shinsei.elg-front.jp/kyoto/uketsuke/dform.do?id=1380794647809（2018 年 4 月 1 日）.

奈良県警察本部　悪質・危険運転者情報提供用メールフォーム 入力画面　Retrieved from https://www.police.pref.nara.jp/cmsform/enquete.php?id=14（2018 年 4 月 1

日）．

日本経済新聞（2016）北海道 5 人死傷事故に懲役 23 年　地裁判決、暴走 2 人の共謀認
定（11 月 11 日付記事）．

North Wales Police (2017) Op Snap. Friday 20 Oct 2017.（https://www.north-wales.police.
uk/contact/minor-incident-reporting/op-snap-all-wales）（2018 年 4 月 1 日）．

North Yorkshire Police (2017) Operation Spartan - shielding vulnerable road users.（https://
northyorkshire.police.uk/what-we-do/road-policing/operation-spartan/）（情報提
供フォーム Driving Concern Form：https://nyp-online.victoriaforms.com/Viewer-
VicForms.asp?user=anon&Form=Driving%20Concern%20Form%20(1.0).wdf）（2018
年 4 月 1 日）．

South Wales Police (2017) Nowhere for careless and dangerous drivers to hide as Operation
Snap launches Wales-wide. 19th December 2017（https://www.south-wales.police.uk/
en/newsroom/nowhere-careless-dangerous-drivers-hide-operation-snap-launches-
wales-wide/）（2018 年 4 月 1 日）．

South Wales Police (2017) Operation snap － Reporting poor driving or road offences made
easier for motorists in South Wales. 3rd April 2017（https://www.south-wales.police.uk/
en/newsroom/operation-snap/）（2018 年 4 月 1 日）．

城祐一郎（2017）砂川市におけるカーチェイス危険運転致死傷事件について．月刊交
通，*48*（5），46-59.

3節

科学捜査・司法検視

入山　茂

1. はじめに

　近年、科学の知識や技術、たとえば犯罪者プロファイリング（criminal profiling）、地理的プロファイリング（geographic profiling）、遺体の検査・解剖、指紋の検出・分類法、DNA 型分析や白骨死体の復顔などを駆使して犯罪者を追い詰めていく犯罪推理ドラマや映画に登場する捜査員、医師や研究者たちに多くの人々が夢中になっている。実際、読者の中には「科学捜査」という言葉がキーワードになった犯罪推理ドラマや映画を見て、司法・犯罪心理学を学びたいと思った方もいるかもしれない。

　最近では、専門の機関、研究者や実務家の監修を受けながら、実際の科学捜査で使用されている用語、分析手法、器具や機器など多くの要素が作品に含まれている。よって、司法・犯罪心理学の入門者の方が科学捜査の概要を学ぶうえで良質な資料となる作品も少なくない。

　しかし、商業的な製作の都合上、ドラマでは 1 時間、映画では 2 時間程度にその内容がまとめられるため、科学捜査の背景にある法科学の研究知見の詳細は省略されてしまうことがある。また、視聴者が作品の内容を把握しやすくするため、科学捜査に関わる映像が脚色もしくは演出されることもある。よって、ドラマや映画を通じて知っている科学捜査の内容だけでは、司法・犯罪心理学をはじめ背景にある法科学（forensic science）の研究知見を十分理解することはできない点に注意しなければならなない。

　本節では、科学捜査に興味・関心を持つ司法・犯罪心理学の入門者の方を対象に、科学捜査の背景にある法科学の主な研究対象の一つである死体に焦点を当て、近年発展が期待されている日本における死体の調査手続きである司法検視に関する司法・犯罪心理学的な研究知見を明らかにすることを目的とした。

2．科学捜査

　そもそも、科学捜査とは、証拠の収集、被疑者の認定、犯罪の証明など犯罪捜査のあらゆる過程で器材や施設など科学的知識と技術を応用する捜査手法である（勾坂, 1997）。

　日本で「科学捜査」というキーワードが登場した背景として、現在の刑事訴訟法が制定される前の時代には、捜査員の経験と勘に基づく取調べが行われ、得られた容疑者からの自白を証拠として収集していたことがある（勾坂, 1997）。1948 年に現在の刑事訴訟法が制定され、証拠、とくに物的証拠の収集に基づく容疑者への取調べが行われることになり（平岡, 2014）、1950 年 4 月に当時の国家地方警察本部刑事部長により、「科学捜査の推進について」という通達が発行され、その推進内容として「鑑識技術の高度化」、「鑑識技術の普遍化」および「捜査活動における鑑識と捜査の一体化」が示されることとなった。

　犯罪捜査には、法心理学、犯罪心理学をはじめ社会心理学、児童心理学、臨床心理学、組織心理学、環境心理学や認知心理学などさまざまな領域の心理学の理論や研究法が応用可能である（Canter & Youngs, 2009）。犯罪捜査に関わる心理学は捜査心理学と呼ばれ、「心理学アプローチから、犯罪者の行動および逮捕から裁判手続きへ移行する過程を研究する学問領域」（Canter & Youngs, 2009: p.4）と定義される。日本では主に刑法に関わる問題を想定して、「犯罪捜査に寄与するために心理学の原理を利用し、犯罪情報の管理, 捜査およびその後の法的プロセスを支援することを目的とする学問領域」（渡辺, 2004）と定義される。

　現在、日本の警察では客観証拠による的確な立証に向け、犯罪の悪質化・巧妙化等に対応するためにさまざまな科学技術の活用が推進されており、たとえば、犯罪者プロファイリングや地理的プロファイリングなどに捜査心理学の研究知見は活用されている（警察庁, 2017）。また、近年、真実の供述を適正かつ効果的に得るための取調べ技術やその伝承方法を検討・推進するため、2012 年 12 月に作成された心理学的な研究知見を取り入れた教本「取調べ（基礎編）」や、2013 年 5 月に設置された「取調べ技術総合研究・研修センター」にも捜

査心理学は貢献の研究知見が活用されている（警察庁, 2017）。

3．法科学

　科学捜査の基盤となる科学技術の研究・開発には、先ほど述べた捜査心理学をはじめ法科学の研究知見を欠かすことができない。

　瀬田（1998）は、学問としての法科学について次のように整理している。法科学とは、自然科学の理論と技術を犯罪捜査から裁判までの過程に応用する学問であり、犯罪鑑識科学と法医学の分野から構成されている。犯罪鑑識科学は、犯罪現場から収集された証拠を科学的方法により分析する分野である。さらに、犯罪鑑識科学は、法生物学、法化学、法工学、特殊技術の研究領域に分類される。法生物学では、法骨学、法血清学、DNA 型、法動・植物学に関わる研究が行われている。法化学では、指紋・痕跡、乱用薬物、毒物、微生物、匂いに関わる研究が行われている。法工学では、鈍器・弾道、爆弾、火災、交通事故に関わる研究が行われている。特殊技術では、ポリグラフ検査、音声、文書に関わる研究が行われている。なお、犯罪鑑識科学と法医学には重複する研究テーマもある。

　法医学は、法律に関わる医学的なことがらを広く研究する、もしくはその研究知見を応用する社会医学である（澤口, 2005）。医学は、基礎医学と応用医学に分類されるが、基礎医学には解剖学、生理学、病理学、薬理学、生化学、応用医学には内科学、外科学、小児科学、眼科学、皮膚科学などの臨床医学と公衆衛生学、法医学が含まれる。応用医学のうち、公衆衛生学と法医学は社会と密接に関連する分野のため社会医学と呼ばれている（池本, 2000）。

　法医学の研究領域は、主に人体、物体、現場に分類される。人体の研究領域は、さらに生体と死体の領域に分類される。生体の領域では、疾病、創傷、性別や親子の鑑定、個人の識別、詐病の識別などに関する研究が行われている。死体の領域では、検死と呼ばれる死体の医学的な外表検査と解剖に関する研究が行われている。物体の研究領域では、DNA 型、血液、血痕、精液、精液斑、膣液斑、尿斑、唾液斑、骨片、歯、指紋、掌紋、足紋、足痕などの生体、死体に由来する、または付着している体液や物体、人体の臓器片の検査に関する研

究が行われている。現場の研究領域では、犯罪現場や死体の発見場所における死体の位置や姿勢、周囲の物品、血痕の状況や凶器の有無などの検査に関する研究が行われている（池本, 2000; 澤口, 2005）。

　また、日本で実際に研究されている法科学の分野については、日本法科学技術学会（Japanese Association of Forensic Science and Technology）の活動からも読み取ることができる。日本法科学技術学会が発行する学会誌である『日本法科学技術学会誌』を見ると、2017年に開催された学術大会で発表された研究領域は、法生物学、法薬毒物学、法化学、法工学、法文書学、法心理学、現場鑑識科学となっており、法心理学の領域ではポリグラフ検査、犯罪者プロファイリングや地理的プロファイリングに関わる研究が発表されている（日本法科学技術学会, 2017）。

4．死　因

　法科学の研究領域や研究対象を概観すると、人体に関わる研究テーマが多いことが読み取れる。とくに死体は法科学、とりわけ法医学における主要な研究テーマの一つといえる。実際、犯罪捜査において死体の取り扱いは重要な業務であり、法医学をはじめさまざまな法科学の研究知見が死体の取り扱いにおいて活用されている。

　死体の取り扱いに関わる法科学、とくに法医学の重要な概念の一つが死因（cause of death）である。文字通り、死因とは人が死亡した原因だが、死体の調査においては2つの側面がある（入山, 2016）。一つは「個体の死の原因となった医学的な傷病名および症候群」（勾坂, 1997: p.136）である。医学的な死因とも呼べるが、具体例として心臓病、溺死、窒息や失血などがあげられる。もう一つは「個人を死に至らしめた特定の状況」（Bartol & Bartol, 2005／横井訳, 2006）である。死亡の様態（manner of death）ともいわれ、自然死（natural death）、事故死（accidental death）、自殺（suicide）、他殺（homicide）、不明（unknown）の5つの様態がある。

　たとえば、ある人が、倉庫内の天井に吊るされていたワイヤーで首を絞めて死亡していたとする。この場合、医学的な死因は窒息である。もし、死亡の様

態を他殺であると判断した場合、犯罪捜査を行い、犯罪を行った疑いのある人を特定し、逮捕することができる。その結果、遺族やその他の関係者の感情を鎮静させるとともに、遺体現場周辺で生活する人々の不安を取り除くことになる。しかし、死亡の様態を誤って自殺と判断した場合、犯罪を見逃すだけではなく、故人の尊厳や法的な権利、もしくは遺族やその他の関係者の感情に大きな影響を与えることになる。よって、死因を適切に調査することは、犯罪捜査の糸口、法学の観点からいえば犯罪捜査の端緒となる。

5．司法検視の体制と手続き

　日本では、死因の調査の一つとして、司法検視が行われている。司法検視は、刑事訴訟法229条、検視規則5条および6条に基づき、変死体の死亡の原因が犯罪によるものであるかどうかを判断するため、五感（味覚・嗅覚・聴覚・触覚・視覚）の作用により死体の状況を調べる手続きである（警察庁刑事局刑事企画課, 1990）。司法検視の対象となる変死体とは、犯罪が原因で死亡したか明らかではないものの、犯罪が原因で死亡した可能性を捨てきれない死体のことを指す（警察庁刑事局刑事企画課, 1990）。

　刑事訴訟法229条1項によれば、司法検視の実施者はその所在地を管轄する地方検察庁または区検察庁の検察官となっている。しかし、同条2項によれば、検察官が検察事務官または警察官に検視をさせることもできる。そのため、現在、所轄警察署の警察官、または検視官と呼ばれる警察大学校の法医専門研究科を修了した警察官が、法科学の支援を受けながら大部分の司法検視を行っている。なお、警察庁（2017）によれば、後で述べる犯罪死の見逃し防止に向けて、全国都道府県警察の検視官の人数は、2007年の147人に対して、2017年は341人と2倍以上の増員をしている。

　捜査実務研究会（2008）によれば、一般的に、司法検視は検視規則6条（検視の要領）に基づき次の要領で行われる。

　（1）死体への礼儀として、死体に向かって合掌をする。

　（2）司法検視の開始時間を記録する。

　（3）衣類を着たままの死体の全身、衣服、靴や所持品を写真撮影し、記録する。

(4) 着用している衣類を脱がせて死体の全身の写真を撮影、記録する。

(5) 死体の身長、足裏の長さを測定する。

(6) 死体の体格（肥満・普通・痩せ）と栄養の程度（優良・普通・可）を見る。

(7) 死体の皮膚の色（蒼白い・褐色）を見る。

(8) 死斑と呼ばれる、死後に血液の循環が止まり、血液が重力の作用で死体の下方部に集まることにより出現する外表の斑点の発現、部位および程度を見る。

(9) 死体硬直の部位および程度を見る。

(10) 頭部、顔部、歯牙、頸部、胸部、腹部、上肢、下肢や背面を見る。

(11) 死亡時に生じた生傷を除く、手術痕、指などの欠損、傷痕や火傷痕があればその位置、大きさの写真を撮影し、記録する。

(12) その他、いぼ、あざやほくろがあれば、写真を撮影し、記録する。

(13) 死体の指紋を採取する。

(14) 司法検視の終了時間を記録する。

また、入山（2008）は、司法検視における死因の推定手続きをレヴューし、次のように整理している。すなわち、まず、死体の外表調査、死体現場の状況の調査、情報提供者への聞き込み調査がほぼ同時並行で行われる。次に、これらの調査の結果、収集されたあらゆる情報の整理が行われる。最後に死亡様態の推定が行われる。

しかし、司法検視の対象となる死体は、死体の個体要因と死体を取り巻く環境要因が複雑に関係しており、死亡様態の推定は簡単ではない。たとえば、一見すると死亡した人自らが首を紐で絞めている事例があったとする。この場合、自殺の可能性も考えられるが、もし死体が全裸の状態で河川敷の草むらに位置しているとしたら犯罪の可能性も考えられる（入山, 2016）。そのため、司法検視では、先ほど述べた犯罪鑑識科学および法医学のさまざまな支援、たとえば、法化学における指紋・痕跡の収集や分析、法生物学や法医学におけるDNA型の分析が行われる。また、医学的な死因や死亡推定時刻などを判断するために医師が行う死体の外表検査が行われる。

さらに、刑事訴訟法225条に基づき、裁判所より鑑定の許可を得て、法医学の専門家である鑑定医が司法解剖を行う場合がある（吉田, 2008）。日本では、

全国の大学法医学教室に所属している医師が鑑定医を務めているのが実情である。

6. 司法検視の問題

　日本の司法検視は、欧米の死因の調査と比較すると、いくつかの問題がある。たとえば、米国の大部分ではメディカルイグザミナー（medical examiner）と呼ばれる終身職の法医学の専門家が、警察による犯罪捜査に優先して、死因の調査を行う。メディカルイグザミナーは、終身職であり、その調査は警察の調査よりも優先される。また、メディカルイグザミナー自身が検案や解剖も行う。英国ではコロナー（coroner）と呼ばれる終身職の司法権限を持つ行政官が、死因の調査を行う。大部分のコロナーは法学の専門家であるが、明らかな自然死ではないかぎり、医師に死体の解剖を実施させる場合が多いといわれている。また、コロナーは死因の結果が争点となる死亡事例について裁判を開くこともできる（犯罪死の見逃し防止に資する死因究明制度の在り方に関する研究会, 2011）。

　一方、日本の司法検視では、検視官もしくは警察官が、死因と犯罪の間に関連性があるかどうかを調査する。日本全国には経験豊富で優秀な検視官および警察官が多数いるが、司法検視を専門とした終身職という制度ではなく、また医師の資格を持つ警察官もほとんどいない。検視官は約2年以下の任期で、異なる担当業務に異動することになる。そのため、専門性の蓄積と維持が非常に難しいのが実情である。また、法科学の支援は受けるものの、司法検視の体制上、死体の外表調査、死体現場の状況の調査、情報提供者への聞き込み調査により、死亡様態の推定もしくは司法解剖の必要性を判断することになる（吉田, 2008）。最終的に検視官もしくは警察官が死因と犯罪の間に関連性がないと判断すると、他殺が見逃されることになる。

　実際、過去に発生したホテルの室内で女性が死亡した事例において、最終的に他殺と推定し直され、犯人が逮捕されたが、犯人が生前に女性に書かせた偽の遺書の存在により当初は自殺と推定された（芹沢, 1981）。

　また、近年でも、ガス器具の不具合による一酸化炭素中毒死、相撲部屋で発

生した力士暴行事件や、結婚対象を見つけるために積極的な活動を行っている
女性による男性への連続殺人被疑事件など、死亡様態の推定の誤りや解剖の未
実施が発生している（吉田・辻村, 2010）。

　2011 年 5 月時点で、1998 年以降に発覚した犯罪を見逃した死亡事例は 43 件
あり、そのうち 12 件について司法検視が行われていたことが確認されている
（犯罪死の見逃し防止に資する死因究明制度の在り方に関する研究会, 2011）。

7．捜査心理学における死因の推定研究の展開

　近年、捜査心理学の研究拠点の一つである英国リヴァプール大学では、先ほ
ど述べた司法検視などの死因の調査における死因の推定手続きに関心が持たれ
ている（横田, 2000）。

　横田（2000）によれば、捜査心理学の創始者であるカンター（Canter, D.）
は、社会心理学の立場から犯罪に関する問題にアプローチしている。実際、本
章や他の章の各節で取り扱われている捜査心理学に関わる多くのテーマには
社会心理学の理論や研究法が応用されている。社会心理学は、「個人とその社
会的状況との間の相互的な影響過程を科学的に研究する学問の一分野」（安藤,
2003: p.365）であり、社会的状況に置かれた個人の行動とその背後にある心理
過程を実証的に研究することを重視している（安藤・村田, 2009）。

　カンター（Canter, 1999）は死因の推定において生じる可能性のある具体的
な認知バイアスについて言及していないが、捜査員は犯罪捜査においてさまざ
まな偏った期待や先入観を持っていると指摘している。社会心理学の立場から
見ると、たとえばヒューリスティック、帰属バイアスや確証バイアスに伴う情
報収集のエラーなどの認知バイアスが関連している可能性が考えられる。

　ヒューリスティックは、問題解決、判断、意思決定を行う際、システマ
ティックな分析過程を経ないで近似的な解答を得るために使用される簡便な方
略であり（楠見, 2001c）、社会において人がよく使用するヒューリスティック
の例として、代表性ヒューリスティックや利用可能性ヒューリスティックな
どがある（Tversky & Kahneman, 1974）。代表性ヒューリスティックが使用
された場合、ある事例がその母集団を代表していると認知されるほど、その

母集団にその事例が所属する確率が高いと判断される（楠見, 2001b）。利用可能性ヒューリスティックが使用された場合、ある事例の生起確率を判断する際、その事例が想起しやすければ、その生起確率が高いと判断される（楠見, 2001a）。

　帰属バイアスには、たとえば、根本的帰属のエラー、過度の責任帰属がある。根本的帰属のエラーとは、他者の内的な要因が重視されすぎることにより、外的な要因によりなされた行動であることが明らかであっても、他者の内的な要因に帰属されてしまう傾向である（Ross, 1977）。過度の責任帰属とは、他者に起きた事故や災害を当事者の責任に過度に帰属する傾向のことである（Walster, 1966）。

　確証バイアスは、多くの情報の中から仮説を確証するような情報を重視し、反対に仮説を反証する情報を過小評価する傾向である（村田, 1999）。反対に、仮説を反証する情報は過小評価される傾向にある。唐沢（2001）は、社会場面において推論を行う場合、すでに推論対象について仮説を持っていることが多く、この仮説が情報収集する際に影響すると指摘している。

　カンター（Canter, 2005）は、警察からの依頼により、1990年代後半に遺書のようなメモを残し、自宅のガレージで縊死した女性の死因について、心理学の研究知見に基づいた助言を行う機会を得ている。その際、死亡した女性の筆跡により書かれた遺書が発見されたことから、捜査員は明らかに死因が自殺であると考え、たとえば発見時の遺体の写真を記録していないなど、ほとんど証拠を収集していなかったことを明らかにしている。先ほど述べたさまざまな認知バイアスとの関連から見ると、遺書が遺体現場に残されていたことにより、利用可能性ヒューリスティックを使用し、自殺の可能性があるという仮説が持たれた結果、自殺を反証する情報が過小評価されたとも解釈できる。

8．リヴァプール方式の死因の推定研究

　カンター（Canter, 1999）は、捜査員が持つ可能性のある偏った期待や先入観について、心理学的検死（psychological autopsy）を応用することにより、捜査員にさまざまな対立仮説を提供し、死因の推定に際して中立的な態度を保

つよう促すことができるのではないかと述べている。

　心理学的検死の定義はさまざまであるが、たとえば、「変死事例における故人のパーソナリティ、思考方法、および自身の死亡への関与の程度に焦点を当て、死亡直前の故人の心理状態を再構成しようとすること」（Canter, 1999: p.125）と定義されている。また、「心理学および精神医学の知識に基づいて、遺体現場の情報の分析や故人の認知、感情、および行動を再構成することにより、心理学的側面から自然死、事故死、自殺および他殺の可能性を推定し、死因の推定者を間接的に支援しようとする手法」（入山, 2016: p.254）とも定義されている。

　先に述べたように、米国の一部の地域ではメディカルイグザミナーが死因の調査を実施する。心理学的検死は、1950 年代後半、米国カリフォルニア州ロサンゼルス郡のメディカルイグザミナーたちによる法医学の研究プロジェクトの中で、心理学者のシュナイドマンとファーブロー（Shneidman & Farberow, 1961）が開発したものである。

　心理学的検死の実施者は、死因の調査を側面から支援する観点から、死因の調査もしくは犯罪捜査の実務訓練を受講し、かつ法病理学の実務訓練を受講した心理学者または精神医学者が実施することが妥当とされている（La Fon, 2008）。心理学的検死の実施者は、警察が保有している情報に加え、両親、兄弟姉妹や配偶者から親友、友人や職場の同僚など死亡した個人と直接または間接的に関係のあった人を対象に面接を行い、死亡直前の死亡した個人の心理状態を再構成しようと試みる。

　心理学的検死により推定される結果は統計分析に基づいた数量的な結果ではなく、詳細な事例分析に基づいた推論である（入山, 2016）。そのため、心理学的検死による結果は、米国のメディカルイグザミナー、英国のコロナーや、日本の検視官および警察官のような死因の推定者に対する間接的な支援として使用されるべきであり、独立して使用されるべきではない（Canter, 1999; 入山, 2016）。

　カンター（Canter, 1999）は、先に述べた認知バイアスの問題を回避するための方略として心理学的検死を研究し、その知見を蓄積することにより、将来発生する死亡事例における認知バイアスの回避に活用することができるので

はないかと述べている。実際、カンター（Canter, 1999）は、先に述べた自宅のガレージで縊死した女性の事例において、死亡した女性が妊娠8ヶ月半であり、女性が出産後の将来設計を立てていたという事実を早急に捜査員に提供できていたとしたら、捜査関係者は死因が自殺であると考えることに慎重な態度を示したかもしれないと述べている。

9. おわりに

　リヴァプール方式の死因の推定研究は現在も進行中であり（横田, 2000）、研究法が確立されているわけではない（Canter, 1999）。また、日本では実際に死体に関する問題は法医学の研究領域における研究テーマとして取り扱われていることから、心理学の領域との関連が強くないと素朴に解釈されてきた背景があり、死因の推定研究はほとんど行われていない。しかし、死因の推定は、その背後では死亡した個人、その関係者や遺体現場などさまざまな情報の影響を受けており、その死因の推定結果は社会に影響を与えている。よって、社会的状況に置かれた個人の行動とその背後にある心理過程を研究する学問である社会心理学の立場（安藤・村田, 2009）から、今後、日本でも実証的な研究が求められる。

■引用・参考文献

安藤清志（2003）社会心理学. 中島義明・安藤清志・子安増生・坂野雄二・繁桝算男・立花政夫・箱田裕司［編］, 心理学辞典（p.365）. 有斐閣.

安藤清志・村田光二（2009）実証研究の論理と方法. 安藤清志・村田光二・沼崎誠［編］, 新版 社会心理学研究入門（pp.1-14）. 東京大学出版会.

Bartol, C. & Bartol, A. (2005) Criminal behavior: A psychological approach 7th ed. Prentice Hall. （バートル, C. & バートル, A.　横井幸久［訳］（2006）犯罪行動学への招待. C. バートル & A. バートル　羽生和紀［監訳］, 犯罪心理学——行動科学のアプローチ（pp.3-33）. 北大路書房）

Canter, D. (1999) Equivocal death. In D. Canter & L. Alison (Eds.). *Profiling in policy and practice* (pp.123-156). Ashgate.

Canter, D. (2005) Suicide or murder?: Implicit narratives in the Eddie Gilfoyle case. In L. Alison (Ed.). *The forensic psychologist's casebook: Psychological profiling and criminal investigation* (pp.315-333). Willan.

Canter, D., & Youngs, D. (2009) Introducing investigative psychology. In D. Canter, & D. Youngs (Eds.). *Investigative psychology: Offender profiling and the analysis of criminal action* (pp.3-26). John Wiley & Sons Ltd.

犯罪死の見逃し防止に資する死因究明制度の在り方に関する研究会（2011）犯罪死の見逃し防止に資する死因究明制度の在り方について　警察庁　Retrieved from http://www.npa.go.jp/sousa/souichi/gijiyoushi.pdf（2015 年 5 月 16 日）.

平岡義博（2014）法律家のための科学捜査ガイド──その現状と限界　法律文化社.

池本卯典（2000）法学部法医学　第 2 版　八千代出版.

入山茂（2008）検視による死亡様態の判断過程に関する考察. 日本心理学会第 72 回大会発表論文集，441.

入山茂（2016）死因の推定. 日本犯罪心理学会［編］，犯罪心理学事典（pp.254-255）. 丸善出版.

唐沢かおり（2001）情報収集・サンプリングのエラー. 山本眞理子・外山みどり・池上知子・遠藤由美・北村英哉・宮本聡介［編］，社会的認知ハンドブック（pp.214-215）. 北大路書房.

警察庁（2017）平成 29 年版警察白書　警察庁　Retrieved from https://www.npa.go.jp/hakusyo/h29/index.html（2018 年 3 月 24 日）.

警察庁刑事局刑事企画課［編著］（1990）逐条解説検視規則・死体取扱規則　東京法令出版.

勾坂馨［編］（1997）法医学小辞典　南山堂.

楠見孝（2001a）利用可能性ヒューリスティックス. 山本眞理子・外山みどり・池上知子・遠藤由美・北村英哉・宮本聡介［編］，社会的認知ハンドブック（pp.206-207）. 北大路書房.

楠見孝（2001b）代表性ヒューリスティックス　山本眞理子・外山みどり・池上知子・遠藤由美・北村英哉・宮本聡介［編］，社会的認知ハンドブック（pp.208-209）. 北大路書房.

楠見孝（2001c）ヒューリスティックス　山本眞理子・外山みどり・池上知子・遠藤由美・北村英哉・宮本聡介［編］，社会的認知ハンドブック（p.278）. 北大路書房.

La Fon, D. S. (2008) The psychological autopsy. In B. E. Turvey (Ed.), *Criminal profiling: An introduction to behavioral evidence analysis* 3rd ed (pp.419-429). Elsevier Academic Press.

村田光二（1999）確証バイアス. 中島義明・安藤清志・子安増生・坂野雄二・繁桝算男・立花政夫・箱田裕司［編］，心理学辞典（p.112）. 有斐閣.

日本法科学技術学会（2017）目次. 日本法科学技術学会誌, 22 (Supplement).

Ross, L. (1977) The intuitive psychologist and its shortcomings: Distortions in the attribution process. In L. Berkowitz (Ed.), *Advances in experimental social psychology*, Vol.10 (pp.174-221). Academic Press.

澤口彰子（2005）法医学とは. 澤口彰子・福永龍繁・武市早苗・黒崎久仁彦・青木康博・澤

口聡子・池田典昭・遠藤任彦・吉田武美・赤根敦・小室歳信・佐藤啓造，臨床のための法医学　第5版（pp.1-6）．朝倉書店．

芹沢常行（1981）検死百態——死体が語る捜査の鍵　立花書房．

瀬田季茂（1998）科学捜査を支える法科学．瀬田季茂・井上堯子［編著］，犯罪と科学捜査（pp.33-45）．東京化学同人．

Shneidman. E. S., & Farberow, N. (1961) Sample investigations of equivocal suicidal deaths. In N. Farberow, & E. S. Shneidman (Eds). *The cry for help* (pp.118-128). McGraw-Hill.

捜査実務研究会［編著］（2008）現場警察官のための死体の取扱い　立花書房．

Tversky, A., & Kahneman, D. (1974) Judgement under uncertainty: Heuristics and biases. *Science*, *185*, 1124-1131.

Walster, E. (1966) Assignment of responsibility for an accident. *Journal of Personality and Social Psychology*, *3*(1), 73-79.

渡辺昭一（2004）心理学と犯罪捜査のかかわり．渡辺昭一［編］，捜査心理学（pp.1-6）．北大路書房．

横田賀英子（2000）捜査心理学と犯人像推定（31）　英国リヴァプール大学における捜査心理学とその応用．警察学論集，*53*（10），148-162．

吉田謙一（2008）事例に学ぶ　法医学・医事法　改訂版　有斐閣．

吉田謙一・辻村貴子（2010）日本の死因究明制度，東京大学法科大学院ローレビュー，*5*，341-350．

犯罪捜査における鑑識

桐生正幸

1. 鑑識とは

犯罪捜査において、犯罪現場などから事件解決のために必要と考えられる物的資料を採取し、分析や鑑定などをする業務が「鑑識」である。

日本においては、1948年の警察法制定に伴い各都道府県警察に鑑識課が設置され、新刑事訴訟法の施行とあいまって、犯罪捜査が証拠中心主義へと転換され進展した。以後、犯罪鑑識の重要性は高まり現在に至っている。

この鑑識における内容について、警察官が犯罪捜査にあたって守るべき心構えや方法などを定めた国家公安委員会規則である「犯罪捜査規範」の「第十章　鑑識」に、次のよう明記されている。

（鑑識の心構え）

　第百八十三条　鑑識は、予断を排除し、先入観に影響されることなく、あくまでも客観的に事実を明確にすることを目的としなければならない。

　2　鑑識を行うに当たっては、前項の目的を達するため、周密を旨とし、微細な点に至るまで看過することのないように努めるとともに、鑑識の対象となった捜査資料が、公判審理において証明力を保持し得るように処置しておかなければならない。

また具体的な業務について、埼玉県警察のホームページ（2019）には、「鑑識活動は指紋・足跡・DNA資料を採取することで『物』と『物』のつながりから、被疑者を推定したり、犯行状況を明らかにしていく仕事です」とし、以下のよう記載されている。

「警察署における鑑識の業務は、窃盗事件をはじめ、管内で発生したさまざまな事件で活動しますが、刑事部鑑識課における現場鑑識の業務は警

察署で取り扱った身元の判明していない御遺体の身元を確認するための照会業務や、殺人等の凶悪事件の現場に臨場して指紋・足跡、DNA 資料等の鑑識資料を採取する現場鑑識活動を行ないます。」

　このように、現場に臨場する鑑識担当者（警察官）の主な業務は、現場などの写真撮影、指紋や足跡、痕跡、毛髪や繊維などの適正な採取となる。そして、犯罪現場で収集された資料は、各都道府県警察の刑事部鑑識課や科学捜査研究所に、鑑定嘱託として送付される。鑑識課では警察官や専門職員が、指紋鑑定、足跡鑑定などを、科学捜査研究所では研究職員が、血液鑑定、DNA 鑑定、薬毒物鑑定、微細物鑑定などを、それぞれ行っている。

2．指紋や足跡などの実際と研究

　さて、このような鑑識業務は、医学者や統計学に詳しい研究者によって行われた犯罪者の個人識別や分類、原因論などに関する研究から発展してきている。

　たとえば、犯罪捜査における指紋活用（菱田, 2017; McDermid, 2014; 瀬田・井上, 1999）は、1858 年、東インド会社にて給与の不正受給を防ぐために指紋を利用したハーシェル（Hershel, W.: 1833-1917）から始まる。彼は、1877 年に犯罪者を識別する指紋の記録システムを提案する。医学的には、17 世紀から 19 世紀初頭にかけ、指頭の隆起にさまざまな形があることが指摘されていたが、実際的な活用においては彼が初めてだといえよう。

　犯罪捜査への積極的な活用を促したのは、フォールズ（Faulds, H.: 1843-1930）である。1880 年、『Nature』に発表した論文では、犯罪現場に遺留された指紋から犯人の割り出しが可能であることを強調している。同時期、英国では、人類学者であり統計学でも著名なガルトン（Galton, F.: 1822-1911）が 1892 年、指紋の分析と識別に関する統計モデルを著書『指紋』にて公表している。

　これら成果を受け、ヘンリー（Henry, E.: 1850-1931）が 1901 年に現在の基礎となる指紋分類法に関する研究を発表した。これより、世界中に犯

罪捜査における指紋の実用化が広まることとなる（菱田, 2017）。指紋の種類としては、「弓状紋（弓状戦で形成される指紋）」「てい状紋（てい状線を含み、その流れの方向の反対側に三角州を有する指紋）」「渦状紋（環状、うず巻状、二重てい状等の隆線の左右に三角州を有する指紋）」などがある。これらは、生物学的特徴を犯罪捜査の個人識別に応用する試みであったといえよう。なお日本では、1911 年から犯罪捜査へ指紋が採用されている。

　一方、足跡や痕跡については、指紋のような研究変遷を経て現場に活用されてきたわけではない。犯罪現場に印象されている可能性が極めて高い足跡については、実務中心に積極的な活用がなされてきた経緯がある。足跡はもとより、タイヤ痕（自動車やバイクなどのタイヤによって印象された痕跡）、工具痕（犯行道具として使用されたペンチ、刃物、ドライバーなどの痕跡）、擦過痕（手袋の痕跡、接触による痕跡、耳や肌などの痕跡）などを、科学的に分析・比較対照など鑑定を行い、現在は証拠資料として広く活用している。また、現場足跡からは、犯行時の行動や経路の推定、犯人の数などの推定も可能であり、データが複数あれば犯人の性別や体格、年齢層などを予測することも可能である。

　日本における鑑識技術の研究は、主に「日本法科学技術学会」が毎年開催する学術集会にて報告されている。この学会の会員は、警察において鑑識業務や科学鑑定を行っている専門員が主である。ここ数年の報告を見てみると、2016 年は指紋に関する研究が 10 題、足跡・痕跡が 3 題、2017 年は指紋が 5 題、足跡・痕跡が 5 題、2018 年は指紋が 5 題、足跡・痕跡が 2 題であった。発表された研究成果は、実際の現場に多くの知見をもたらし、犯罪捜査に寄与しているものと思われる。なお、鑑識担当者が使用する資機材は、たとえば株式会社ピー・エス・インダストリーといった専門メーカーが開発している。

■引用・参考文献

犯罪捜査規範（2018）http://elaws.e-gov.go.jp/search/elawsSearch/elaws_search/lsg0500/detail?lawId=332M50400000002_20180601_430M60400000011&openerCo

de=1（2019 年 8 月 7 日）.

廣瀬健二（2015）コンパクト刑事訴訟法　新世社.

菱田繁［監修］（2017）犯罪捜査科学——捜査・取調・法医・虚偽自白・無罪判決の考
　証　金剛出版.

幕田英雄（2017）実例中心 捜査法解説——捜査手続から証拠法・公判手続入門まで［第
　3 版補訂版］　東京法令出版.

松本時夫・土本武司・池田修・酒巻匡［編］（2016）条解 刑事訴訟法［第 4 版増補版］
　弘文堂.

McDermid, V. (2014) *Forensics: What bugs, burns, prints, DNA and more tell us about crime.*
　Grove Press.

埼玉県警察ホームページ（2019）https://www.police.pref.saitama.lg.jp/b0011/saiyo1/
　keijibu/kanshikika.html（2019 年 8 月 7 日）.

瀬田季茂・井上堯子（1999）犯罪と科学捜査　東京化学同人.

大学生による犯罪データ分析：多変量解析を中心に

桐生正幸

1．はじめに

　心理学における研究法は、統計的研究法と事例研究法に大別される。主に、前者は量的データを扱い、後者は質的データを扱う。統計的研究法を大別すると、相関関係を明らかにしようとする調査法と、因果関係に迫ろうとする実験法がある。実験法においては、独立変数、剰余変数、従属変数を明確にして分析を行う必要がある。犯罪行動を研究する司法・犯罪心理学の研究法も以上の研究法を踏襲している。本節では、それら研究法において使用頻度が高い統計を用いたデータ分析について述べていきたい。

　はじめに、それらの研究法を用いる研究分野について、越智ら（2011）の分類をもとに概観する。

　現在の司法・犯罪心理学の形態に至るまでの研究分野の中心は、なぜ人は犯罪を行うのか、といった根源的な問い、すなわち「犯罪原因論」の探求であったといえよう。そして、社会、文化、経済などを変数とした社会学的なアプローチや、生育、親子関係、パーソナリティなどを変数とした心理学的アプローチが、研究の主流であった。現在はそれらのアプローチに加え、DNA、神経伝達物質、ホルモンなどと犯罪との関連を研究する生物学的研究が進められている。

　日本の犯罪心理学研究者の所属として最も多いのが、法務省管轄の施設であるが、それら刑務所、少年院、少年鑑別所などで研究されているのが「矯正心理学」である。実践されている再犯防止プログラム、矯正教育、資質鑑別などのアセスメントやカウンセリングは、臨床心理学や精神医学のアプローチが主となっている。目前にいる対象者に対し、具体的に対応していくのがこの分野の特徴といえよう。

　「矯正心理学」と同様に、司法・犯罪心理学の研究が始まった当時から研究分野としてあるのが「裁判心理学」である。認知心理学や社会心理学のアプ

ローチにより、目撃証言の信頼性、陪審員の意思決定などに関する研究が行われている。裁判における事実の認定に関し、心理学的知見を応用し、関わっていくのがこの分野である。

　生理心理学や精神生理学の応用として、犯罪を行った者しか知らない犯罪事実の記憶の有無を検査するポリグラフ検査の研究史も古い。ポリグラフ検査など犯罪捜査を支援する分野が「捜査心理学」である。捜査心理学では、近年、犯罪者プロファイリングと捜査面接法の研究が急速に進んでいる。前者においては、社会心理学や統計学が、後者においては認知心理学のアプローチが使用されている。事件が発生した後に、捜査が科学的合理的に実施されるための支援を行うのがこの分野といえる。

　最後に、「防犯心理学」であるが、この分野では、犯罪者の行動特性の分析や都市環境と犯罪行動との関連などを研究している。環境犯罪学や環境心理学のアプローチが使用されている。犯罪のリスク認知とリスク評価を評価しながら、地域防犯に寄与する試みがこの分野である。

2．研究法の概要

　次に、研究方法と分析手法について説明する。まず、近年に本邦で発刊された司法・犯罪心理学に関する書籍において、いかなる研究方法が紹介されているかを概観してみる。

　『法と心理学の事典──犯罪・裁判・矯正』（越智ら, 2011）の5章「心理学の諸分野と研究方法」には、実験研究、事例研究、相関研究、分散分析、多変量解析といった内容が紹介されている。ただ、これらは一般的な心理学研究に準拠した解説となっている。

　『犯罪心理学事典』（日本犯罪心理学会, 2016）の第2章「犯罪心理学の研究法」では、まず、概説として、桐生（2012）にならい犯罪心理学の研究法・研究倫理について説明している。すなわち、観察法、面接法、フィールド調査、質問紙法、実験法、心理検査法、事例研究法などである。警察統計といった公的データを使用する際の注意点も記述している。「犯罪統計」や、「統計分析」の概略的説明があるものの、それ以外は「横断的研究・縦断的研究」「ナ

ラティブ・アプローチ」「再犯研究」といった「矯正心理学」にやや重きを置いた内容となっている。両書籍とも、事典という特質から、犯罪事象に関する具体的な研究方法についての記述は少なく、分析についても詳細を説明するまでには至っていない。

　実証的な研究に関し、研究分野や理論を踏まえたうえで研究デザインを解説するものとして、原田（2018）により翻訳されたボンタ（Bonta, J.）とアンドリュース（Andrews, D. A.）の著書『犯罪行動の心理学』（原著名は *The psychology of criminal conduct*）があるので、ぜひ参照されたい。この中で示されている研究デザインは次の通りである。

①犯罪の相関因子と横断的研究デザイン：犯罪歴が異なることがわかっている人々を横断的に観察することにより相関関係がわかる。

②予測因子と縦断的デザイン：縦断研究にて観察された結果から、犯罪行動の予測因子に関する知識が得られるとし、それら変数と将来的に生じる犯罪行動との関連を検討する。

③動的予測因子とマルチウェーブ縦断研究：動的予測因子（動的リスク要因）として、たとえば「犯罪傾向のある者との交際の増加」といったような変化があると、その後の犯罪行動も変化するようなものである。この動的予測因子を明らかにするうえで、マルチウェーブ縦断研究があるが、少なくとも3つの時点での観測（①予測因子の有無に関する初期のアセスメントの実施、②再度のアセスメントを実施し初期との間における変化を検討、③犯罪行動のアセスメント）が必要となる。

④因果変数とランダム化実験デザイン：ランダム化実験デザインとは、xがyの原因となることを示すことが可能な研究デザインである。この実験の特徴は、「最低でも2つの群、参加者を群にランダムに割りつける、両群の基準変数（例えば、犯罪行動）を、同じ時点で事後測定する」（原田, 2018）となる。

　なお、「矯正心理学」や「捜査心理学」の分野における単著には、具体的な犯罪事象に対する分析手法が記述されているものが多い。たとえば、財津（2011）と金・財津（2019）は犯罪者プロファイリングにおけるベイズ確率や筆跡鑑定におけるテキストマイニングの応用を、森（2017）は犯罪者処遇にお

ける効果にて生存関数を用いた検証を、岩見（2018）は犯罪情報分析にて多次元尺度法の使用を、それぞれ行っている。

3．統計を用いた分析①

　本書では、分析手法の例として、捜査心理学の中でも高度な統計手法を用いる犯罪者プロファイリング（1章2節）に焦点を当て、桐生（2018）を参照しながら、そこで用いられる統計分析について、SAS Institute Japan 株式会社 JMP ジャパン事業部の協力を得ながら説明する。なお、これらは多変量解析と呼ばれる統計手法である。多変量解析は、研究文脈や測定尺度によって定義が変化するが、概して、多くの独立変数と従属変数を同時に分析するもの（Grimm & Yarnold, 1994）であり、2つ以上の従属変数が含まれるなら多変量解析を行う研究デザインだと考えられる。

　犯罪捜査場面における犯罪者プロファイリングの分析では、

　　①一連の事件が同一犯によるものかどうか判定する「事件リンク分析」

　　②犯人の属性推定や犯行のエスカレートの可能性の示す「犯人像推定」

　　③犯人の生活拠点や次の犯行場所を推定する「地理的プロファイリング」

　　などが実施されている。

　「事件リンク分析」においては多次元尺度法（Multidimensional Scaling: MDS）などが、「犯人像推定」においては MDS や決定木（Decision Tree）などが、それぞれ使用されている（松田・荘島, 2015）。そして、それらは、検挙された過去の犯罪者データからのアプローチと、現在発生している分析対象の事件データからのアプローチに大別される。

　過去の犯罪者データからのアプローチは以下のような手順を経る。過去のデータを用い、類似ないし関連する個々の事件や変数のまとまりから犯行テーマを見出す。各犯行テーマの特徴から、分析対象の事件が当てはまる犯人の特徴を推定する。使用される MDS は、多次元尺度構成法とも呼ばれ、個体間の親近性データを、類似したものを近く、類似していないものを遠くに2次元や3次元の空間に布置し、そのマッピングからデータの構造を考察するものである（松田・荘島, 2015）。

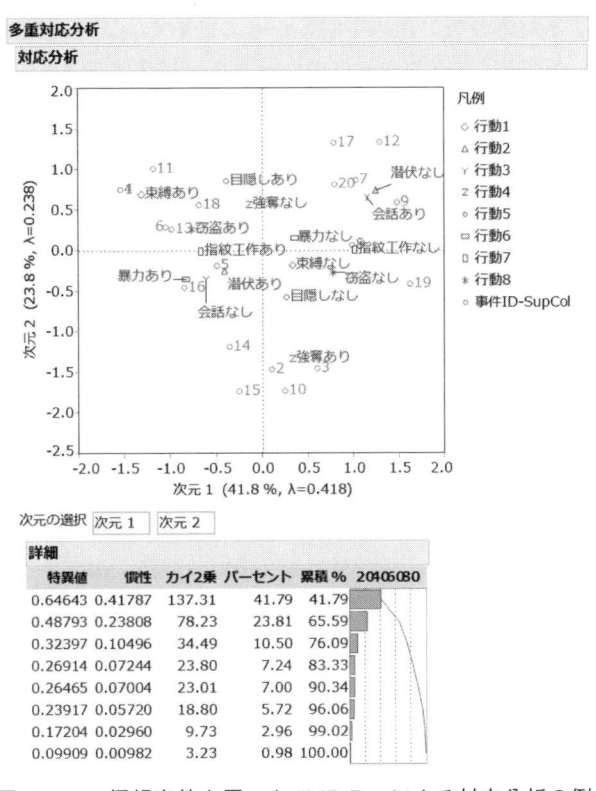

図4－1　仮想事件を用いた JMP Pro による対応分析の例

　MDS などの考え方から、さまざまなデータ解析が生まれている。犯罪者プロファイリングの研究にて使用されている「数量化3類（quantification method of the third type）」、「対応（コレスポンデンス）分析（Correspondence Analysis）」、「等質性分析（homogeneity analysis）」などは、ほぼ同じ内容といえる探索的データ解析の統計手法である。注意点は、これら手法は基本的に記述的 (descriptive) であって、十分に帰納的（inductive）とは言い難いことである。布置されたカテゴリーやサンプル間の距離は、必ずしも両者の結びつきを表していない。あくまで、捜査方針の意思決定時に提供する、仮説発見のための視覚的情報と評価する。

　図4－1は、仮想事件のデータを用いて統計的発見のためのソフトウェア

JMP Pro による対応分析の結果を示したものである。20 の仮想事件と犯人行動などの変数を同時に布置し、各事件の特徴を可視化することができる。

4．統計を用いた分析②

　次に、現在発生している事件データからのアプローチである。これらは、教師有り学習に分類される学習予測プロセスに準ずる。分析対象の事件における犯罪行動から、犯罪者の特徴を予測するモデルを構築し、分析対象の事件のデータをそのモデルに当てはめて犯人の特徴を推定する。たとえば、近年、使用頻度の高い決定木には、いくつかのアルゴリズムが提案され、いずれも従属変数を示すノード内の純度を高めるように分岐することを目標としている。

　捜査資料からの情報、たとえば「凶器使用の有無」や「緊縛の有無」といった質的データを用いて、従属変数である質的な「前科の有無」を示すことは、捜査員に説明しやすいという利点がある（松田・荘島, 2015）。

　最後に、地理的プロファイリングである。現在の捜査場面においては、高度な分析手法はほとんど用いられていない。たとえば、カナダの D. K. Rossmo が開発したソフトウェア「Rigel」などは、高価であり使用のための研修も必要ということで、日本での応用例は見られず（財津, 2011）、サークル仮説を中心とした分析が主である。地理的な分析結果も、犯人の生活拠点の絞り込みや、次の事件の発生場所を検討するための、シンプルな情報提供をしているだけである。

　図 4 - 2 は、SAS　JMP Pro を用いて地理的プロファイリングで示される結果を、模擬的に表したものである。

　なお、統計分析ソフトウェアである JMP について若干説明する。この JMP は、使用者がデータを視覚的に分析できる統計的発見のためのソフトウェアである。多くの統計ソフトウェアは、使用者があらかじめ変数を決めて、実施する分析を指定していくが、JMP の場合はインタラクティブな分析が可能である。視覚的にデータ分析が自由に行え、本格的な分析を行う前に探索的分析が可能である。

　著者らは、SAS Institute Japan 株式会社 JMP ジャパン事業部が開催する

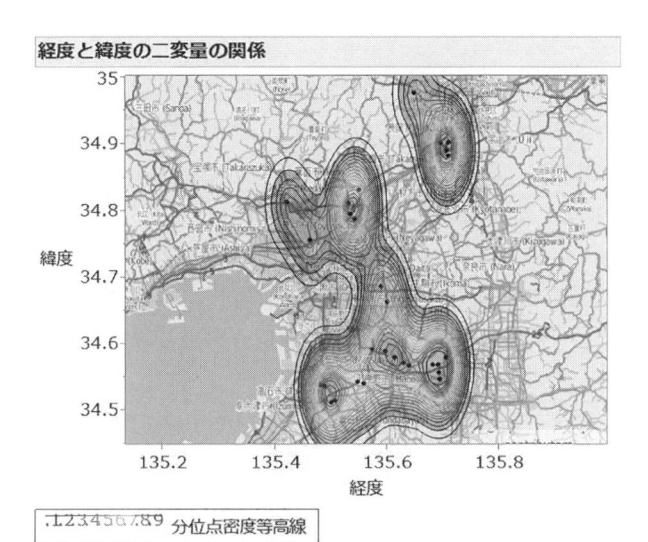

図4－2　JMP Pro を用いた地理的分析の例

図4－3　Discovery Summit Japan にて、
統計的プロファイリングについて講演する筆者

Discovery Summit Japan（図4－3参照）にて、犯罪心理学的データを JMP にて分析した結果をいくつか報告している。

　たとえば、2018年11月16日に開催された Discovery Summit Japan 2018 では、「人口統計学的変数を用いた犯罪発生の要因の探索的検討」（井上・桐生, 2018）と題した研究報告を行った。犯罪発生に影響すると想定される人口統計学的変数を、地域防犯メールといった詳細な地域レベルの分析に反映すること

を目的とし、「メールけいしちょう」から収集したデータとそれら変数などを用いて、東京都内の市区町村単位の各罪種の特徴などを探索的に分析した。その結果は、JMP に搭載されたグラフビルダーを用いてビジュアル化し、またロジスティック分析にて犯罪次期予測モデルの作成を試みたところである。

また、その他に「他者との関係性による攻撃反応表出の差異」（石橋ら, 2018）では、ベイズ推計による不快感情の表出モデルについて検討し、「心理特性としての猜疑心を測定する尺度の妥当性検証：JMP を用いたモデルの作成と検討」（滝口・桐生, 2018）では、因子分析を実施し嘘に対する鋭敏さとしての猜疑心を測定するモデルを作成している。

なお、ソフトウェアの詳細については、SAS Institute Japan 株式会社 JMP ジャパン事業部のホームページ（https://www.jmp.com/ja_jp/home.html）を参照されたい。

5．演習──連続放火の分析の試み

さて、ここから、新聞記事などから連続放火事件のデータを収集し、統計分析を試みている「捜査心理学」での演習について紹介する。

まず、履修生が 5、6 名のグループに分かれ、日本における連続放火事件に関する新聞記事を 10 年ごとに分担して収集する。たとえば、A グループは 1959 年以前の記事を、B グループは 1960〜1969 年の記事を、C グループは 1970 年から 1979 年の記事を……といった具合に、各新聞社のウェブ検索サイトから収集を実施する。収集した記事は、図 4 − 4 の「犯罪情報分析シート」に容疑者ごとにまとめる。

次に、以下の連続放火に関する先行研究の結果を参照して、分析のための変数をクラス全体で討議し選択する。

> 1989 年から 1995 年の間、東京都、神奈川県、埼玉県、千葉県、大阪府にて 5 件以上犯行を行い検挙された 107 名の連続放火事件の分析結果（田村・鈴木, 1997; 鈴木・田村, 1998）。

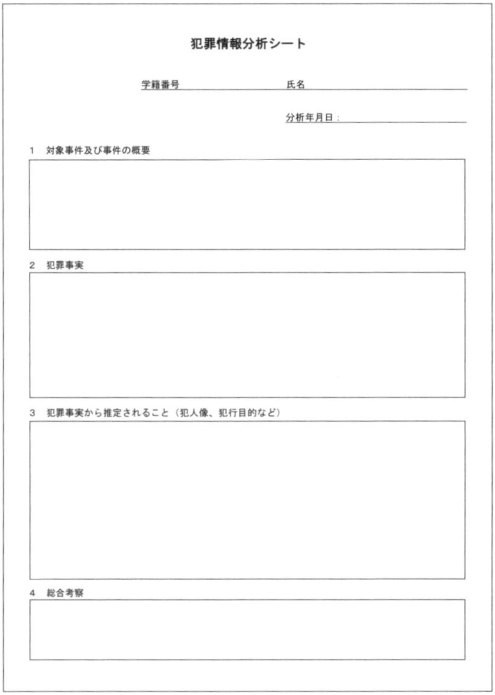

犯罪情報分析シート

学籍番号　　　　　　氏名

分析年月日：

1　対象事件及び事件の概要

2　犯罪事実

3　犯罪事実から推定されること（犯人像、犯行目的など）

4　総合考察

図４－４　犯罪情報分析シート

連続放火犯の特徴

①男性の比率が高い

②平均年齢は35.5歳、30歳台が全体の約30%

③無職が約30%

④最終学歴は中学校卒業が約40%

⑤男性の場合、配偶者がいたのは1割程度

⑥親と同居している者、独居の者がそれぞれ40%

⑦全体の半数以上が何らかの前歴を有していた

⑧精神障害を有する者は約20%、先天性および後天性の身体障がいを持つ者は22.4%、重度の慢性病を持つ者は約10%

⑨放火対象は、家屋が全体の約60%。次いで、自動車やバイク、小

　　屋やガレージなど

連続放火犯の動機

①不満の発散：家庭に対する不満 13.1％、職場や学校に対する不満
　　11.2％、近隣やその他に対する不満 36.4％

②放火への面白み：スリルを求める、興奮する、消火活動が見たい
　　15.0％

③恨み 4.7％

④痴情のもつれ 1.9％

⑤保険金目的 0.9％

⑥妄想 2.8％

1975 年から 2008 年の間、27 府県から抽出された 5 件以上の連続放火事件
で検挙された 125 名の連続放火事件の分析結果（財津, 2010）。

○連続放火犯の特徴

①男性が 87％、女性が 13％

②平均年齢は 35.0 歳、20 歳台が 27％、30 歳台が 23％、40 歳台が 20％

③無職者は 35％、最終学歴は中学校卒業以下および高校中退が 59％

④親と同居している者は 44％

⑤既婚者は 28％

⑥過去に検挙された者は 49％、窃盗歴が 39％

⑦精神疾患を有していた者は 19％

○連続放火犯の動機

①うっぷん晴らし 67％

②逆恨み 18％

③証拠の隠蔽 8％

④愉快犯 6％

　収集した情報と先行研究を照らし合わせ、分析可能な連続放火を選別する。
たとえば、まず表 4 − 1 に示したような変数にて基礎集計を行い、次に対応

表 4 - 1　対応分析に用いる変数例

変数名	変数（該当すれば「1」、しなければ「0」とする）
容疑者の性別	男性
容疑者の年齢	19 歳以下、20 ～ 39 歳、40 ～ 59 歳
容疑者の職業	無職・アルバイト、有職
犯行件数	5 件未満、6 件から 15 件、16 件以上
犯行の動機	怨恨憤怒、不満の発散、その他
精神疾患	有り
スプリー	有り
犯行期間	1 年未満
放火対象	民家、民家以外、非建造物
媒介物	有り

分析を実施する。そして、得られた布地図の 1 軸・2 軸の値を用いて、クラスター分析を実施し、説明可能なグループを探索的に見出してみる。

　実際の犯罪捜査場面における犯罪情報分析では、大量で詳細な犯罪データを用いて行われることから、そこから得られる結果は事実を反映した有益なものであると考えられる。しかし、新聞記事からの情報のみで得られる結果には、情報の制約があることから、あくまでも探索的な分析結果であることを念頭に置きながら考察していかなければならない。

6. 演習——分析結果から検討する

　最後に、分析結果からどのような評価を行っていくか、筆者が行った苦情行動の分析例をあげながら考えてみる。

　筆者は、大学生 122 名（女性 83 名、男性 39 名）に対し、これまでに経験した最も印象に残っている自身の苦情行動について、自由記述形式の回答を求め探索的に分析した（桐生, 2018）。苦情行動については、「商品やサービス、性能、補償などに関しあなたが不満足を表明したもののうち、必要以上に攻撃的であったり、感情的な言動をとったもの、または悪意があったものとし、直接、店員などに苦情を言ったり、電話で伝えたり、ネットなどに書き込みなどをしたもの」と定義している。

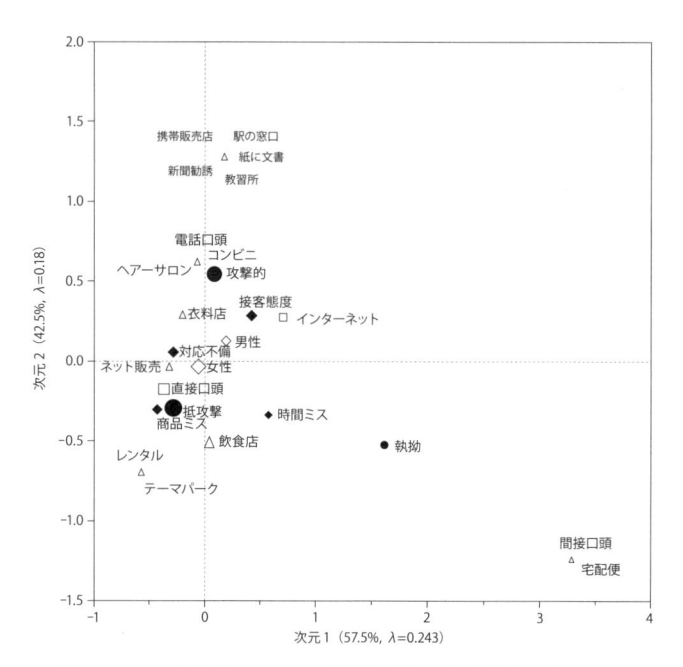

図4－5　大学生における苦情行動の多重対応分析の結果

　自由記述形式の回答から、変数として使用できる「性別（男女）」「対象店舗の種類」「苦情行動の原因」「苦情の伝達方法」「苦情行動の態度」が選定された。これらの変数が明確に記述してあり、定義に見合った「悪意のある苦情」と判断された回答（40名、平均年齢20.7歳；女性31名、男性9名）を分析対象とした。なお、有効回答の全体の割合は32.8％、女性の割合は37.3％、男性の割合は23.1％であり、性差間に有意差は見られなかった（$\chi^2 (1) =1.34$, n.s.）。目的変数を「苦情行動の態度」とし、その他の変数を説明変数として、JMP,Ver.13 を用いて多重対応分析を行ったところ、2つの次元（次元1, λ =0.24；次元2, λ =0.18）による布地図が得られた（図4－5）。また、両次元の座標値にて Ward 法によるクラスター分析を行い、星座樹形図を描いた（図4－6）。

　以上、これら2つの探索的な分析から、3つのタイプに大別されることがうかがわれた。すなわち、①「攻撃性が低いタイプ」（店舗のシステムや環境な

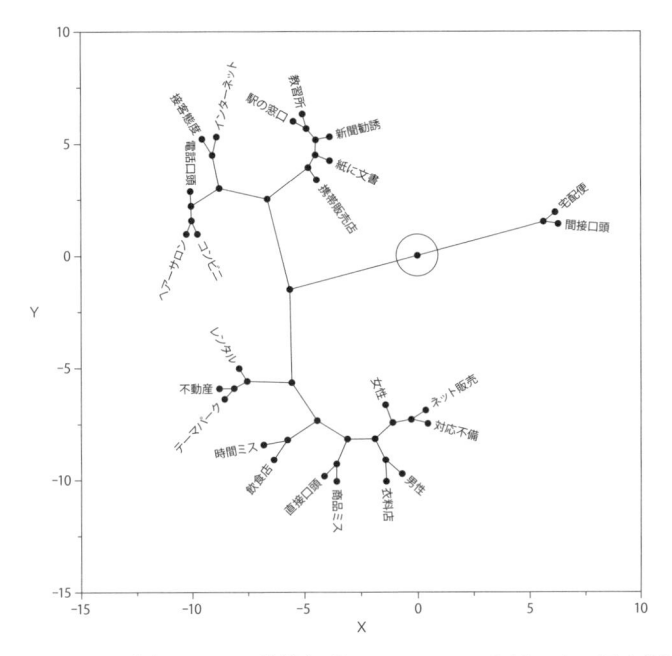

図4－6　大学生における苦情行動のクラスター分析による星座樹形図

どに不備があり、直接口頭で伝える）、②「攻撃的なタイプ」（従業員などの接客態度に問題があり、インターネットや電話を介して伝える）、③「その他のタイプ」（人伝え、宅配便などを使用して伝える）である。

　桐生ら（Kiriu et al., 2016）は、実際の接客業担当者に対する Web 調査により、接客時の悪質なクレーム被害経験から3つのタイプを見出している。それらは、①「通常の苦情タイプ」（店員や店のサービス不備や商品の欠陥により苦情が発生したタイプ）、②「一方的な苦情タイプ」（複数の高齢の女性客が女性店員に対し一方的に苦情を述べ謝罪を求めるといったタイプ）、「攻撃的な苦情タイプ」（中年層の男性客が不明瞭な理由にて攻撃的な苦情を行うタイプ）であった。この研究は、全世代における被害経験者からクレーマー像を分析したものであるが、大学生の加害経験分析との共通のタイプが見出されたことは、次の研究を行ううえで有用であるといえよう。

7．おわりに

　さて、当然のことながら、桐生（2018）が行った調査研究のように、自由記述にて回答させた少ないサンプルでの分析から、調査対象となる事象を正確に描くことは困難である。ただ、犯罪事象の分析においては、発生数が極めて少ないもの、事件の詳細が入手困難であるものが少なくない。大学生や大学院生が、特定の罪種などの資料を収集し、警察などに所属する研究者らの先行研究と同等の分析を試みようとしても、同じ変数をすべて得ることはできない。そのため、このような探索的な分析は、次の研究デザインを組み立てるための予備研究であることを、常に念頭に置くことが不可欠である。

　では、犯罪に関わる大学院生の研究は常に未完成となるのか、といえば、そうではない。心理学研究のこれまでの知見と醍醐味は、一般的な人間行動の因果関係を明らかにして、多くの検討をしてきたところにある。先に紹介した研究デザイン（原田, 2018）の「因果変数とランダム化実験デザイン」は、まさに犯罪心理学研究においても同様であることを示している。いくつかの x が特定の犯罪行動 y の原因となると仮説を立てることこそ、若い研究者が果敢にチャレンジできる研究だといえよう。少ないサンプル、少ない情報であっても、実態に基づく資料から忠実に抜き出した変数を手がかりに、これまでの心理学的研究知見と比較しながら、仮説を立て検証を繰り返していくことが大切だと考える。探索的な多変量解析による研究は、そのための重要なスタートなのである。多変量解析を活用することで、次の研究デザインを構築するうえで的確な指針をもたらしてくれるといえよう。

■引用・参考文献

Bonta, J., & Andrews, D. A. (2017) *The psychology of criminal conduct*. T&F/Routledge.（ボンタ，J．アンドリュース，D. A.　原田隆之［訳］（2018）犯罪行動の心理学　原著第6版　北大路書房）

Grimm, L. G., & Yarnold, P. R. (Ed.) (1994) *Reading and understanding multivariate statistics*. American Psychological Association (APA).（グリム，L. G.，ヤーノルド，P. R.　小杉考司［監訳］（2017）研究論文を読み解くための多変量解析入門（基礎編）——重回帰分析からメタ分析まで　北大路書房）

井上美沙樹・桐生正幸（2018）人口統計学的変数を用いた犯罪発生の要因の探索的検討. Discovery Summit Japan 2018（2018 年 11 月 6 日，東京）.

石橋加帆・大田舞・山口雅人（2018）他者との関係性による攻撃反応表出の差異. Discovery Summit Japan 2018（2018 年 11 月 6 日，東京）.

岩見広一（2018）わが国の凶悪犯罪に対する犯罪者プロファイリングの総合的研究　多賀出版.

金明哲［監修］・財津亘［著］（2019）犯罪捜査のためのテキストマイニング——文章の指紋を探り，サイバー犯罪に挑む計量的文体分析の手法　共立出版.

桐生正幸［編著］（2012）基礎から学ぶ犯罪心理学研究法　福村出版.

桐生正幸（2018）犯罪者プロファイリングはホームズの叡智を獲得したのか？（特集：叡智）. 心理学評論, *61*（3），344-358.

Kiriu M., Iriyama S., & Ikema I. (2016) A study of Japanese consumer complaint behavior: Examining the negative experiences of service employees. *International Journal of Psychology*, *51*, 301.

松田いずみ・荘島宏二郎（2015）犯罪心理学のための統計学——犯人のココロをさぐる　誠信書房

森丈弓（2017）犯罪心理学——再犯防止とリスクアセスメントの科学　ナカニシヤ出版.

日本犯罪心理学会［編］（2016）犯罪心理学事典　丸善出版.

越智啓太・渡邉和美・藤田政博［編］（2011）法と心理学の事典——犯罪・裁判・矯正　朝倉出版.

SAS Institute Japan 株式会社 JMP ジャパン事業部のホームページ　https://www.jmp.com/ja_jp/home.html（2019 年 6 月 1 日）.

鈴木護・田村雅幸（1998）連続放火の犯人像（上）：犯人の基本的属性と事件態様. 警察学論集, *51*（2），161-174.

滝口雄太・桐生正幸（2018）心理特性としての猜疑心を測定する尺度の妥当性検証——JMP を用いたモデルの作成と検討. Discovery Summit Japan 2018（2018 年 11 月 6 日，東京）.

玉木悠太（2017）統計的プロファイリング. 越智啓太・桐生正幸［編］，テキスト司法・犯罪心理学（pp.297-313）. 北大路書房.

田村雅幸・鈴木護（1997）連続放火の犯人像分析：1. 犯人居住地に関する円仮説の検討. 科学警察研究所報告防犯少年編, *38*（1），13-25.

財津亘（2010）社会的自立性と犯罪深度を基にした連続放火犯の分類と分類別にみた放火形態について. 法科学技術学会誌, *15*, 111-124.

財津亘（2011）犯罪者プロファイリングにおけるベイズ確率論の展開　多賀出版.

海外研修からの学び（米国シアトル）

桐生正幸

　筆者は現在、東洋大学社会学部にて、「司法・犯罪心理学」「犯罪・社会心理学」「捜査心理学」の３つの犯罪心理学関連の講義型科目を担当している。

　「司法・犯罪心理学」は、国家資格である公認心理師対応の科目であり、臨床心理学的な知見や司法施設に関することや、関連法令などを網羅した一般的なシラバスに準拠し講義を行っている。「犯罪・社会心理学」は、社会心理学や認知心理学などの知見を踏まえ、より基礎的研究に準拠した犯罪行動についての講義としている。それぞれの講義における履修者は450 名から 500 名程度である。一方、「捜査心理学」は、犯罪捜査に関する基本的な知識を習得した後、個人ないしグループにて犯罪事件データを収集し、統計的分析を行い、その結果をレポートにまとめてもらう参加型の講義としている（Ⅰ章 4 節を参照）。

　これらの講義にて、犯罪心理学の現場や関係機関にアプローチしてみたいと希望する学生を募り、夏期期間に「国際文化事情 F」という科目の一つ「シアトル・プログラム」を行っている。この講義は、多種多様な社会である米国のワシントン州キング郡シアトル市にて、さまざまな司法機関を視察・研修し、犯罪事象を肌で感じてもらうものである。これまで 3 回実施しているこの研修講義の概要を、2018 年度のプログラムをもとに紹介したい。

　講義の実施期間は、2018 年 6 月から 12 月、実際の研修期間は 9 月 6 日から 17 日であり、その前後は事前・事後学習とした。履修学生は、18 名（社会学部 1 年生 2 名、2 年生 3 名、3 年生 13 名；他学部 1 名；女性 10 名、男性 8 名）であり、5 グループに分かれた。

事前学習：

　6/27　事前説明会。TOEIC-IP テストの参加を促す。

7/11　第1回（事前講義）　顔合わせ。研修全般に関する説明。

7/18　第2回(事前講義)　各グループのテーマ設定。研修スケジュール確認。

7/25　第3回（事前講義）　各グループの事前調査の計画作成。

夏期休暇期間：各グループによる、シアトル訪問先施設に関連する国内施設などの調査。それら調査結果は随時、大学ネットシステムに報告。

8/24　第4回、第5回（事前講義）　各グループによる事前調査結果の報告。シアトル訪問先でのプレゼンテーション作成への指導。

9/5　第6回、第7回（事前講義）　各グループの英語プレゼンテーションの練習とチェック。

シアトル研修：

2018年9月6日から9月17日の間、米国ワシントン州キング郡シアトル市にて研修を実施した。引率教員2名、現地コーディネーター1名、通訳1名が対応し、各関連施設の視察および各グループが各施設で事前調査の結果を英語で報告した。

9/6　日本出発　シアトル着

ワシントン州科学捜査研究所の施設見学および講義、DNA鑑定、銃器鑑定などの説明。学生グループによるプレゼンテーション。

図1　左：DNA鑑定の説明、右：押収された拳銃の数々

図2　左：シアトル市警察署内の留置室、右：爆発物探知犬とスタッフ

9/7　午前：日本国総領事館を訪問。ワシントン州の社会情勢などの
　　　講義。
　　　午後：King County Drug Diversion Court を訪問。判事、カウ
　　　ンセラーからシアトルにおける薬物の実態、裁判などについて
　　　講義。

9/8　DV 被害者、ホームレスなどの助成を保護するシェルター「Mary's
　　　Place」にてボランティア活動。寄付された衣類などの整理、
　　　建物内の清掃作業を行った。

9/9　シアトル市内の防犯設備、企業などに対するフィールドワーク。

9/10　King County Youth Service Centers を訪問。検事、判事、
　　　ソーシャルワーカーらの講義、鑑別所内を見学。学生グループ
　　　のプレゼンテーション。

9/11　午前：シアトル経済企業開発局を訪問。シアトルの企業に関す
　　　る講義。学生グループによるプレゼンテーション。
　　　午後：ビル＆メリンダ・ファウンデーションを訪問。施設見学
　　　し、貢献事業の説明を受けた。

9/12　2 班に分かれ行動。第一班（3 グループ）はワシントン大学
　　　Police department を訪問。キャンパス内での犯罪動向などの
　　　説明を受け、その後、ジョブシャドーイングを体験。第二班

　　　（2グループ）は、歴史産業博物館、Amazon Go、Tableau
　　　Software を訪問。それぞれの施設にて学生グループによるプ
　　　レゼンテーション。

　Police department ではジョブシャドーイングとして、模擬犯罪現場か
らの資料採取、指紋検出作業、警察犬活動見学、モデルガン所持による家
宅捜索などのプログラムを実施した。

　9/13　Asian Counseling and Referral Service を訪問。薬物カウンセ
　　　ラー講義。

　9/14　午前：ホームレスへの福祉関連施設 Fare Start を訪問。職業
　　　訓練施設を見学。
　　　午後：シアトル市警察署を訪問。シアトル市内の犯罪動向、警
　　　察業務の現場に関する説明を受けた。

　9/15　陪審員のロールプレイ演習。実際の殺人事件にて陪審員として
　　　関わった Microsoft 社の Dr. Olof C. H. 氏の講義。グループに
　　　分かれ、陪審員の選択、有罪か無罪かの判断などを実践的に学
　　　んだ。

　9/16　シアトル出発　翌17日帰国。

　事後学習：

　9/20 まで、簡易な帰国レポートの提出を求めた。12月初旬まで研修レ
ポート（10枚以上）の提出を求めた。それらは報告書として小冊子にま
とめた。

　大麻が合法となったシアトル市は、Amazon などの大企業に勤める富
裕層と多くのホームレスが共存するダイナミックな街である。その社会
的状況において、犯罪を罰するだけではなく、生み出させない、予防す
る試みが随所で行われていた。King County Youth Service Centers の児
童裁判所の判事 J. WESLEY 氏が、小冊子に次のようなコメントを記して
いる（King county の HP 参照：https://www.kingcounty.gov/~/media/
courts/superior-court/docs/juvenile/juvenile-court-annual-reports/2018.
ashx?la=en）。

　　　Involvement with the juvenile court is an event that is not

wished upon any youth or family, but in the event of a referral to the court, this is an opportunity to provide interventions and supportive programming, with the goal of eliminating any future system involvement. Juvenile Court Services staff, volunteers, and community and system partners work together to provide an appropriate response for youth who come into contact with the juvenile justice system. We are committed to approaching our work through a restorative lens, uplifting young people, their families, and community through positive programs and services.

　この研修は、シアトルの犯罪事象を司法と福祉と企業の各視点から体験することにより、講義室にはない学びを得られるものであるといえよう。

研究

II

卒業論文や修士論文で研究を行うにあたって、はじめに立ちはだかる大きな壁は研究テーマの設定である。ここでは、「自身が明らかにしたいコトはいったい何であるのか」という一種の自己分析ともいえる作業となる。研究テーマが決定したとしても、修士論文にもなるとその研究テーマの社会的意義が問われる。とくに、司法・犯罪心理学領域の研究では、現実的に問題となっている問題なのか、その研究テーマ・内容が現実に即しているのかがカギとなるため、その点についてもしっかりとしたリサーチが必要である。

　そして、次に立ちはだかる壁は、どのように研究を行うのかという、研究方法である。現実的でない方法を考えたり、調査・実験手続き、調査項目などでミスを犯し、取り返しがつかなくなることは少なくない。研究計画は非常に重要なものである。

　また、研究テーマの設定にも関わるが、司法・犯罪心理学領域の研究を行いたいが、専門機関に所属していないためデータを集めることが……ということも少なくない。そこで本章では、これから司法・犯罪心理学領域の研究をはじめる人のために、大学にいても実施することが可能であり、なおかつ重要な研究テーマを取り上げる。

　具体的には、「目撃証言」「取調べと供述」「裁判過程（量刑判断）」について問題とされる背景や研究の基本的な知識、そして具体的な研究方法、当該テーマを研究することの社会的意義などについて紹介する。本章を読み込むことによって、これらのテーマに関する研究を行う“イメージ”、“研究の流れ”をつかむことができるであろう。

　司法・犯罪心理学研究で取り上げられる研究テーマは、その時代によって変化する制度や現場の実状に大きく影響を受ける。しかし、本章で取り上げる基本的な知識、研究方法は大きく変わることはないであろう。もちろん、本章で紹介しきれなかった研究方法も存在する。自身の研究を進めるために、最も適切な研究方法、そして分析方法を考え、良い研究を行ってもらいたい。

目撃証言：概要と研究法

若林宏輔

1．目撃証言研究の歴史と記憶研究の基礎

　目撃証言研究は、主として記憶研究の応用的研究として発展してきた。心理学史上における記憶研究の始まりはエビングハウス（Ebbinghaus, H.: 1850-1909）による無意味綴りの開発と、それに基づく忘却曲線（forgetting curve）の発見に遡ることができる。また世界初の目撃証言研究は、近代心理学の祖であるヴント（Wundt, W.: 1832-1920）から米国人で初めて博士号を取得した、キャッテル（Cattell, J. M.: 1860-1944）が1893年に行った実験である（Bartol & Bartol, 2006）。その内容は、大学生56名に「栗の木またはオークの木は初秋に葉を落とすか」「馬は風に対して尾と頭のどちらを向けるか」「リンゴの種はどちらの方向を向いているか」「1週間前の天気はどうだったか」という4つの質問を行い、その回答と確信度を測定するものであった。結果は、確信は正確性と一致せず、答えの正誤にかかわらず何人かの学生は自信を持ち、正しい回答を提供した場合でさえも一部の学生はいつも確信を持たなかった。またキャッテルは、1921年には法廷で心理学者として初めて目撃証言について専門家証言を行っている。

　心理学史上において、キャッテルは知能検査の開発者の一人としてその名を知られており、彼の上記の研究を見れば質問項目が記憶の研究であると同時に、知能の研究の一環としても行われていたことがわかる。同時期に知能検査の原型を開発したビネー（Binet, A.: 1857-1911）や、知能指数の開発者であるシュテルン（Stern, W.: 1871-1938）もまたそれぞれ目撃証言に関する実験を行っている。ビネーは1900年にフランスで子どもの被暗示性の研究を行い、証言者が質問によってどのような影響を受けるかについて報告した。その後1905年に知能検査を発表している。シュテルンは、エビングハウスの弟子であったが、1901年にドイツの刑法学者であるリスト（Liszt, F. V.: 1851-1919）とともに目撃証言に関する上演実験を行った（Stern, 1906; Bartol & Bartol,

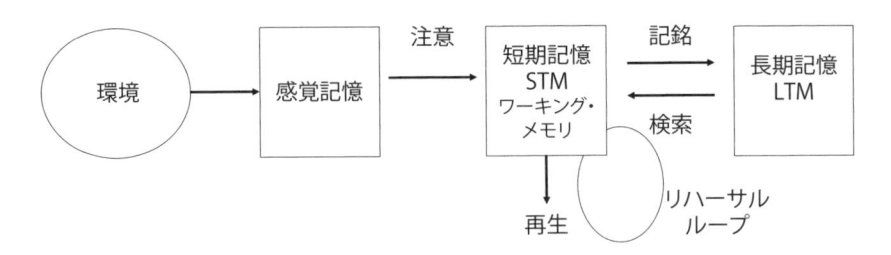

図5－1　記憶の二重貯蔵モデル（Atkinson & Shiffrin, 1968）

2006）。この実験は現在では「現実的方法」と呼ばれ、実際の目撃事態のように、目撃対象への参加者の注意が最大限に達していない条件下で得た記憶に基づく証言を扱った。

　現代の目撃証言研究は、1950 年代に入って人間の高次精神機能を扱う分野として認知心理学が台頭してきたことから大きな影響を受けている。認知心理学上の記憶研究としては、ミラー（Miller, G. A.: 1920-2012）が 1956 年に、意味を持った概念のまとまり（チャンク）に関する短期記憶の容量としてマジカルナンバー 7 ± 2 を示した。また、30 個程度の単語リストを参加者に記憶させて、思い出せるものから自由に再生させると、通常はリスト中間の項目よりも、リスト先頭部分と後半部分の成績が良くなる。それぞれを初頭効果（primacy effect）および新近性効果（recency effect）と呼び、この現象全体を系列位置効果（serial position effect）と呼ぶ（Murdock, 1962）。この人間の記憶の性質に基づきアトキンソンとシフリン（Atkinson & Shiffrin, 1968）は、人間の記憶を短期記憶（short term memory）と長期記憶（long term memory）に分けてモデル化した。この記憶の二重貯蔵モデル（multi-stored model）は、現在も人間の記憶モデルの基本的理解として用いられる（図5－1）。短期記憶の前には感覚記憶があるが、これは各感覚器官が受け取る外部情報を短期間保持するものを指す。ただし、その保持時間はほとんど意識できないほど短い時間とされ、そのうちのとりわけ注意が向けられたものだけが短期記憶に移行する。また注意を向けた情報のうち何度も繰り返し処理（リハーサル）を行った（記銘）ものだけが長期記憶に残る（保持）。そうして長期記憶に残っている情報をわれわれは思い出そうとする（検索）。つまり人間の「記

憶する」という行為には、おおよそ記銘（encoding）、保持（storage）、検索
（retrieval）という 3 段階が存在していることになる（記憶の 3 段階説）。

　このように認知モデルを仮定し、それを演繹的な仮説検証型実験によって確
かめるという記憶研究は、人間の高次精神機能の理解に多くの知見を提供して
きた。しかし、これらの実験の多くは、参加者を実験室に招いて簡単な記憶課
題を実施し、その機能を確かめるものであった。認知心理学の父とされるナイ
サー（Neisser, U.: 1928-2012）は、1967 年にその著書『認知心理学（*Cognitive
psychology*）』を発行して認知心理学という言葉を世に広めた。その一方で、ナ
イサーはこのような実験室ベースの認知心理学研究の将来性については懸
念も示していた。そのため記憶研究について「生態学的妥当性（ecological
validity）」を追求すべきであると主張した。記憶研究における生態学的妥当性
とは、つまり記憶の日常的側面についての検討を意味する。ナイサーは、1982
年に著書『観察された記憶（*Memory observed*）』において、先述のシュテルン
の上演型の目撃証言実験の現実的手法を再評価し、当時の記憶研究者らに広め
るなどして、より日常的な記憶の研究を促した。

2. 記憶の逆行干渉研究としての目撃証言

　ナイサーの指摘は、認知心理学的記憶研究の日常性への研究関心を高めた。
1970 年代に入り、この潮流の中心となったのがロフタス（Loftus, E.: 1944- ）
であった。ロフタスは 1979 年に『目撃証言（*Eyewitness testimony*）』を公刊し、
これはアメリカの司法関係者に広く読まれることとなった。1984 年までに専
門家証人として何度も法廷に立ち、90 件以上の刑事裁判でその証言が認めら
れている。

　またロフタスの評価は司法に有用な情報を提供したのみならず、記憶研究
にも大きな貢献を果たしたことにある。彼女の研究目的は、人間が一度学習
した記憶に対し、その後に与えられる情報によってどのように逆行的に干渉
され、変容するかを確かめることであった。つまり保持段階にある先行情報
が、新たな情報によって書き換えられるのか（置き換え仮説：substitution
hypothesis）、それとも情報は併存しており検索段階で前者の情報が取り出せ

ないだけなのか（共存仮説：coexistence hypothesis）という認知心理学的問題に取り組んでいた。ロフタスはこの仮説を検証するために日常的素材として目撃証言を扱ったのである。

　なかでも著名な研究としては、まずロフタスとパーマー（Loftus & Palmer, 1974）がある。同実験では大学生45名に、7つの交通事故の映像をランダムに見せた。実験参加者は映像を見た後に、事故の目撃者として目撃した内容について尋ねられた。このとき、独立変数として質問の内容が参加者によって操作されていた。たとえば「事故を起こした車はどれくらいのスピードで激突しましたか？」もしくは「事故を起こした車はどれくらいのスピードで当たりましたか？」と、事故時の速度を尋ねる質問の「聞き方」を変化させたのである（独立変数として聞き方の種類は「激突」「衝突」「ぶつかり」「当たり」「触れ」などである）。結果、「当たりましたか」と尋ねられた場合の解答は平均時速34.0マイル（時速54km程度）であった。対して「激突しましたか？」と尋ねられた参加者の回答した速度は平均時速40.8マイル（時速65km程度）であった。つまり聞き方に応じて答える速度が異なることが明らかになった。この実験結果は、司法のさまざまな場面で、証言者に対する質問内容に応じてその証言内容が変わってしまう可能性を指摘するものである。またロフタスはこの実験結果から、人は事後的に得た情報によって、オリジナルの記憶に逆行的な影響を受ける可能性を指摘した。

　またロフタスら（Loftus et al., 1978）では、参加者には最初に自動車事故を伝える30枚の写真スライドが提示された。この中の1枚に、後に問題となる「赤いダットサン（車種）が『停止標識』のある交差点で停車している」スライドが含まれた。これらのスライドの提示後、参加者にはスライド内の出来事について20個の一連の質問が与えられた。実験群では、この質問段階で誤情報が与えられることになる。唯一17番目の質問だけに、実際には車は停止標識の位置に停まっていたにもかかわらず、「徐行標識」に停止していたという誤情報が埋め込まれていた（「他の車が横を通り過ぎたときに赤いダットサンは徐行標識に停まっていましたか？」）。そして参加者はそれらの質問に回答した後に、実験とは無関係の20分程度の課題（ストーリーを読んで質問に答える）を行った。その後に最初のスライドに関する二者択一の強制選択の再認

テストが与えられた。同再認テストでは、自分が見たものについて、オリジナルのスライドに基づく正しい情報（停止）と、事後的に与えられた誤情報（徐行）のいずれかを選択することになる。結果は、誤情報を与えられていない統制条件の参加者の71%が停止標識を選択して正答したのと比較して、誤情報を与えられた実験条件の参加者はオリジナルの情報（停止）を選択する率が41%と低くなった。

　これらの現象は誤情報効果（misinformation effect）として知られる。ロフタスは以後も一連の研究でこの誤情報効果を示してきた。また一連の結果を受けて、ロフタスは事後情報が出来事のオリジナルの記憶を書き換えてしまうという「置き換え仮説」を支持し主張した（Loftus & Loftus, 1980）。

3. 目撃証言研究の基本パラダイム

　ロフタス以降の目撃証言研究は多岐にわたる。以降ではこれらについて研究パラダイムの観点から概説しよう。

　まずロフタス・パラダイムとも呼べる、目撃証言実験の誤情報効果の基本的パラダイムは以下の通りである。ロフタスら（Loftus at al., 1978）にも見られたように、同パラダイムは基本的に3つの局面に分かれる（厳島, 1996）。最初に、(1) 目撃事態：被験者は記憶の実験としてスライドや動画を提示されるが、そこに事件・事故を連想させる、またはそういった事態が発生して目撃者となる。(2) 事後情報（post-event information）への暴露：参加者は出来事の内容に関する質問の形式で事後情報が与えられる。とくに事件・事故の文脈において重要な情報が、実際の目撃した内容と矛盾する情報が与えられる。上記の例でいえば、参加者は実際には「停止」の標識を見たが、質問内容では「赤いダットサンが『徐行』の標識で停止していた」という情報が与えられる。このとき統制条件は矛盾しない質問が与えられ比較対象となる。そして参加者の注意や意識を一度そらすために別課題に取り組むなどフィラータスクを間にはさみ、(3) 誤情報効果テスト：実験群の参加者が誤情報に基づく反応を示すか否かを確かめるテストを行う。

　この (3) 誤情報効果テストについて、オリジナルであるロフタスら（Loftus

et al., 1978) の手続きでは、二者択一の強制選択による再認課題が行われている。このときの選択肢の一つはオリジナルの記憶に基づく内容であり、もう一方の選択肢は事後の情報に基づくものとなっている。仮にオリジナルの記憶が参加者に保持され残っているのであれば前者を選択するはずである。逆にオリジナルの情報ではなく、事後に与えられた誤情報に基づけば後者が選択されることになる。

　しかし、このテスト方法（標準テスト）にはさまざまな検証が行われてきており、他のテスト方法もいくつか考案されてきた。たとえばマックロースキーとザラゴザ（McCloskey & Zalagoza, 1985）のテスト方法（修正テスト）では、統制群と実験群ともに、(3) 誤情報効果テストで、オリジナル項目と新規項目のいずれかを強制選択させる。たとえば、実験条件の参加者はオリジナルの「停止」を見た後に、(2) 事後情報への暴露にて、誤情報（徐行）を与えられる。そして (3) 誤情報効果テストでは、「停止」か「通行止め」のいずれかで選択をする。統制群でも同じ選択項目のテストが与えられる。つまり、仮にロフタスらが主張する「置き換え仮説」が正しいのであれば、実験群の参加者はオリジナルの記憶は思い出せないこととなり、正答率は統制群より低くなるはずである。しかし結果は、実験群と統制群の正答率には差がなかった。この点から同手続きでは「共存仮説」が支持されることになる。

　さらにリンゼイとジョンソン（Lindsay & Johnson, 1989）は、この誤情報効果テストに、ソースモニタリングテスト（source monitoring test）を導入している。ソースモニタリングテストとは、目撃したオリジナルの出来事に「あった」と判断された項目に対して、その記憶の起源（ソース）を問うもので、当該記憶が「スライドの中にあった」、「事後情報（質問）の中にあった」、「そのいずれにもあった」、「いずれにもなかった」かを問う課題である。リンゼイとジョンソン（Lindsay & Johnson, 1989）は、参加者に、(1) オリジナルの記憶として絵を見せ、(2) 事後情報への暴露としてテキストによる誤情報を含むストーリーを読ませた。そして、(3) 誤情報効果テストとして、ロフタスらが用いた標準テストを行う群とソースモニタリングテストを行う群を分けた。32 項目の再認課題があり、8 項目ずつが同じ絵を起源とする内容であった。結果は、標準テストでは誤情報効果が認められたが、ソースモニタリング

テストでは認められなかった。つまり、ソースモニタリングテストが標準テスト（再認課題）と比較して、テキストで得た事後情報もあるという警告的役割として機能したことになる。よって目撃者にソースモニタリング課題を行い、その情報起源を判定させることは有益な目撃証言を確保するうえでは有用であろう。しかし誤情報の提示方法やソースモニタリングまでの時間（Lindsay, 1994）、視覚的イメージ化させる（Zaragoza & Lane, 1994）などをすると、ソースモニタリングをしても完全に誤情報効果を排除するわけではないことも知られている。

4．目撃証言研究の応用的展開——記憶の同調、フィールド実験

　ロフタス・パラダイム以外にも目撃証言を扱う研究はさまざまに考案されてきた。基本的には記憶研究に位置づけられる目撃証言研究ではあるが、その社会的また司法上の意義からも記憶研究という文脈だけでなく、司法の問題や現状に即しても発展してきている。以下では、それらに該当する研究とそのパラダイムについて簡単に紹介する。

　まず、何らかの事件・事故が起きた場合、目撃者が複数名存在する場合がある。またその場合に彼らが目撃内容についてその場で情報共有を行う可能性は高い。他の目撃者から得られた情報によって事後情報がもたらされる結果、誤情報効果が起きる現象として「記憶の同調（memory conformity）」と呼ばれるものがある。シュナイダーとワトキンス（Schneider & Watkins, 1996）は、単語リストを覚えた2人の参加者への再認テストを実施した。このとき2人の参加者に交互に回答させた場合、後に答える者の回答が、実際に自身が学習したオリジナルのものとは異なっていても、前者の回答に同調するという結果が示された。

　さらに記憶の同調を扱う実験手続きとして、ローディガーら（Roediger et al., 2001）は、社会的影響パラダイム（social influence paradigm）を考案している。同パラダイムでは、まず参加者を2人一組で実験室に招き、（1）刺激提示：記憶課題や目撃刺激の提示を行う、（2）共同再生：2人で一緒に質問項目に対する回答を行わせる。このときパートナーの回答順を操作する、または

パートナーが常にサクラによって行われるなどの操作がある。そして、挿入課題の後に、（3）個人再生：参加者を別室などに分けて再度再生課題を行う。彼らの実験では、共同再生時に他者から得られた情報が、後の個人再生において報告され、参加者間に記憶の同調（または記憶の伝染：memory contagion）が生じることが報告された。

　加えてガバートら（Gabbert et al., 2003）は、記憶の同調の問題を目撃者間の社会的影響として捉え、提示する刺激に社会性を加えた。彼らは同じ出来事を異なる視点から撮影した映像を刺激として用い、2人の目撃者が見る情報にズレを生じさせた。映像の具体的内容は、目撃者（参加者）の視点の違いを反映し、財布から紙幣を抜き取りポケットに入れる場面（犯罪の決定的場面）が一方の映像には含まれたが、他方の映像には含まれなかった。結果、決定的場面を見ていない参加者の60％が相手に同調して「犯罪はあった」と回答し、一方で決定的場面を見た参加者でも30％は「犯行はなかった」と相手の回答に同調した。つまり、各目撃者は話し合い後の個人再生時に相手が話した情報も付加して報告し、かつ事実の認識も変化させるに至った。彼らは、決定的場面を目撃した者もしていない者も等しく他者に同調するという意味で双方向的な記憶の同調が起き得るとしている。

　次にフィールド実験について紹介する。厳島（2014）は、日本においてえん罪事件が疑われている飯塚事件において、その有罪判決の重要な証拠とされている目撃証言の鑑定を行った。飯塚事件とは、小学生2女児が自宅から小学校登校中に行方不明となり、翌日に死体で発見されたという事件である。同鑑定に際し、この目撃証言が実際に報告可能かについてフィールド実験という形式で目撃事態を再現して検討したものである。厳島（2014）の言葉を借りれば、フィールド実験とは「実験室実験のような厳密な意味でのコントロールはなされないものの、目撃証言に影響したと推定される変数を現実場面に近い条件で検討しようという試みである。つまり、現実的なフィールドのセッティングで、目撃に関与した具体的な条件を考慮して、コントロールされた実験を行なうことで、実証的検討ができるように工夫されている」（p.18）ものとされる。実験室実験に慣れている心理学徒にとっては大胆な研究のように思われるかもしれないが、同様の研究は国内外で行われ蓄積されている（厳島, 1996;

Itsukushima et al., 2002; 仲ら, 1997; Wright et al., 2001; Yarmey, 2004）。

　問題とされた目撃者の証言は、目撃から 12 日後に得られていた。証人は 2 人の女児の持ち物が遺棄されていた場所について、事件当日の昼前に山中の左カーブの下り坂において、軽自動車で時速 25km 程度で走行しながら目撃したというものであった。目撃者の証言内容は極めて詳細であり、そのような詳細な出来事の記憶がはたして本人の経験した目撃に由来するのかが問題とされた。そこで目撃されたとされる場所を実際に実験フィールドとし、目撃者の視認状況を再現して参加者 30 名に実際に車の運転をさせて、その間目撃した内容を報告させた。結果、目撃者と同様の詳細な報告ができた参加者は一人もいなかった。厳島（2014）は、このことから同目撃証言は、面接以前に犯人のものとされる車を調べた警察官によって誘導され作成された可能性を指摘している。少なくとも心理学研究として、実際の目撃証言の検証を可能にする手法としてフィールド実験は今後も活用されることになるであろう。

　最後に目撃証言研究を行ううえで重要な視点を共有しておこう。ウェルズ（Wells, 1978）は、司法実践に向けて心理学目撃証言研究で扱う独立変数を大きく 2 つに分けている。一つはシステム変数（system variables）であり、目撃記憶に影響を及ぼすと考えられる変数のうち、司法制度や法執行者によって統制可能な変数——たとえば目撃者の取り扱いや識別手続きを指す。もう一つは推定変数（estimator variable）であり、目撃状況、出来事の性質、目撃者の特性などのように目撃事態そのものに影響を与えると推定されながら、目撃者として司法の中で扱われる事後においては統制することができないものを指す。たとえば、事件現場の状況（明るさや距離）や目撃者自身の持つ特性（目撃時のストレスと感情）といったものである。事件を目撃したときに目撃者の感じる恐怖やストレスの度合いは捜査段階で事後的に推定するしかない。よって推定変数に含まれる個々の変数の存在について、司法は事前に予測することはできず抑制が不可能であり、事後的な評価しかできない。しかし、目撃者として法廷で証言することの不安感情や目撃者の年齢に応じた聴取方法、目撃人物の同定手続きなどはシステム変数であり、事後的に司法制度の中でコントロールが可能である。ウェルズのこの指摘は、目撃証言の心理学研究をより現実の司法に役立てるための提案である。システム変数によって生じる証言への

影響を把握し、それを最小限に抑える手続きを確立することは、少なくとも証言に対する制度や法執行者による外部の影響力を最小限に抑え、オリジナルの記憶や原体験に基づく証言を裁判に証拠としてもたらすことができる。

　目撃証言研究は心理学史上でも、大きな社会的成功を収めた応用研究の一領域であるといえる。また、これらの応用研究が心理学理論に重要な示唆が可能であることも示している。

■引用・参考文献

Atkinson, R. C., & Shiffrin, R. M. (1968) Chapter: Human memory: A proposed system and its control processes. In K. W. Spence, & J. T. Spence, *The psychology of learning and motivation* (Volume 2) (pp.89-195). Academic Press.

Bartol, C. R., & Bartol, A. M. (2006) History of forensic psychology. In I. B. Weiner, & A. K. Hess (Eds.), *The handbook of forensic psychology* (pp.3-27). John Wiley & Sons Inc.

Binet, A. (1901) *La suggestibilité*, C. Reinwald.

Gabbert, F., Memon, A., & Allan, K. (2003) Memory conformity: Can eyewitness influence each other's memories for an event?. *Applied Cognitive Psychology*, *17*, 533-543.

厳島行雄（1996）誤情報効果研究の展望――Loftus paradigm 以降の発展．認知科学．*3*（1），5-18.

厳島行雄（2014）飯塚事件における目撃者 T の供述の正確さに関する心理学鑑定．法と心理．*14*（1），17-28.

Itsukushima, Y., Nomura, K., & Usui, N. (2002) Reliability of eyewitness testimony: A field experimental approach for a real crime. *International Journal of Police Science & Management*, *4*, 41-52.

Lindsay, D. S. (1994) Memory source monitoring and eyewitness testimony. In D. F. Ross, J. D. Read, & M. P. Toglia (Eds.), *Adult eyewitness testimony: Current trends and developments* (pp.27-55). Cambridge University Press.

Lindsay, D. S., & Johnson, M. K. (1989) The eyewitness suggestibility effect and memory for source. *Memory & Cognition*, *17*(3), 349-358.

Loftus, E. F. (1979) *Eyewitness testimony*. Harvard University Press.

Loftus, E. F., & Loftus, G. R. (1980) On the permanence of stored information in the human brain. *American Psychologist*, *35*, 409-420.

Loftus, E. F., Miller, D. G., & Burns, H. J. (1978) Semantic integration of verbal information into a visual memory. *Journal of Experimental Psychology: Human Learning and Memory*, *4*, 19-31.

Loftus, E. F., & Palmer, J. C. (1974) Reconstruction of automobile destruction: An example of the interaction between language and memory. *Journal of Verbal Learning and Verbal Behavior, 13*, 585-589.

McCloskey, M., & Zaragoza, M. (1985) Misleading postevent information and memory for events: Arguments and evidence against memory impairment hypotheses. *Journal of Experimental Psychology: General, 114*(1), 1-16.

Miller, G. A. (1956) The magical number seven, plus or minus two: Some limits on our capacity for processing information. *Psychological Review, 63* (2), 81–97.

Murdock, B. B. (1962). The serial position effect of free recall. *Journal of Experimental Psychology, 64*, 482-488.

仲真紀子・伊東裕司・厳島行雄（1997）裁判と心理学──シミュレーション実験によるアプローチ．季刊刑事弁護．*11．*55-64.

Neisser, U. (1967) *Cognitive psychology*. Prentice-Hall.

Neisser, U. (1982) *Memory observed: Remembering in natural contexts*. W. H. Freeman.（ナイサー，A.　富田達彦［訳］（1988・1989）観察された記憶──自然文脈での想起（上・下）　誠信書房）

Roediger, H. L., Meade M. L., & Bergman, E. T. (2001) Social contagion of memory. *Psychonomic Bulletin & Review, 8*, 365-371.

Schneider, D. M. & Watkins. M. J. (1996) Response conformity in recognition testing. *Psychonomic Bulletin & Review, 3*, 481-485.

Stern, L. W. (1906) Zur psychologie der aussage. *Zeitschrift fur die gesamte Strafrechsivissenschaft, 23*, 56-66.

Wells G. L. (1978) Applied eyewitness testimony research: System variables and estimator variables. *Journal of Personality and Social Psychology, 36*, 1546-1557.

Wright, D. B., Boyd, C. E., & Tredoux, C. G. (2001) A field study of own-race bias in South Africa and England. *Psychology, Public Policy, and Law, 7*, 119-133.

Yarmey, A. D. (2004) Eyewitness recall and photo identification: A field experiment, *Psychology, Crime and Law, 10*, 53-68.

Zaragoza, M. S., & Lane, S. M. (1994) Source misattributions and the suggestibility of eyewitness memory. *Journal of Experimental Psychology: Learning, Memory, and Cognition, 20*(4), 934-945.

海外での調査（東南アジア）

板山　昂

　日本と海外の犯罪発生状況等を比較することにおいては、まず犯罪事情に関する情報収集が必要不可欠である。しかし、日本では犯罪に関する情報は、犯罪白書や警察白書などで詳細に集計がなされ、それらが公開されている一方で、ミャンマーをはじめとする発展途上国に関しては、あまり情報を得ることはできない。日本とミャンマーについて比較した板山（2016a, 2016b）では、たとえば外務省（2015）の安全対策基礎データにミャンマーにおける犯罪情報が少しあるものの、その中には統計のとり方が異なる可能性が高いことや、「2013年以降の犯罪統計は現時点で公開されていないが、各紙報道によれば窃盗、傷害、強姦といった犯罪が増加傾向にあり、特定地域では警察官不足を心配する声が上がっているとの指摘がある」との記述がなされており、犯罪情勢の比較の困難さが読み取れる。

　発展途上国の犯罪発生件数などの客観的データを把握することはもちろん、一般市民の犯罪に対する認識を調査することの意義は高いが、そのような研究はほとんどないと思われる。

　たとえば板山（2016a）では、犯罪不安と警察への信頼について、日本の私立大学の大学生127名（男性68名、女性59名：平均年齢20.32歳、SD=1.45）とミャンマーの国立大学の大学生87名（男性24名、女性63名：平均年齢17.42歳、SD=1.02）に対し、質問紙調査を行っている。犯罪リスク認知について、日本とミャンマーで各種犯罪の被害に遭う可能性の得点に差異が見られるか検討したところ、ミャンマーの大学生のほうが日本の大学生のよりも各種犯罪（傷害、空き巣、ひったくり、詐欺、ストーカー、殺人、強姦、痴漢）の被害に遭う可能性を有意に高く評価しているという結果となった。また、日常生活における犯罪不安の得点に差異がみられるかを検討したところ、「自宅を留守にする」以外の項目で有意差が見られ、そのすべての項目において、ミャンマーの大学生のほうが日本の大学生よりも犯罪不安の得点が高いという結果となった。とくに「夜」

表 1 日本とミャンマーの日常生活における犯罪不安の得点差

| | Myanmar | | | Japan | | t 値 |
	Mean	(SD)		Mean	(SD)	
自宅を留守にする	2.82	(1.20)		2.63	(1.18)	1.19
満員電車 or バスに乗る	2.84	(1.28)	>	2.29	(1.19)	3.26 **
トラブルを引き起こす人が周りにいる	4.29	(0.93)	>	3.27	(1.25)	6.85 ***
一人でエレベーターに乗る	3.77	(1.19)	>	2.51	(1.31)	7.35 ***
夜、誰もいない公園のそばを通る	4.46	(0.85)	>	3.02	(1.25)	10.16 ***
夜、一人でエレベーターに乗る	4.28	(0.90)	>	2.87	(1.39)	9.03 ***
夜、誰もいない道を歩く	4.42	(0.98)	>	3.26	(1.32)	7.43 ***
夜、一人でランニングをする	4.18	(1.12)	>	2.81	(1.30)	8.28 ***

***p<.001 **p<.01
出典：板山（2016a）より。

に関する項目は、ミャンマーの大学生ではほぼすべてが天井効果を示し、夜の外出・行動は犯罪に巻き込まれる可能性を高く認知していた（表1）。

また、地域住民のつながりはミャンマーの大学生（M=3.40, SD=0.90）のほうが日本の大学生（M=2.43, SD=1.02）よりも有意に得点が高く、警察への信頼はミャンマーの大学生（M=2.21, SD=0.94）よりも日本の大学生の得点（M=2.65, SD=0.90）が有意に高いという結果となった。このように、日本の大学生は犯罪不安が低いものの住民間のつながりが弱く、ミャンマーの大学生は犯罪不安が高いものの住民間のつながりが強いなどの差異が見られている。また、警察への信頼は日本のほうが有意に高いとはいっても、この調査は5件法で尋ねられており、警察への信頼は高い値とはいえない。このように、犯罪不安が低く、検挙率が非常に高い国に住んでいる日本人学生が警察への信頼が低いということなどが、どういった要因によるものなのかについて検討することが必要であるし、国際比較を行うにあたって、その差異が各国におけるどのような要因によるものなのかを詳細に吟味する必要がある。

■引用・参考文献
外務省（2015）外務省海外安全ホームページ Myanmar　安全対策基礎データ　http://

www2.anzen.mofa.go.jp/info/pcsafetymeasure.asp?id=018（2018 年 11 月 19 日）.

板山昂（2016a）グローバルスタディⅠ（ミャンマー /2015 冬ヤンゴン）の活動と課題.
　多文化共生研究叢書（関西国際大学）(1)，pp.65-78.

板山昂（2016b）日本とミャンマーにおける刑罰観と犯罪観の差異．犯罪心理学研究,
　54（特別号），188-189.

取調べ・供述：概要と研究法

若林宏輔

1．証言心理学の歴史

　前節「目撃証言研究」でも述べたように、心理学史上の初期の段階において「証言（または供述）」という人間行為への関心は、「記憶を語る」行為として、また人間の知能を測る一側面として研究がなされてきた。とりわけドイツでは 1901 年に心理学者のシュテルン（Stern, W.）が、ドイツの刑法学者であるリスト（Liszt, F. V.: 1851-1919）とともに知能研究の一環として目撃証言の上演実験を行っており（Stern, 1906）、心理学黎明期といえる段階で司法と心理学の協同研究は始まっていたのである。この背景には、当時のドイツにおける刑法理論の論争が関係する。当時のドイツ刑法理論は、同じ犯罪行為には一律に同じ罰を与える旧派刑法理論が中心であったが、一方で同じ犯罪行為であってもその犯罪に至った経緯を考慮し、それに応じた刑罰を与えるべきとする新派刑法理論が登場していた。リストはまさに新派刑法理論の旗手であり、刑法犯を初犯者と累犯者とに分けて計上し、累犯者の多さから矯正・教育的刑罰の重要性を説いた人物でもある。この実証主義的刑法学とも呼ぶべき科学的研究による根拠や理論をもとにした司法・刑法のあり方をリストは目指していた。よって、このような状況の中でシュテルンは証言心理学研究を起こすに至った。シュテルンは『証言心理学論考（*Beiträge zur Psychologie der Aussage*）』という雑誌を創刊した（1903-1906）。同雑誌は後にタイトルが改められ『応用心理学雑誌（*Zeitschrift für angewandte Psychologie*）』となった。これは世界初の応用心理学雑誌である（Bartol & Bartol, 2006）。雑誌が刊行されることは同領域に関する研究の増加を促すものであるから、以降のドイツでは証言に関する研究が蓄積されていくこととなった。

　ドイツ流の証言心理学の知見をアメリカに展開しようと試みたのが、応用心理学の父とされるミュンスターバーグ（Münsterberg, H.: 1863-1916）である。ミュンスターバーグは、米国に招かれて初の応用心理学研究室をハーバード大

学に開設した。当時まだヨーロッパを中心に蓄積されていた心理学的知見を米国社会に適用すべく研究を開始したのである。ミュンスターバーグは1907〜1908年に、『タイムズ』などの一般雑誌に法領域への心理学応用の妥当性・必要性に関する論文を複数寄稿した（学術専門誌ではなかった）。その後、これらの論文をまとめる形で1908年に著書『証言台にて（*On the witness stand*)』を出版する。同書は目撃証言の不確実性に関する話題を中心に書かれていたが、陪審研究のような司法のさまざまな現象に対して実験心理学的知見の有効性を訴えた内容であった。しかしながら米国法学者らの反論が提出されるなどして、ミュンスターバーグのドイツ流の証言心理学の展開は一時的に停止せざるを得なくなった。しかし、その後ミュンスターバーグの弟子であるマーストン（Marston, W. M.: 1893-1947）らは、証言時の生理指標を用いた虚偽供述検出の心理学研究を米国内で展開していくことになる。

　一方、証言または供述心理学研究はドイツを中心にヨーロッパで継続されてきた。研究が進められるにつれて、供述や証言は信用できないものであるという結果が多く出されたため「個々の供述や証言がしばしば真実を指示し、いや真実の核を有していることがあるのを、蔽いかくしてしまう結果となった」（トランケル，植村［訳］，1976: p.2)。よって証言・供述の信用性と正確性を評価する方向での検討が1950年代から始まるようになった。とくに供述・証言を歪ませる要因として、被暗示性といったパーソナリティ要因ではなく、供述内容そのものを分析の俎上に載せてその真偽や信頼性を査定するさまざまな基準が作成されてきた。供述の信頼性の分析に際して、供述内容に人間行動に関する心理学的仮説を適用して分析する手法を開発したのがウンディッチ（Undeutsch, U.: 1917-2013）である。ウンディッチは、わいせつ行為の被害者である児童の供述について広汎な鑑定を行い、児童供述の圧倒的多数が真実に合致していることを報告した。またこれらの鑑定活動の蓄積から、現実の出来事の記憶を供述する場合と、虚構について供述する場合では、その構造、内容、そして質が異なることを指摘した（Undeutsch, 1989）。ウンディッチの供述信用性判断の積極的基準をより体系化して洗練したのが、スウェーデンのトランケル（Trankel, A.: 1919-1984）である。トランケルは、供述を一つの情報として捉え、その情報がどの起源（供述の起源）からきたものかを検討する手

表6－1　CBCA による供述の信頼性に関する 19 の基準

一般的特徴	動機関連の内容
1．論理的構造	14．自発的な訂正
2．非構造化された供述	15．記憶の欠落の承認
3．詳細な情報の量	16．自分の証言に疑問を持つ
具体的内容	17．自己非難
4．文脈上の埋め込み	18．犯人への許し
5．相互関係の描写	犯行の具体的要素
6．会話の再現	19．犯行の詳細な特徴
7．事件中の予期せぬ混乱	
8．一般的ではない詳細情報	
9．過剰な詳細情報	
10．誤解している詳細情報の報告	
11．関連のある外的つながり	
12．主観的精神状態の報告	
13．精神状態の帰属	

注　：評定者は上記基準に関する証言について 5 段階評定または存否で評価する。各基準の数値が高いほど証言の信頼性は高く評価される。

法を開発した（浜田, 2013）。つまり供述が現実の出来事ないし現実の観察に基づいてなされたものであるために満たされなければならない要求をその基準としたのである。

　またステラーとコーンケン（Steller & Köhnken, 1989）が、その他の供述の信用性評価のさまざまな基準も含め整理しまとめたものが供述信頼性分析（statement validity assessment: SVA）である。この SVA は供述の信頼性を査定する一連の技法を指すが、なかでも CBCA（criteria-based content analysis）と呼ばれる 19 の基準がその中核をなす（表6－1）。

　CBCA による供述の信頼性判断基準は、現在、欧米の一部の国々では証拠として採用されている。しかし欧米圏では、通常、被疑者の勾留期間は数時間であり、またその間に取調べ過程は録音・録画（取調べの可視化）されて分析に用いられる（ドイツでは取調べの可視化はされていない）。さらに、この取調べには、通常は弁護人も同席する。一方、日本では被疑者の勾留期間は最大23 日間という長期にわたり、それにもかかわらず近年までは取調べの録音・録画も弁護人の同席もなかった。加えて被疑者の供述は「供述調書」という警察官・検察官が作成した書面においてのみ記録されてきた。このような日本の取調べの現状は、被疑者に対する拘束力が非常に強いことから代用監獄とも呼

ばれる。つまり同過程で得られた供述は、欧米で CBCA の分析対象となる供述とは根本的に異なるものであるといえよう。この日本の被疑者取調べの密室性の問題は、日本の刑事司法におけるえん罪事件の温床（浜田, 2013）として永く指摘され続けてきた。実際に日本のえん罪事件として明らかになったケースの多くの場合において、無実の被疑者による虚偽自白（false confession）が存在しているのである。

2．虚偽自白実験パラダイム

　虚偽自白とはつまり、自分が犯していない犯罪行為について、その犯行を認めて詳細に自供することを指す。一般的な感覚として、たとえば死刑判決もあり得る殺人事件において、このような嘘をついて自白をすることは想像しづらいものである。このような虚偽自白が生じるメカニズムについては3つのタイプが指摘されている（Kassin & Wrightsman, 1985）。(1) 自発型虚偽自白：有名になろうという自己顕示欲、真犯人をかばう、意識的・無意識的な虚言によるもの。(2) 強制―追従型虚偽自白：警察の強圧的取調べからの逃避や、提示される短期的利益（たとえば減刑や待遇の改善の提案、取引）を得ようとするもの。(3) 強制―内面化型虚偽自白：警察の誘導的取調べによって、無実である脆弱な人々が、自分の記憶に不審を抱いたり、捜査官による犯人であることを断定的に扱われることなどで確信が揺らぐことで、問題の犯罪を行ったと信じるようになり自白をしてしまうもの。

　このような虚偽自白について心理学的に検討した研究は、米国の社会心理学者カッシン（Kassin, S.）と共同研究者によって、これまで精力的に行われてきた（Kassin, 1997; Kassin & Kiechel, 1996; Kassin & McNall, 1991; Wrightsman & Kassin, 1993）。

　カッシンが行った初期の研究は、さまざまな状況で取られた自白に対する陪審や裁判官の評価に関するものである（黒沢・尾崎, 2002）。カッシンとライツマン（Kassin & Wrightsman, 1985）では、被疑者が自白する直前の諸条件を操作して、裁判官や市民にその自白についての評価をさせた。各条件は、(1) 取調官に何も言われず任意に自白を行う、(2) 自白しないと刑が重くなると脅さ

れて自白を行う、逆に、（3）刑を軽くするから自白をするように促され自白を行う、（4）自白を行わない、の4つの条件であった。参加者は陪審員として集められ、それぞれ各条件の自白について評価を行った。結果、有罪判断率は任意に自白した条件が最も高く、自白なし条件で最も低くなった。次に刑を重くすると脅迫された条件と軽くすると言われた条件では、自白はいずれも強制されたと判断されたが、脅迫条件では無罪とする傾向が強くなり、軽くすると言われた条件に同傾向はなく有罪と判断された。続く彼らの研究では、さらに上記研究の条件提示の前に、裁判官による説示として「刑を軽くするという提案・約束は違法行為で、かつ得られた自白は信用できない場合がある」と参加者に教示した。このとき、参加者は刑を軽くすると言われた条件での自白の強制性を高く推定したが、一方で被告人を有罪とする傾向は低くならなかった。つまり被疑者の自白が任意で行われていない可能性があるとはいえ、「刑を軽くする」という報酬による弱い強制力の取引に応じたことが、逆説的に行為者の責任を重く判断させることになる。よって彼らは、この現象を原因帰属のエラーとして誘導自白バイアス（positive coercion bias）と呼んだ。

　またカッシンとキーチェル（Kassin & Kiechel, 1996）は、虚偽自白を心理学実験として再現可能であること先駆的に示した。同実験で参加者は、まずはコンピュータのタイピング操作に関する実験として募集された。実験は常に2人一組で行われたが、うち一人は実験者の用意した実験協力者であった。参加者たちが行う作業は、実験協力者が単語リストを読み上げて、真の参加者がその単語をコンピュータにキーボードで入力するというものであった。ただし作業開始前に、実験者は参加者に対して「実験用プログラムが止まってしまうので『alt キー』だけは触らないように」と指示された。キーボード上で「alt キー」は、英単語入力に多用する「スペースキー」の横にあり、「alt キー」を誤って触れてしまいやすい状況が用意されたことになる。そして2人が作業を開始して、しばらくすると実験中にプログラムが停止する。実は、あらかじめ実験に使用したプログラムが、作業開始1分後に自動的に停止するように用意されていた。しかし、プログラム停止後に、参加者は実験者から「Alt キーを押したのか？」と尋ねられることになる。

　同実験では、さらに実験協力者が1分間に読み上げる単語量に2つの条件を

用意した（43 語と 67 語）。読み上げる単語量に違いを設けることで、参加者の作業に集中する度合いを変化させ、あせって打ち間違える等の自分がミスをしたかもしれないという「精神的脆弱性」の高低が操作された。また一緒に作業していた実験協力者が「alt キーを押したのを見た」という「虚偽の証拠・供述」を行う場合と行わない場合の 2 条件も用意された。

　同実験を 75 名の参加者に対して行った結果、参加者のうち 69％（51 名）が「alt キー」を押したことを認め（合意：compliance）、またそのうちの 28％が「自分が本当に押した」と報告した（内化：internalization）。一方で、残りの 41％の参加者は「自分は本当はやっていない」と思いながらも行為を認めた。表 6 − 2 は彼らの実際の研究結果であるが、単語量が少なく（slow pace）かつ実験協力者の虚偽の証言がない（no witness）条件であっても、35％の参加者（18 名中 6 名）が誤りを認めた。そして単語量が多くかつ実験協力者の虚偽の証言があった条件では、100％の参加者が罪を認め、そのうち 65％が「自分がやった」と信じるようになった。そして何よりも同条件の参加者の中からは、自らの操作ミスを支持する証言を行った者も一定数現れた（作話：confabulation）。

　同実験によって虚偽自白が実際に生じることが確認され、またそれを実験的に再現できることが示された。また、虚偽自白を生み出す条件として、自分がやっていないことを証明できない場合に、人は問題の責任を自らへと帰属してしまうことが明らかになった。しかし、これが殺人事件のような重大な犯罪の場合であれば容易に自白するのは困難であろう。ただし、加えて本当にはやっていない行為を支持する他者の証言や証拠がある場合には、自らもそれを支持する発言をして、自分が本当に行っていないことを認めてしまうのである。

　カッシンらの虚偽自白実験パラダイムを抽象化すれば、以下のような手続きになる。（1）課題提示：参加者に何らかの課題を課し作業に集中させる、（2）注意行為の示唆：作業前に実験者から作業中の注意事項が提示される、（3）注意行為の発生：作業中に実験者が意図的にその注意事項に基づく事態を発生させる、（4）注意行為に対する認識確認：参加者にその事態に至る行為を自ら行ったか確認する質問をする。

　また操作される独立変数としては、（1）脆弱性の操作：作業への集中量等を

表6－2　Kassin & Kiechel（1996）実験1　各条件の参加者への社会的影響（%）

影響の形式	サクラの虚偽証言なし		虚偽証言あり	
	単語量			
	少	多	少	多
合意 Compliance	35a	65b	89bc	100c
内化 Internalization	0a	12ab	44bc	65c
作話 Confabulation	0a	0a	6a	35b

注　：数値に付されている記号（a, b, c）は、異なる記号が付いている数値間に、χ^2検定の結果、統計的に有意な差が認められたことを示す（すべて $p<.05$）。

操作して、参加者が当該注意事項に関する行為を「しなかった」という確信度を低める。(2) 虚偽の証拠：実験協力者から、参加者が当該行為をしたという証言や、何らかの実験的に用意された具体的証拠等が示される。

　また従属変数は、(1) 自白：当該行為について、表面的であれ「やった」「やったかも」等認めるかどうか、(2) 内化：自分が本当に当該行為をしたと思っているかどうか、逆に「したかどうかわからない」という状態よりも自分の行為に確信があるような発言があるかどうか、(3) 作話：当該行為をした状況について説明し、何らかの理由を提示するかどうか、の3つが測定の対象となる。カッシンとキーチェル（Kassin & Kiechel, 1996）は、これらの従属変数の測定を実験者と参加者の会話における各発言の有無によって確認している。

3.　取調べと供述に関する新たな問題——司法取引の心理学研究

　さてカッシンらの虚偽自白実験パラダイムによって、被疑者取調べの状況いかんによっては、実際には罪を犯していない人であっても罪を認めてしまうことが明らかになった。虚偽自白を生み出すような取調べが行われていないことを確認するためには、取調室は録音・録画され外部に開かれている必要性がある。よって、えん罪事件を回避するためには、「取調べの可視化」の実施は重要な制度といえよう。近年、日本でも裁判員裁判対象の事件とその他の一部事件において取調べの録音・録画が実施されることとなった。残念なことに、取調べの一部始終の録音・録画ではないこと（部分的可視化）、またすべての事

件が可視化対象ではないこと（限定的可視化）等の問題は残っているものの、取調べ可視化の導入自体が認められたことは大きな前進といえるであろう。

　日本でも「取調べの可視化」が認められた一方で、応じて表面化してきた新たな取調べと供述に関する課題もある。取調べ可視化の非対象事件とされる組織犯罪やホワイト・カラー犯罪（贈収賄、詐欺、横領等）は、客観証拠を得にくく供述以外に証拠のないタイプの犯罪として捜査・公判協力型協議・合意制度──いわゆる司法取引制度の導入が決定した。司法取引（plea bargaining）とは、他人の罪を立証することに協力する供述を行った者に対して、不起訴や刑の軽減といった「恩恵」を付与するというものである。この新しい供述獲得の制度はいったいどのような影響をもたらすのか。

　米国は、すでに長年にわたり司法取引制度を運用しており、関連する心理学研究はいくつか存在している（Bordens, 1984; Edkins & Dervan, 2013; Gregory et al., 1978; Tor et al., 2010）。

　まずグレゴリー、ムーウェン、リンダー（Gregory et al., 1978）の研究では、143 名の実験参加者に自分が強盗の罪で逮捕された被疑者であると考えるように指示した。このとき、半分の参加者には自分が無罪であること、残り半分には有罪である場合を想像させた。さらに参加者に提示する情報──訴追数（4 つの罪で起訴、または 1 つの罪で起訴）と求刑の長さ（10 年から 15 年の懲役、または 1 年から 2 年の懲役）を用意し、上記の有罪・無罪の認識と合わせて計 8 グループの参加者を比較対象として、司法取引に応じる程度を調べた。結果、有罪認識の参加者は、訴追数が 1 つで求刑が短く重大性が最も低い場合でも 63％が取引に応じ、訴追数が多い場合に 83％、求刑が長い場合に 82％、両方が高い場合に 100％が取引に応じた。一方、無罪認識の実験参加者は、訴追数が 4 つで求刑が 10 年以上の最も重大性が高い場合に 33％ の参加者が司法取引に応じた。驚くべきことに、無罪であるとわかっている参加者であっても、疑いの程度が高くまた求刑が 10 年以上の場合、無罪を主張して失敗するリスクを高く見積もるために取引に応じてしまうケースが存在するのである。

　グレゴリーら（Gregory et al., 1978）の研究は、あくまで参加者に事態を想像させて回答させたものであるが、エドキンスとダーヴァン（Edkins & Dervan, 2013）は、カッシンの虚偽自白実験パラダイムを応用し、実際の司法

取引場面を実験的に再現して調査を行った。彼らの実験パラダイムは以下である。(1) 課題提示：大学生の参加者2名（うち1名は実験協力者）に同室でそれぞれ論理パズル等の課題を個人で回答するように指示する。(2) 注意行為の示唆：実験者は部屋を離れるが、個人で作業を続けるように指示する（個人課題であるから、当然カンニング行為は問題である）。(3) 注意行為の発生：個人課題遂行中に、もう一人の参加者（実験協力者）がカンニング行為を持ちかける。(4) 注意行為に対する認識確認：個人課題終了後に実験者が両者の回答を採点。回答がほとんど一致していることを根拠に、カンニング行為について指摘される。そして最後に、(5) 司法取引の提示：実験者は参加者に対して、今ここでカンニングを認める場合は、実験参加の報酬を失い、また認めたことを書類にサインすることになるが、それだけで帰ることができる（自白）。一方、認めない場合は、大学内の審査委員会にて問題が議論されることになることを伝える。またその審査委員会でカンニング行為が認められた場合は、何らかの講習への参加（時間的拘束）などのペナルティが課せられる。これらを伝えた後に参加者の選択を測定する。

　このとき、独立変数は、(1) 有罪・無罪：実験協力のカンニングの誘いに応じた場合を有罪条件、応じなかった場合を無罪とする。(2) 予測される刑の大きさ：審査委員会で有罪となった場合のペナルティが軽い（9時間の倫理講習）か重い（3単位分の倫理講習クラスの受講）が、操作された。従属変数は取引に応じたか否かであった。

　エドキンスとダーヴァン（Edkins & Dervan, 2013）の結果の一部を表6-3にまとめた。結果的に、参加者が実際にカンニング行為をした有罪条件では、委員会で課せられるかもしれない刑が重い（3単位分の講義受講）場合だと94.1％の参加者が、罪を認めその場の報酬を失う取引に応じた。また刑が軽い場合でも85％が取引に応じた。一方、カンニングはせずに疑われているだけの無罪条件であっても、委員会で無罪を訴えずに取引に応じる参加者が半数を超えた。重い刑条件では61.1％が取引に応じ、軽い刑の場合でも52.4％の無実の参加者が「その場で罪を認める」取引に応じたのである。

　ダーヴァン、指宿［訳］（2016）は「司法取引によって提示される選択」は、強圧的な取調べと似た状況に被疑者を位置づけるものであり、そのため無実の

表6-3 Edkins & Dervan（2013）取引の誘引（刑の軽重）による取引違い

	有罪条件	無罪条件
軽い刑	85%	52.4%
重い刑	94.1%	61.1%

人間による虚偽自白が生じる可能性を指摘している。日本での司法取引の導入はまだ始まったばかりだが、これらの刑事捜査手続きが導入されることで生じる効果について心理学的手法を用いて検証していくことは重要な役割となるであろう。

■引用・参考文献

Bartol, C. R., & Bartol, A. M. (2006) History of forensic psychology. In I. B. Weiner, & A. K. Hess (Eds.), *The handbook of forensic psychology* (pp.3-27). John Wiley & Sons Inc.

Bordens, K. S. (1984) The effects of likelihood of conviction, threatened punishment, and assumed role on mock plea bargaining decisions. *Basic and Applied Social Psychology*, 5, 59-74.

Dervan, L. E. (2015) Bargained justice: Plea bargaining and innocence in the United States, the special lecture in Japanese Bar Association 16th Nov. 2015.（ダーヴァン，L. 指宿信［訳］（2016）取引的な司法──合衆国における答弁取引と冤罪．季刊刑事弁護，85，129-138）

Edkins, V. A., & Dervan, L. E. (2013) Pleading innocents: Laboratory evidence of plea bargaining's innocence problem. *Current Research in Social Psychology*, 2, 14-21.

Gregory, W. L., Mowen, J. C., & Linder, D. F. (1978) Social psychology and plea bargaining: Applications, methodology, and theory. *Journal of Personality and Social Psychology*, 36(12), 1521-1530.

浜田寿美男（2013）供述分析──「渦中の視点」から描かれるもうひとつの心理学．藤田政博［編著］，法と心理学　法律文化社．

Kassin, S. M. (1997) The psychology of confession evidence. *American Psychologist*, 52, 221-233.

Kassin, S. M., & Kiechel, L. K. (1996) The social psychology of false confession, compliance, internalization, and confabulation. *Psychological Science*, 7, 125-128.

Kassin, S. M., & McNall, K. (1991) Police interrogations and confessions: Communicating promises and threats by pragmatic implication. *Law and Human Behavior*, 15, 233-251.

Kassin, S. M., & Wrightsman, L. S. (1985) Confession evidence. In S. Kassin, & L. Wrightsman (Eds.), *The psychology of evidence and trial procedure* (pp.67-94). Sage.

Köhnken, G., & Steller, M. (1988) The evaluation of the credibility of child witness statements in the German procedural System. *Issues in Legal and Criminological Psychology*, 13, 37-45.

黒沢香・尾崎雅子（2002）ビデオ呈示された弁護人弁論と誘導自白バイアスの社会心理学的研究. 法と心理, *2*, 63-75.

Münsterberg H. (1908) *On the witness stand: Essays on psychology and crime*. McClure Company.

Steller, M., & Köhnken, G. (1989) Criteria-based content analysis. In D. C. Raskin (Ed.), *Psychological methods in criminal investigation and evidence* (pp.217-245). Springer-Verlag.

Stern, L. W. (1906) Zur psychologie der aussage. *Zeitschrift fur die gesamte Strafrechsivissenschaft*, *23*, 56-66.

Tor, A., Gazal-Ayal, O., & Garcia, S. M. (2010) Fairness and the willingness to accept plea bargain offers. *Journal of Empirical Legal Studies*, 7, 97-116.

Trankell, A. (1972) *Reliability of evidence*, Stockholm: Beckmans. （トランケル, A. 植村秀三[訳]（1976）証言のなかの真実──事実認定の理論　金剛出版）

Undeutsch, U. (1989) The development of statement reality analysis. In J. Yuille (Ed.), *Credibility assessment* (pp.101-119). Kluwer Academic Publishers.

Wrightsman, L. S., & Kassin, S. M. (1993). *Confessions in the courtroom*. Sage.

欺 瞞 探 知

滝口雄太

　人には嘘を正確に見抜く能力があるのであろうか。この問いに対する答えは、今までに蓄積されてきた実験研究の結果によって明らかにされており、必ずしも正確ではないということになる。実のところ、平均的な正答率というのは約54%であり、コイントスよりもわずかに高い程度であると結論づけられている（Bond & DePaulo, 2006）。もちろん、嘘をついている人物が、自分の恋人、親友、家族のような近しい存在であるときには、彼らの嘘を見抜けると思う人もいるであろう。そうすると、さらなる問いが生まれてくることになる。人は他者の嘘をどのようにして見抜いているのか。おそらく、このような問いに、多くの人は嘘をつくときに「緊張していた」「目を合わせようとしなかった」というように、何らかの特定の行動を観察した結果によって見抜くことができたのだと答えるかもしれない。

　欺瞞探知に関する多くの知見は、このような言語的・非言語的行動を単純に観察することによって嘘を見抜くことができるのかという経験的な感覚に対する実験的証拠を数多く示してきている。とくに、嘘をついているときに現れると考えられている行動は、非言語的コミュニケーションにおいて顕著である。非言語的なわかりやすい例をあげるとすれば、「嘘をついている人は、視線が泳いでいる」というような言説は誰しも耳にしたことがあるのではないだろうか。このような嘘と関連づけられる特徴的な非言語的行動についての関心というのは、「見破る」という技術的な側面に焦点を当てれば、さらに高まっていくことと考えられる。

　非言語的な手がかりに着目した研究結果をまとめると、相手の非言語的反応に細心の注意を払って観察し、それらを詳細に検証することを通して、嘘をついている際に特徴的な手がかりを見つけることができる可能性があるという考えに至っている。しかしながら、信頼性のある欺瞞の手がかりというのはいまだに特定されておらず、いくつかの非言語的な手がか

りとの弱い相関しか見出されていない。このような相関を除いても、エクマンら（Ekman et al., 1990）が指摘しているような笑顔の識別（笑うときに発生する筋肉の活動に着目）を筆頭にして、訓練を受けなくては識別の域に及ばないことになる。

　このような流れから導かれたことが、個別の手がかりよりも複数の手がかりに着目したほうが検出の正確性が高くなるということであった。その手がかりの中には、言語的な手がかりも含んでいるのであるが、ここでも重要なことは、ピノキオの鼻のように、嘘をつけば伸びていくというような明確な手がかりがあるわけではない。それでもやはり、友だちや家族などがついた嘘については、言っている発言内容から見破ることができた、というような経験を持ってはいないであろうか。ボンドとデパウロ（Bond & DePaulo, 2006）は、人が特定の状況やよく知っている他者について判断するときには、言語的な情報に基づいた信用性の判断を行うということを明らかにした。つまり、「知っている」という認識によって、言語的な手がかりに注意を向けるようになっているということになり、実のところ、この言語的な手がかりを用いるほうがより優れた欺瞞探知を実現していることを示す研究も少ないのである（Reinhard et al., 2012）。

　これまでに述べてきたように、真偽性に関する手がかりが欺瞞探知に及ぼす影響は大きいが、これらの特定の手がかりが本当に「嘘をついている」という状態と結びついているかどうかについての関心が途切れることはない。私たちが他者の発言の真偽性を判断するときには、いくつかの「基準」を持っており、この真偽性のボーダーラインとも呼べる基準に引っかかってしまうときに、その他者のことを疑うようになることも示されている。欺瞞探知のプロセスには、単なる判断に関する検出者側の技術だけでなく、被検出者側が置かれている状況がどのようなものであるのかということも含まれており、それぞれの視点を統合的に理解することが必要とされている。

　ここで、欺瞞探知の正確性に話を戻してみると、数々の研究によって、イメージと異なるような興味深い事実が指摘されてきている。その事実というは、警察官や陪審員などの真偽を正確に判断する技術を要求されるよ

　うな人々は、専門的でない人々よりも真実と嘘を識別することに優れているのかという問題である。実のところ、この点については研究の結果は一貫していない。いずれにしても、検出の正確性については、まだまだ研究の余地を残していることになる。

　ここまでは、日常的な経験の範囲内において、欺瞞探知についての第一歩を踏み出したにすぎない。なぜならば、欺瞞探知の正確性を高めることに焦点を当てて研究者は躍起になっており、どのような手がかりを組み合わせるかだけでなく、どのような状況を作り出せば、あるいは、どのようにアプローチすればよいのかを探究しているためである。こうした研究の理論的な背景には、言語的・非言語的手がかりに共通して影響を与えるということが明らかにされている要因がある。たとえば、嘘をつくことは高度な情報処理を必要とする作業であるために、認知的な努力を強いるような状況における欺瞞探知は正確性が高いといわれている（Vrij et al., 2002）。ほかにも、感情や、意図的な統制、確信と経験の欠如といった要因がある。近年の研究では、さまざまなアプローチを用いて欺瞞探知を行っているものもあり、実際に検出率が80％を超えることを示した研究もある。これらの実現をより確固たるものにしていくために、より広範に成果を蓄積していくことが望まれているのである。

　最後に、これらの研究における欺瞞探知というのは、われわれの日常で行うような欺瞞探知とは異なる可能性があることについてふれておきたい。なにげなく生活している人々は、そう頻繁には嘘をついてはいないであろう。基本的に真実であることを共有し、そして、そのこと自体はあまり意識されていない。正確な欺瞞探知を必要とする場面というのは、犯罪行為をした容疑者が自分の罪を隠そうとしているような、嘘をつく人にとっては、利害の高い場面において、その真偽性が問われるのである。そして、この場面では、取調べを受けている人が嘘をつく可能性を十分に考慮していることになるため、「嘘をつくときのポイント」に注意を払うことができ、真実と嘘を識別することが意識できるようになっている。だからといって、嘘をつくことを常に意識していることが正確性に結びつくわけではないので、そこまで疑い深くなることはないと思ってほしい。

　繰り返しになるが、日常場面では、相手が嘘をつく可能性はほとんど考慮されてはいないであろう。しかし、私たちは少なからず「嘘をつく人は視線が泳ぐ」というような信念を持っているため、欺瞞探知を行うときには、このような信念に基づいて判断をしてしまう傾向にある。欺瞞に関する信念を検討した一連の研究（例：Vrij et al., 2006）から、人は欺瞞と関連する手がかりについて、誤った信念を持っていることが指摘されている。つまり、欺瞞と実際に結びついている手がかり（嘘をつく人は声が高くなる、もっともらしい発言をする、あまり直接性のない発言をする）がある一方で、誤った信念の中では、実際に嘘をつく人が示さないような手がかりがあげられていたことになる。そして、皮肉なことに、この誤った信念は、一度確立されてしまったら捨てることが難しいために、長期的に維持されてしまっている（例：Levine et al., 2006）。欺瞞探知が完全ではないというのは、これらの結果からもおわかりいただけたであろう。

　欺瞞探知が決して完全なものではないが、専門家や研究者は、嘘を探知するための専門的なツールを用いることで、その正確性は向上してきている。たとえば、話の内容に着目し、その発話内容を分析する方法（CBCA評定）や、皮膚反応や呼吸の割合、血圧といった送り手の生理反応を検討する「ポリグラフ」、近年では、脳波（electroencephalograms）や脳スキャン（機能的磁気共鳴画像法：fMRI）を用いて、欺瞞探知が行われている。いずれにしても、専門的な訓練を必要とするが、単純な観察による分析よりも正確であることが知られている。しかし、驚くことに、嘘に関する諸研究をまとめてきたヴレイ（Vrij, 2008）は、これらの分析アプローチには、設備や備品などが必要となることがあることから、言語的・非言語的行動を観察する欺瞞探知の改善を試みている。その際に、2つのガイドラインを提示しており、そこでは、真実を話す人と嘘をつく人が示す可能性のあるような非言語的・言語的手がかりの観察と解釈を扱ったものと、欺瞞を探知するための面接法に関するものがあげられている。

　私たちが持つ欺瞞探知の能力は決して完全なものでない。そもそも真実を知ることに興味がなかったり、検出課題そのものが難しかったり、嘘を見抜く人が共通して誤っていたりすることがあるからと考えられている

（Vrij, 2007）。その一方で、真実であることを突き止めることをしないほうが、お互いの関係にとってはよい結果をもたらすような場合もあるということは忘れないでほしい。今後も、実践的な欺瞞探知については、実務研究を含めて、さらに深化したものとなっていくであろう。

■引用・参考文献

Bond, C. F., & DePaulo, B. M. (2006) Accuracy of deception judgments. *Personality and Social Psychology Review*, *10*, 214-234.

Ekman, P., Davidson, R. J., & Friesen, W. V. (1990) The Duchenne smile: Emotional expression and brain physiology II. *Journal of Personality and Social Psychology*, *58*, 342-353.

Levine, T. R., Asada, K. J. K., & Park, H. S. (2006) The lying chicken and the gaze avoidant egg: Eye contact, deception and causal order. *Southern Journal of Communication*, *4*, 401-411.

Reinhard, M.-A., Scharmach, M., & Sporer, S. L. (2012) Situational familiarity, efficacy expectations, and the process of credibility attribution. *Basic and Applied Social Psychology*, *34*, 107-127.

Vrij, A. (2007) Deception: A social lubricant and a selfish act. In K. Fielder (Ed.), *Frontiers of social psychology: Social communication* (pp.309-342). Psychology Press.

Vrij, A. (2008) Nonverbal dominance versus verbal accuracy in lie detection: A plea to change police practice. *Criminal Justice and Behavior*, *35*, 1323-1336.

Vrij, A., Akehurst, L., Soukara, S., & Bull, R. (2002) Will the truth come out? The effect of deception, age, status, coaching, and social skills on CBCA scores. *Law and Human Behavior*, *26*, 261-283.

Vrij, A., Akehurst, L., & Knight, S. (2006) Police officers', social workers', teachers' and the general public's beliefs about deception in children, adolescents and adults. *Legal and Criminological Psychology*, *11*, 297-312.

裁判過程の心理学：概要と研究法

板山　昂

1．はじめに

　本章では、すでに目撃証言、取調べ・供述について紹介がなされた。これらの情報は、容疑者を逮捕するためであるとともに、裁判で使用される重要な証拠の一つとなる。裁判では、これらの証拠を含めたさまざまな証拠をもとに被告人（犯人）を取り調べ、被告人が有罪か無罪か、有罪であればどのような刑が適切なのか、量刑を判断することとなる。

　量刑判断に関する一般人の興味として、たとえば裁判の判決を報道で見聞きした際、「なぜこんなに刑が軽いのか」「刑が重すぎる」と思ったことはないであろうか。また、裁判以前の事件報道について「これには重い（軽い）刑を与えるべきだ」などと思ったことはないであろうか。犯罪者に対する罰、すなわち量刑は、裁判の当事者はもちろん、われわれ第三者にとっても興味・関心の高いテーマである。それに加え、量刑は裁判官が決定を行ってきたが、2009年に裁判員制度が施行されて以降、日本では一般人が裁判員として裁判に参加し、量刑の決定に携わるようになった。一般人の量刑判断には、人生経験はもとより犯罪に関する人のさまざまな心理が影響を及ぼすことになる。

　本節では、裁判や犯罪者に与える罰（量刑）に興味・関心を持つ司法・犯罪心理学の入門者を対象に、裁判過程の心理学における研究対象の一つである量刑判断に主に焦点を当て、日本の裁判員制度、量刑判断の基礎的知識と研究の動向、そして基本的な研究方法の知識を提供する。

2．裁判員制度とは

　裁判員制度とは、2004年5月に「裁判員の参加する刑事裁判に関する法律」（平成16年法律第63号）が成立されたことで、2009年5月から導入された一般人が裁判員として刑事裁判に参加する市民参加型の裁判制度である。この裁

判員制度を導入することによって、「国民の持つ社会常識が裁判結果に反映される こと」や「国民の司法に対する理解・支持が深まること」が期待されている（「裁判員の参加する刑事裁判に関する法律」〈平成 16 年法律第 63 号〉）。

　裁判員として裁判に参加すると、まず裁判官とともに公判（審理）に立ち会うことになる。公判では、裁判の対象になる事実関係や法律関係について取り調べて明らかにする。検察官や弁護人が証拠書類を取り調べ、被告人や証人に対して質問が行われる。裁判所に対してどのような罪名で、どのような刑罰を科すべきであるのか、検察官による論告求刑はここで行われる。裁判員から被告人や証人に質問をすることもできる。事件によっては、被害者が裁判に参加する被害者参加制度が用いられることもある。

　証拠を一通り調べ終わると、裁判員は証拠に基づいて被告人が有罪なのか無罪なのか、有罪ならばどのような刑を与えるべきなのかを裁判官とともに評議し、決定（評決）する。裁判員の意見は基本的に裁判官と同じ重みを持つが、裁判員だけによる判断で被告人にとって不利な判断（すなわち有罪か無罪かの判断の場面では有罪）に決定することはできず、有罪判断の場合は裁判官 1 人以上が多数意見に賛成していることが必要とされる。評決に至ると、法廷で裁判長が判決を宣告し、これが終わると裁判員としての役割はすべて終了となる。

　以上が裁判員裁判の大まかな流れである。このような市民参加型の裁判制度は他国でも導入されており、裁判員制度とよく比較されるものは米国や英国の陪審制度である。陪審制度と裁判員制度ではいくつかの異なる点があり、たとえば陪審制度では評議は陪審員のみで行うが、裁判員制度では裁判官とともに評議を行う。また、評決に関しては、陪審制度は全員一致でなければならないが、裁判員制度では全員一致に至らない場合は裁判官を含めた多数決で決定を行う。判断する内容においては、陪審制度は有罪・無罪だけの決定を行うが（しかし国や州で若干の違いはある）、裁判員制度では有罪の場合には量刑の判断も行うことになる。

　そのほかにも裁判への参加人数の違いなどもあるが、一般人が裁判官と対等な立場で判断を行う点、とくに一般人が量刑判断も行うという点が裁判員制度の大きな特徴である。次項では、量刑判断とはどういったものなのかについて

解説する。

3. 量刑判断とは

　量刑判断とは、被告人に宣告すべき刑の種類やその重さを決定することである。日本の刑罰は法定刑（刑罰法令において、それぞれの罪に対応して規定されている刑の重さ）の幅が広い。たとえば殺人罪の法定刑では、死刑または無期懲役もしくは5年以上の懲役と規定されており（刑法199条）、それぞれの罪において幅がある。それに加え、場合によれば執行猶予（有罪判決を受けた者について、情状によって刑の執行を一定期間猶予し、問題なくその期間を経過すれば刑を科さないこととする制度）や保護観察をつける場合もあるため、裁判員は非常に幅の広い選択肢の中から判断を行うこととなる。

　量刑判断を行う際の基準としては、改正刑法草案48条2項において、以下のように示されている。(1) 刑は、犯人の責任に応じて量定しなければならない。(2) 刑の適用にあたっては、①犯人の年齢、性格、経歴および環境、②犯罪の動機、方法、結果および社会的影響、③犯罪後における犯人の態度その他の事情を考慮し、犯罪の抑制および犯人の改善更生に役立つことを目的としなければならない。(3) 死刑の適用は、とくに慎重でなければならない。

　以上の法律に示された基準に照らし合わせることも難しい判断と考えられるとともに、量刑は当事者である被告人の更生や被害者側の納得感、社会的な秩序の維持などを左右するものである。そのため、量刑判断は非常に重要なものであり、一般人の量刑判断傾向は司法・犯罪心理学における重要な研究テーマの一つである。次項では、一般人の量刑判断研究について紹介する。

4. 量刑判断の研究における事件・裁判情報の操作による実験的検討

　量刑判断に関する研究では、事件（裁判）シナリオを提示し、その事件の被告人にどの程度の量刑を与えるか判断を求めるという手法で研究が行われる。そして、複数の事件（裁判）シナリオを提示（操作）することで、シナリオのどの部分に研究の参加者が影響を受けたかを明らかにしていくことが多い。

　事件内容の情報を操作した研究としては、評価対象となる事件（シナリオ）の犯罪被害の客観的な重大さや同一犯罪の検挙率、同一犯罪の再犯可能性等を操作した研究によって、一般人の量刑判断の方略は応報的であることが示唆されている（例：Carlsmith et al., 2002; Darley et al., 2000; Rucker et al., 2004; 綿村ら, 2010）。応報とは、行った悪行に対する相応の報いとして罰を与えようとする心理を意味し、その犯行が重大なものであればあるほど厳しい刑罰を与えるということになる。たとえば、傷害事件よりも殺人事件、被害者が1人よりも複数の場合、被害金額が少ない場合よりも多い場合に刑が重く判断されるといったように、事件の重大性で刑罰の厳しさを決めることになる。しかし、事件の重大性の評価というものは、被害の客観的な重大さだけで決まるわけではなく、判断者の主観的な評価で決まることも指摘されている（例：綿村ら, 2010）。たとえば、過失致死事件よりも殺人未遂事件の量刑を重く判断するといったように、事件の客観的な結果よりも犯行の悪意が重大性の評価を高める場合などである。これらの研究からいえることは、「どのような事件であるのか」によって判断される量刑の重さが変わるということである。

　被告人や被害者の情報を操作した研究では、たとえば被告人の外見的魅力が量刑判断に影響を受けることが指摘されている（例：Downs & Lyons, 1991; 猪八重ら, 2009; Sigall & Ostrove, 1975; Staley, 2008）。シガールとオストローブ（Sigall & Ostrove, 1975）は、実験参加者に提示する被告人女性の外見を魅力的な場合とあまり魅力的ではない場合の2条件を設定して実験を行った。結果として、窃盗事件が対象の場合には、被告人に与えるべきであると判断された量刑は、外見が魅力的な場合よりもあまり魅力的ではない場合のほうが重く判断された。また、窃盗事件と同額の詐欺事件の場合では、女性犯罪者の外見による量刑の差は見られなかった。また、ステイリー（Staley, 2008）の危険運転致死事件を対象にした研究では、外見が魅力的でない場合よりも魅力的な被告人の量刑が軽く判断されている。これらの結果は、罪種によるものの一般人の量刑判断は被告人の外見的魅力（周辺情報）に左右されることを示している。

　また、被告人の属性等に着目した研究としては、白井・黒沢（2009）は被告人の前科の有無によって、中田・サトウ（2014）は被告人の国籍によって量刑

や犯行の悪質性の判断が影響を受けることを明らかにしている。これらの結果は、判断者の持つ属性に対するイメージやステレオタイプ、日本国籍以外の者への内集団びいきなどが作用したものと考えられている。

　裁判当事者（被告人・被害者）の職業の地位などの社会的地位や素行の悪さといった否定的要素が量刑判断に影響することも指摘されている（例：Gouran et al., 1984; 山岡・風間, 2004）。たとえば山岡・風間（2004）は、被害者に落ち度がまったくなかったとしても、被害者の職業の否定的要素が強くなるにつれて（弁護士＜大学生＜フリーター＜暴力団）、被害者への同情や肯定的態度は弱くなり、被害の原因を自業自得などとする否定的な態度が強くなること、被害が深刻な場合には、被害者の否定的要素が弱い場合よりも強い場合の被告人に対する量刑が軽くなるという結果を示している。これらの結果が示すことは、同じ事件であったとしても「誰が被告人または被害者なのか」によって判断される量刑の重さが変わるということである。

　また、量刑判断とは量的に幅のある判断であるとともに、判断材料が多く複雑で、判断基準も曖昧である。そのような複雑で曖昧な数量的な判断の際には、提示された情報の数値が基準値（アンカー）となり、バイアスとして影響することが知られており、これをアンカリング効果という。量刑判断においてもこのアンカリング効果が生じることが指摘されている（例：Englich & Mussweiler, 2001; Englich et al., 2006, 綿村ら, 2014）。エングリッヒとムスワイラー（Englich & Mussweiler, 2001）は、強姦事件を題材に、検察官と学生の量刑についての意見のどちらかを提示するとともに、軽い量刑と重い量刑どちらかを提示した。また、何も情報を提示しない統制群を設定した実験を行った。実験結果は、統制群よりも、検察官または学生の量刑が提示された場合の量刑が重く判断され、提示された量刑が軽い場合よりも重い場合に量刑は重く判断された。この傾向は、学生よりも検察官でより強かった。また、綿村ら（2014）は、過去の裁判例がデータベース化され類似事件の量刑がどう分布しているかを検索できる量刑分布グラフをアンカーとして用いた実験を行い、グラフのピークがアンカーとして参加者の判断に影響することを示した。つまり、一般人は曖昧で正解がわからない量刑判断において、誰かの意見、とくに専門家の意見に強く影響される。そして、これまでの判例の蓄積である

量刑分布グラフに影響を受ける可能性が高いといえる。

　以上に紹介した量刑判断に関する研究は、事件そのものや当事者、裁判に関わる情報等の操作による実験的検討である。ただし、被害の客観的重大さや同一犯罪の再犯可能性、被告人の前科や素行の悪さなどは罪の重さや更生の可能性の判断材料となり得る。とくに、量刑分布グラフ（綿村ら, 2014）は、量刑判断の参考資料という公的な目的があり（司法研修所, 2012）、専門家や裁判員の意見は裁判・評議の過程で情報として得られるため、実際の量刑判断において考慮される要因である。一方、外見的魅力や国籍、加害者・被害者の否定的要素等の要因（事件に直接関係のない要因）は、実際の量刑判断に反映すべきでないと思われる要因であるため、情報操作の中でも、扱う情報の視点は異なることには注意が必要である。

5．量刑判断の研究における判断者の個人特性の検討

　前項の裁判情報等の操作だけでなく、量刑判断者の個人特性にも焦点を当てた研究がある。判断者の個人特性に焦点を当てる研究では、判断者自身の価値観や制度・裁判に対する態度等の違いによって、同一事件であるにもかかわらず量刑の重さが変わる可能性が検討されることになる。なお、もちろん個人特性に加えて先に述べた情報操作の影響が個人特性の差異で変わり得るかをあわせて検討されていることも多い。村山・三浦（2015a）は、「人々は行った行為に応じた報酬を得て、行った行為に応じた報いを受けるべきだ」という信念である公正世界信念（belief in a just world: Lerner, 1980）における、「ある出来事が起こった原因を過去の行いによるもの」と考える内在的公正世界信念（belief in immanent justice）が加害者の非人間化（dehumanizing）を介して厳罰指向につながることを明らかにしている。

　また、被害者への同情が強いと量刑を重く判断することが指摘されている（例：Salerno & Bottoms, 2009; 白岩・唐沢, 2015; Tsoudis & Smith-Lovin, 1998）。しかし、白岩・唐沢（2015）は被害者に対する同情は量刑増進効果を持つ一方で、「理性を重視し、感情を排除して法的判断をすべき」という個人の持つ裁判イメージによって抑制されることを明らかにしている。また、被害

者参加制度に否定的な態度を持つ人ほど、被害者参加人の発言による自己への影響を否定し、その影響を否定するほど軽い量刑が判断されることが示されており（白岩・唐沢, 2013）、制度に対して個人が有している態度が量刑判断に間接的に影響することが指摘されている。板山（2014a, 2016）は、現状の裁判は犯罪者に甘いと考え、より厳罰を求める態度（厳罰志向性）が強いと、同じ事件であっても情状酌量の余地を低く判断するとともに、量刑を重く判断することを明らかにしている。

　白岩・唐沢（2013, 2015）の研究結果は、裁判や制度に対する意識づけのあり方で感情に流されない、公正な裁判を実施できる可能性を示唆するものである。また、板山（2014a, 2016）の研究結果は、各裁判結果を一般人に納得させることが、厳罰化を防ぐことにつながることを示唆しているとも思われる。

　個人特性等の量刑判断に及ぼす影響に着目することは、量刑判断における心理的メカニズムの解明につながる。それだけでなく、そのような個人特性の影響をどうすれば抑制でき、公正な判断をすることができるのかという視点を持つことは必要であろう。

6. 評議、専門家の意見の影響、判断する立場の相違

　裁判員裁判では、評議によって量刑を判断することになる。すなわち、個人が量刑を判断しても、当然一人では量刑を決定することはできない。しかし、実際の裁判員裁判に沿った量刑判断研究を行うにあたっては、集団での量刑判断研究が必要とされるが、そのような研究はわずかである。

　有罪・無罪の判断に関する研究においては、評議前の初期多数派の意見が結果に反映されやすいこと（例：Davis et al., 1975; 大坪・藤田, 2001）、多数派の意見や専門家の意見を参考に判断を行う傾向が明らかにされている（例：村山・三浦, 2015b）。量刑判断でも量刑の軽重による多数派の影響が考えられる。板山（2014b）は、殺人事件のみの検討であることや裁判官（役）がいないという問題はあるが、評議前に軽い量刑を判断した人が多い場合でも、重く判断した人が多い場合でも、評議の内容が被害者視点でかつ応報的な議論に偏りやすく、被告人の視点に立ちにくい結果、評議前のメンバーの量刑の平均よりも

量刑は重くなりやすいことを指摘している。また、板山（2014a）は、自由に議論をする条件、被害者の立場に偏った議論のみをする条件、被告人・被害者の両方の立場に立った議論をそれぞれ同じ時間行う条件の3条件で比較した結果、自由に議論をした条件および被害者の立場に偏った議論をした条件では、板山（2014b）と同様に評議前のメンバーの量刑の平均よりも量刑は重くなり、被告人・被害者のそれぞれの立場に立った議論をした条件では、量刑は重くはならなかった。加えて、自由に議論をした条件および被害者の立場に偏った議論をした条件の評議と判決に対する公正感は、被告人・被害者のそれぞれの立場に立った議論をした条件に比べて低いという結果であった。

　これらの評議研究が示す通り、個人の判断した量刑は評議の結果とは異なる可能性が高く、より現実に近づけるためには評議研究を行う必要性は高いといえる。しかし、現実問題として、たとえば（1）毎実験に集団を集めること、（2）評議内容・時間の統制をすること、（3）裁判官役として専門家を呼ぶこと、などが難しく、この点をいかに解消するかが問題である。

　個人と集団（評議）で結果が異なる可能性について述べたが、どの立場で量刑を判断するかによっても結果が異なる可能性も指摘されている。板山ら（2014）は、裁判員条件とTV視聴者条件という立場の違いで量刑判断の比較をしたところ、裁判員よりもTV視聴者の立場を与えられた者の量刑が重くなる結果であった。この結果については、普段は厳罰を求める者であったとしても、裁判員となった際には、その応報動機を抑え、与えられた立場・役割を意識した判断を行ったものと考察されている。また、板山（2014a）は、量刑の重さの異なる裁判員裁判の判決を複数提示し、一般市民の求める量刑を検討した。結果として、すべての条件で裁判員裁判の判決と一般市民の求める量刑は一致せず、一般市民は裁判員裁判の判決を受け入れない可能性を指摘した。とくに、情状酌量の余地が認められにくい事件においては、提示した裁判員裁判の判決を段階的に重くしたが、全条件でその判決よりも重い刑を求める結果となった。

　そこで、板山（2014a）は、実際には公開されない評議の内容を提示することで、判決に対する受容と公正感が高まるかについての検討を行っている。結果として、以下の3つの知見が得られている。第一に、一般市民は被告人に

与えられる刑が軽い場合よりも重い場合のほうが、判決に対する納得度および公正感は高かった。第二に、量刑が軽い場合には、評議の内容を提示することで、判決に対する納得度および公正感は高まった。第三に、量刑が軽かった場合には、評議の内容を提示することで一般市民が被告人に与えるべきだと思う量刑と判決との乖離は小さくなった。

　以上のように、個人レベル、集団レベル、評価者レベルといった判断する立場によって、量刑判断の結果は異なることから、量刑判断研究においては、どのレベルでの判断を研究しているかを明確にしておく必要があるであろう。

7．量刑判断に関する研究方法と注意点

　本項では、個人レベルの量刑判断の研究方法について簡潔に説明する。

（1）シナリオ

　量刑判断研究では、基本的に事件・裁判シナリオを作成し、シナリオの被告人に対する量刑の判断を求める。シナリオ作成時の注意点としては、シナリオの具体性、妥当性である。たとえば裁判員の量刑判断なのであれば、裁判員裁判の対象となる罪を対象とするべきであろう。いつ、どこで、誰が、誰に、どのように、どのような危害を加えたのか。また、加害者と被害者の性別や年齢、被害の程度は、量刑判断には大きく関わってくる。犯行後に逮捕に至った経緯や当事者の家族構成などの点を質問してくる参加者は少なくない。参加者が疑問に思ったり、質問しなければならないようなシナリオは避けたほうがよい。

　どれだけリアリティのある妥当なシナリオを作成することができるかが研究のカギとなる。実際にあった事件情報や判例を参考にシナリオを作成すること、予備調査でシナリオにおかしな点がないかをチェックすることはもちろん、作成したシナリオを法律の専門家に確認がとれるのならばお勧めしたい。

　また、事件概要の提示だけで実施することも可能であるが、裁判シナリオであれば事件概要に加えて検察・弁護側の意見、被告人の発言を提示することになるであろう。なお、検察官の求刑を提示するかも結果を左右することになる

が（アンカリング効果）、裁判場面であれば、シナリオにおいて妥当な求刑を提示しておくことに違和感はない。この点は、研究者の研究方針で検討されたい。

　また、シナリオのリアリティを高めるためには、いくつか工夫ができる。たとえば、新聞記事の形式でシナリオを提示することや（例：白井, 2010）、公判内容を録音した音声（例：綿村ら, 2014）、石崎ら（2010）の作成したような公判映像などを用いてリアリティの高い刺激を与えることができる。

　シナリオは先行研究に記されていることが多いので参考するとよいであろう。

（2）質問内容

　量刑について判断を求めることになるが、どのようなスケールで質問をするかも検討の余地がある。どのような幅で量刑判断を求めるかは研究者次第となるが、参考となるのは法定刑である。たとえば、殺人罪の法定刑では「死刑または無期懲役もしくは5年以上の懲役」であるため（刑法199条）、5年～死刑というスケールが考えられる。しかし、減刑により5年を下回るケースもあるため、懲役1年から有期刑の上限が懲役30年であること踏まえて「懲役1年～懲役30年の間でご回答ください」と回答を求めてもよいであろう。

　なお、無期懲役や死刑をスケールに含める際には注意が必要である。たとえば、「懲役1年～25年、無期懲役、死刑」の範囲で回答を求めたとする。懲役1年～25年はそのまま数値化が可能であるが、無期懲役は有期刑（懲役25年）より重く、死刑は無期懲役よりは重いと順序づけられるが、数値化することはできない。無期懲役は仮釈放の平均収監年数の16年、死刑は任意に50年に換算し統計処理を行っている研究（伊田・多田部, 2005）、無期懲役を懲役35年に置き換えて平均値に基づく統計処理を行っている研究がある（白井・黒沢, 2009）。

　有意差が出にくいよう便宜的に無期懲役を26、死刑を27に数値化して分析を進めることも可能であるが、便宜的に死刑を27年と軽く扱うことは適切ではないと思われるし、懲役刑と死刑では質的に異なる。そのため、無期懲役や死刑の選択肢を設ける際には注意が必要である。

（3）量刑の目的

　たとえば、「懲役 10 年」と判断したとしても、その懲役 10 年が被告人を懲らしめるためのものであるのか、更生するために必要であると思うものなのか、社会の秩序を維持するためのものなのかでは、同じ懲役年数でも質が異なるため、これらを測定している研究もある（例：板山, 2014a; 村山・三浦, 2015a）。研究で明らかにしたいものによっては、量刑を科す目的についても同時に測定する必要もあるであろう。

8. おわりに

　今回は量刑判断を取り上げたが、量刑は社会の秩序を維持し、犯罪を未然に防ぐ、被害者の納得、犯罪者の立ち直りに寄与するテーマである。また、判断者個々人の犯罪に対する認識が反映されると思われるものであることからも、司法・犯罪心理学にとって重要なテーマであると考えられる。裁判員制度は、制度施行後 10 年しかたっておらず、歴史が浅いことから研究の蓄積は少ない。今後、多くの実証的な研究が求められる。

■引用・参考文献

Carlsmith, K. M., Darley, J. M., & Robinson, P. H. (2002) Why do we punish? Deterrence and just deserts as motives for punishment. *Journal of Personality and Social Psychology*, *83*, 284-299.

Darley, J. M., Carlsmith, K. M., & Robinson, P. H. (2000) Incapacitation and just deserts as motives for punishment. *Law and Human Behavior*, *24*, 659-683.

Davis, J. H., Kerr, N. L., Atkins, R. S., Holt, R., & Meek, D. (1975) The decision process of 6- and 12- person mock juries assigned unanimous and two-thirds majority rules. *Journal of Personality and Social Psychology*, *32*, 1-14.

Downs, A. C., & Lyons, P. M. (1991) Natural observations of the links between attractiveness and initial legal judgments. *Personality and Social Psychology Bulletin*, *17*, 541-547.

Englich, B., & Mussweiler, T. (2001) Sentencing under uncertainty: Anchoring effects in the courtroom. *Journal of Applied Social Psychology*, *31*, 1535-1551.

Englich, B., Mussweiler, T., & Strack, F. (2006) Playing dice with criminal sentences: The influence of irrelevant anchors on experts' judicial decision making. *Personality and Social Psychology Bulletin*, *32*, 188–200.

Gouran, D. S., Ketrow, S. M., Spear, S., & Metzger, J. (1984) Social deviance and occupational status. *Group Assessment of Penalties. Small Group Research*, *15*, 63-86.

伊田政司・多田部友香（2005）刑事事件に対する主観的量刑判断．法と心理，*4*，71-80.

石崎千景・荒川歩・若林宏輔（2010）模擬裁判実験での使用を想定した公判映像刺激作成の試み．法と心理学会第11回大会予稿集，23.

板山昂（2014a）裁判員裁判における量刑判断に関する心理学研究——量刑の決定者と評価者の視点からの総合的考察　風間書房．

板山昂（2014b）集団での量刑判断における多数派の影響．人間文化 = Humanities and sciences: H&S, *33*, 9-17.

板山昂（2016）厳罰志向性と賠償の有無および加害者に対する怒りの感情が量刑判断に及ぼす影響の検討．人間文化 = Humanities and sciences: H&S, *39*, 33-40.

板山昂・上原依子・川嶋伸佳・佐伯昌彦・滑田明暢・若林宏輔・綿村英一郎（2014）決定者と評価者の立場の違いが量刑判断に与える影響．法と心理学会第15回大会予稿集，12.

猪八重涼子・深田博己・樋口匡貴・井邑智哉（2009）被告人の身体的魅力が裁判員の判断に及ぼす影響．広島大学心理学研究，*9*，247-263.

Lerner, M. J. (1980) *The belief in a just world: A fundamental delusion*. Plenum Press.

村山綾・三浦麻子（2015a）被害者非難と加害者の非人間化——2種類の公正世界信念との関連．心理学研究，*86*，1-9.

村山綾・三浦麻子（2015b）裁判員は何を参照し，何によって満足するのか：専門家—非専門家による評議コミュニケーション．法と心理，*15*，90-99.

中田友貴・サトウタツヤ（2014）被告人の国籍が裁判員の量刑判断に与える影響——事件の種類の観点から．立命館人間科学研究，*30*，45-63.

大坪庸介・藤田政博（2001）集団過程としての陪審裁判．心理学評論，*44*，384-397.

Rucker, D, D., Polifroni, M., Tetlock, P. E., & Scott, A. L. (2004) On the assignment of punishment: The impact of general societal threat and the moderating role of severity. *Personality and Social psychology Bulletin*, *30*, 673-684.

Salerno, J. M., & Bottoms, B. L. (2009) Emotional evidence and jurors' judgments: The promise of neuroscience for informing psychology and law. *Behavioral Sciences and the Law*, *27*, 273–296.

司法研修所［編］（2012）裁判員裁判における量刑評議の在り方について　法曹会．

白井美穂（2010）大学生の量刑理由についての内容分析——2種類の傷害致死事件を対象として．東洋大学人間科学総合研究所紀要，*12*，187-197.

白井美穂・黒沢香（2009）量刑判断の要因についての実験的検討——前科情報の種類による効果．法と心理，*8*，114-127.

白岩祐子・唐沢かおり（2013）被害者参加人の発言および被害者参加制度への態度が量刑判断に与える影響．実験社会心理学研究，*53*，12-21.

白岩祐子・唐沢かおり（2015）量刑判断に対する増進・抑制効果の検討——被害者への同情と裁判に対する規範的なイメージに着目して．感情心理学研究，*22*，110-117.

Sigall, H., & Ostrove, N. (1975) Beautiful but dangerous: Effects of offender attractiveness and nature of the crime on juridic judgment. *Journal of Personality and Social Psychology, 31*, 410-414.

Staley, C. (2008) Facial attractiveness and the sentencing of male defendants. *Dissertation abstracts international: section B: The sciences and engineering, 68*, 5639.

Tsoudis, O., & Smith-Lovin, L. (1998) How bad was it? The effects of victim and perpetrator emotion on responses to criminal court vignettes. *Social Forces, 77*, 695-722.

綿村英一郎・分部利紘・高野陽太郎（2010）一般市民の量刑判断——応報のため？それとも再犯抑止やみせしめのため？．法と心理, *9*, 98-108.

綿村英一郎・分部利紘・佐伯昌彦（2014）量刑分布グラフによるアンカリング効果についての実験的検証．社会心理学研究, *30*, 11-20.

山岡重行・風間文明（2004）被害者の否定的要素と量刑判断．法と心理, *3*, 98-110.

刑務所出所者の受容

中川知宏

　平成29年版犯罪白書（法務省法務総合研究所, 2017）によると、刑務所をはじめとする刑事施設を2012（平成24）年に出所した者が5年以内に再び入所した割合は38.3%である。この数値は仮釈放と満期釈放によっても相当に異なり、前者は28.9%であるのに対して後者は49.2%である。これは、出所者の社会復帰がうまくいっていないということを示唆している。実際、出所者の帰住先を見ると、満期釈放者（2016年は9,649名）に関しては「その他」が49.1%を占めており、ここには帰住先が不明、暴力団関係者などが含まれている。出所後に身を寄せる場所のない（あるいは、あったとしても反社会的集団）者は生活基盤が不安定であるため、生活に困窮して、再び犯罪に手を染めることは想像に難くないであろう。これらのことを考慮すると、出所した人々の再犯を予防するためには、地域の人々から受け入れられ、生活基盤を確保することが重要である。

　しかしながら、人々が罪を犯した者を自分たちの住む地域に受容したり、彼（女）らに対して支援的な態度を示すことは容易ではない。ヴィキら（Viki et al., 2012）は英国に在住する男女18歳から75歳までの120名を対象に、性犯罪者に対してどのようなイメージを持っているかということについて尋ねた。その結果、性犯罪者を人としてみなさない（非人間化）傾向が強い回答者ほど、性犯罪者に対して更生させることを重要であるとは思わず、懲役期間を長くするべきであると回答する傾向が強かった（研究1）。とくに、幼児に対する性的虐待者を対象としたとき、そうした人たちに対する非人間化を強く示す回答者ほど彼（女）らを社会から排除することに賛同する傾向が強かった（研究2）。

　ただし、性犯罪者のリハビリに携わったことがある回答者のうち、彼（女）らとの関係を肯定的に捉えている回答者は彼（女）らに対する非人間化が弱かった（Viki et al., 2012：研究4）。これは刑に服役している者と何らかの形で関わることによって、彼（女）らに対する支援的態度が引

き出される可能性を示している。こうした効果は施設職員だけではなく、民間人においても同様である。上瀬ら（2017）は官民協働刑務所（公務員である刑務官に加えて民間の職員が協働する刑務所）に対する社会的態度を民間人に尋ね、受刑者あるいは出所者に対する態度との関連を検討した。その結果、官民協働刑務所に関する情報を積極的に収集したり、身内や知り合いが施設に関わっていたりする回答者は受刑者や出所者に対する受容的態度が強くなる傾向が示された。一連の結果は、人々の出所者に対する態度が排他的にも受容的にもなり得るということを示すものである。

　受刑者や出所者に対する態度は、彼（女）らの社会復帰に影響を及ぼす可能性がある。この点についてブレイスウェイト（Braithwaite, 1989）は再統合的恥づけ理論（reintegrative shaming theory: RST）を提唱し、犯罪に関与した者に対する態度をスティグマ付与的態度と再統合的態度の2つに区分した。前者は、犯罪に関与した者の罪は消えることはなく、彼（女）らは赦されるものではないとする態度であり、これは再犯を促すと仮定されている。一方、後者は犯罪に関与した者の罪を非難しつつも、最終的には彼（女）らを本質的にはわれわれと同じ存在として受け入れる態度であり、再犯を抑制する効果を持つとされている。

　上述の先行研究（上瀬ら, 2017; Viki et al., 2012）は、犯罪に関与した者や施設と接触することが彼（女）らへの態度を規定することを示したが、いずれの研究も「接触」という個人レベルの要因に焦点を当てている。一方、中川（2015）は受刑者や出所者が地域で生活するということを考慮し、地域レベルの要因に焦点を当てた。とくに、出所者がどこに居住するかという要因は出所者に対する態度に大きな影響を与えるであろう。自分が住む近辺の地域に出所者が住む場合は居住地域外に住む場合よりも、再犯によるリスクに注意が向きやすくなるため、出所者に対するスティグマ付与的態度が強くなり、受容的態度が弱くなるであろう。ただし、この効果は集合的効力感（collective efficacy）によって変化するであろう。集合的効力感とは、公共秩序の維持や犯罪統制のような集合的目標を達成するために、地域住民間での社会的絆を改めることや、活性化する過程であると定義されている（Sampson et al., 1997）。サンプソンをはじめとする先

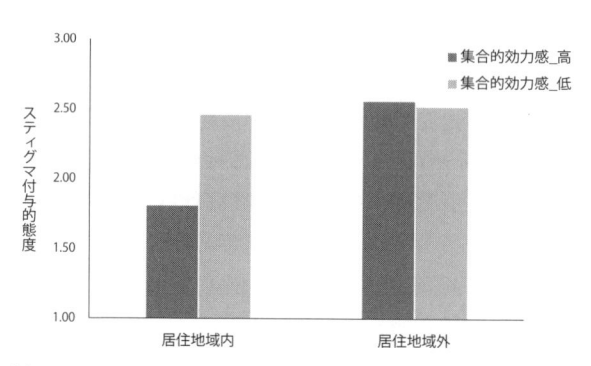

図1　出所者の居住地域と集合的効力感がスティグマ付与的態度に及ぼす影響

出典：中川（2015）より。

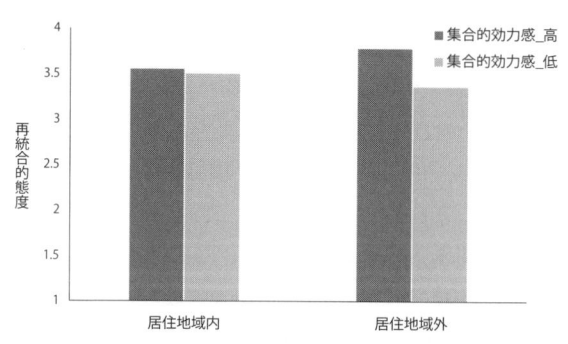

図2　出所者の居住地域と集合的効力感が再統合的態度に及ぼす影響

出典：中川（2015）より。

行研究は、集合的効力感が犯罪を抑制するということを繰り返し示してきた（例：Morenoff et al., 2001; Sampson et al, 1997; 島田, 2010）。こうした効果を考慮すると、出所者が居住地域内に住んでいたとしても、集合的効力感を強く感じている者は、住民間での相互協力や監視によって出所者を更生させることができると考えるため、出所者に対する受容および再統合的態度が高まり、スティグマ付与的態度は弱まるであろう。

　この仮説を検討するため、中川（2015）は出所者の社会復帰を支援するための自立準備ホームが大阪市内に建設されるという架空（ディセプション）の資料を提示したうえで、市内に住む参加者を居住地域内条件とし、

それ以外の参加者を居住地域外条件として割り当てた。分析の結果、居住地域内条件では集合的効力感を強く知覚している参加者ほど出所者に対するスティグマ付与的態度は弱かった（図1）。また、出所者が居住地域内で就労したり、公共交通を利用したりすることを認める傾向が強く示された。これは仮説を概ね支持するものであるが、中川（2014）はこれとは逆の結果を示し、集合的効力感を強く知覚している参加者は居住地域内条件よりも居住地域外条件で再統合的態度が強かった（図2）。2つの研究は、集合的効力感が出所者の受容に対してポジティブな影響を及ぼすこともあれば、ネガティブな影響を及ぼすこともあるということを示している。なぜ集合的効力感が異なる効果を示したのかということは検討する余地があるが、出所者の受容過程を理解するためには個人レベル要因に加えて地域レベル要因も包括的に検討することが重要であるといえるであろう。

■引用・参考文献

Braithwaite, J. (1989) *Crime, shame and reintegration*. Cambridge University Press.

法務省法務総合研究所（2017）平成29年版犯罪白書――更生を支援する地域のネットワーク　昭和情報プロセス.

上瀬由美子・髙橋尚也・矢野恵美（2017）官民協働刑務所開設による社会的包摂促進の検討.　心理学研究, *87*, 579-589.

Morenoff, J. D., Sampson R. J., & Raudenbush, S. (2001) Neighborhood inequality, collective efficacy, and the spatial dynamics of urban violence. *Criminology*, *39*, 517-559.

中川知宏（2014）出所者の居住地域と再統合的恥づけ――調整要因としての集合的効力感.　日本社会心理学会大会論文集, 357.

中川知宏（2015）出所者の居住地域と再統合――集合的効力感の負の側面.　犯罪心理学研究, *53*（特別号）, 96-97.

Sampson, R. J., Raudenbush, S. W., & Earls, F. (1997) Neighborhoods and violent crime: A multilevel study of collective efficacy. *Science*, *277*, 918-924.

島田貴仁（2010）住民の相互信頼は犯罪を抑制するか――集合的効力感からのアプローチ（特集：犯罪・非行研究の最前線――科学警察研究所研究）.　青少年問題, *57*, 14-19.

Viki, G. T., Fullerton, I., Raggett, H., Tait, F., & Wiltshire, S. (2012) The role of dehumanization in attitudes toward the social exclusion and rehabilitation of sex offenders. *Journal of Applied Social Psychology*, *42*, 2349-2367.

8節　被害者非難・責任帰属：概要と研究法

板山　昂

1．はじめに

犯罪の被害に遭ってしまった場合、被害者は加害者からの加害行為によって身体的被害や財産的被害、そして心理的被害を受けることとなる。このような実際の被害に苦しめられることに加えて、多くの同情を集めるとともに、第三者、警察関係者、司法関係者からいわれのない非難である二次被害を受けて苦しめられることも多い。また、「被害を受けたのには被害者にも責任がある」「されて仕方のないことをしたのだろう」「その被害は防げていたのではないか」など、まったく責任のなかった被害者に対してでも、その被害について「自業自得だ」と個人の責任にすり替えてしまうことがある。このように、たとえまったく責任がなかったとしても被害者を非難してしまう「被害者非難（victim blaming）」が存在することが知られている（例：Lerner & Goldberg, 1999）。

とくに性犯罪被害者は、自分の性被害事実について、警察官や検察官に何度も説明しなければならず、裁判では、弁護士から反対尋問を受けることになる。この過程自体が一種の辱めであるとともに、犯罪被害自体よりもこのような手続きによって心に深い痛手を負ってしまうこともあり、これを性的二次被害（セカンドレイプ）という。

このような被害者非難、二次被害の存在は、被害者に被害を訴え出ることを躊躇させることにつながる。そうなれば、犯罪事実の解明がなされないことはもちろん、受けられたはずのサポートが受けられずに被害者の心の健康回復が妨げられる一因にもなってしまう。また、受けた身体的・心理的被害自体を過小評価されてしまうことも少なくない。本項では、とくに性犯罪被害者に焦点を当て、被害者を責め、非難する心理について取り上げる。

２．被害者非難・責任帰属の基本的な説明理論

　まず、被害者非難・責任帰属を考えるうえで重要となる基本的な理論的枠組みを紹介する。ある出来事に対して、その原因が何であろうかと推測するプロセスのことを原因帰属（causal attribution）といい、責任帰属（attribution of responsibility）とは、原因帰属（因果関係）とは別次元であり、ある結果の責任が誰にどの程度あるかについての判断のことである（Heider, 1958／大橋訳, 1978）。

　ハイダー（Heider, 1958／大橋訳, 1978）は責任に関して以下の５段階に分類している。自分と関連のある同じ集団に属する者が起こした出来事に対して責任を問われるという「連合（association）」、意図の有無や予見可能性などは問題とされない、自分が引き起こしたすべての結果に対し、責任を問われるという「因果性（causality）」、自分の引き起こした結果が予見可能であったものに対し責任を問われるという「予見可能性（foresee ability）」、意図して行った行為の結果にのみ責任を問われるという「意図性（intention）」、意図して行った行為であったとしても、やむを得ず（脅迫されたなど）行った行為に対しては責任を問われないという「正当化可能性（justifiability）」である。つまり、責任帰属の判断要因としては、客観的に判断が可能でありそうな「因果性」以外にも、たとえばその程度が判断しにくいと思われる予見の可能性や意図性といった要因も影響を及ぼす。犯罪や事故といった不幸な出来事に対して一般市民が行う責任帰属に関する研究は、責任判断の合理的側面を明らかにすることよりも、その過程で生じるバイアスが判断者の責任帰属にどのように影響するかに焦点を当てることが多い。

　責任帰属における代表的な先行研究としては、ウォルスター（Walster, 1966）やシェーヴァー（Shaver, 1970）、ラーナー（Lerner, 1965, 1970, 1971, 1980）の研究があり、ウォルスターとシェーヴァーは「防衛的帰属（defensive attribution）」の立場をとっている。防衛的帰属は、「丘の上に駐車した車が無人のまま坂を下り始めてしまうという事故における当事者の責任の大きさについて実験参加者に判断させ、事故の結果が大したものでないときには、当事者に同情し偶然性に原因を帰属し責任を軽く判断するが、その結果が重大であ

129

るときにはそのような事故の被害に遭うことから自己を心理的に防衛するために当事者に責任を強く帰属する」ということを示したウォルスター（Walster, 1966）の自動車事故における責任帰属研究から発展している。つまり、事故や犯罪といった不幸な出来事が発生した場合に、それが将来自分の身に降りかかる可能性を防衛的に減少させようとするため、結果の重大性が増加するに伴い当事者への責任判断を増大させることになる。しかし、シェーヴァー（Shaver, 1970）は、ウォルスター（Walster, 1966）の結果が確認できなかったことを示し、防衛的帰属が生じるための要因として、状況的関連性（職業や生活習慣などの環境の類似性の高さ）と個人的関連性（性別や性格特性などの類似性の高さ）という2種類の関連性から検討を行っている。

　結果は、行為者との個人的類似性が高い場合には、被害の重大性が増すほど行為者に対してはむしろ寛容な責任判断が行われ、逆に被害者に責任を帰属するなどの結果が得られた。これらについて、当事者との状況的関連性が高いときには自己防衛的動機づけが喚起される。当事者と判断者との間の個人的関連性が高いときには非難回避（blame avoidance）のために当事者への非難は小さくなり、関連性が低いときには危害回避（harm avoidance）のため当事者への非難が強くなる（Shaver, 1970; 諸井, 1988）。

　また、ラーナー（Lerner, 1965, 1970, 1971, 1980）は「公正世界信念（belief in a just world）」の立場から当事者に対する非難、責任帰属を検討している。この公正世界信念とは、「人々は行った行為に応じた報酬を得て、行った行為に応じた報いを受けるべきだ」という考えであり、ウォルスター（Walster, 1966）の結果と同様に事件や事故の結果の重大性と責任帰属は正の相関関係をとるといった結果を導いている。このラーナー（Lerner, 1965, 1970, 1971, 1980）の公正世界信念によれば、「被害者がそのような事故や犯罪の被害に遭ったのは、何かしらの落ち度があった、もしくは日頃の行いが悪かったからそのような被害に遭うことになったのだ」といったように、公正世界信念に合致しない出来事について、被害者を責めることでその信念を保とうとする。また、被害結果が重大になるほど被害者を責め、責任を強く帰属することになる。

　以上に述べたように、犯罪被害者への非難、責任帰属の背景には、大きくは判断者が自分自身を防衛するためという心理があるといえるであろう。

３．被害者への非難、責任帰属を促進する要因

　犯罪被害者への非難、責任帰属を促進する要因として、まずは非難される被害者の特性について述べる。犯罪被害者に対する第三者による非難や被害の過小評価をもたらす被害者の個人特性として被害女性の社会的尊敬度（respectability）がある（小俣, 2013）。社会的尊敬度は体面、立派な態度・地位、尊敬されるに値することを意味し、性犯罪被害者非難の研究では、派手な異性交遊や水商売・風俗業との関わり、あるいは道徳的に問題のある行為は社会的尊敬度が低い行為とされる（小俣, 2013）。とくに、トップレスダンサー（Luginbuhl & Muffin, 1981）や売春婦（Kanekar & Seksaria, 1993）、乱れた性関係の女性を取り上げた研究（Johnson, 1994）やカジノディーラー（McCaul et al., 1990）など、道徳的基準から大きく外れていると判断される社会的地位や職業で、社会的尊敬度が低い性犯罪被害者は非難されやすいとされる（小俣, 2013）。小俣（2013）は、性犯罪の架空シナリオの中で被害者となった女子大学生の社会的尊敬度を操作して検討を行っている。被害者の社会的尊敬度が低くない一般学生条件と社会的尊敬度が低いとされるキャバクラでアルバイトをしている派手なファッションの学生というキャバクラアルバイト学生条件で比較したところ、一般学生条件よりもキャバクラアルバイト学生条件の被害者の心理的被害は低く評価され、被害者本人の責任は高く評価された。

　また、山岡・風間（2004）は、交通事故、爆弾事件、階段突き落とし事件、通り魔殺人事件の被害者として、最も否定的な要素が強い職業として、（1）暴力団組員、次に（2）フリーター、（3）大学生、最も否定的要素が弱い職業として、（4）弁護士を設定して比較している。結果として、被害者に落ち度がまったくなかったとしても、被害者の否定的要素が強い場合、被害者への同情や肯定的態度は弱くなり、被害の原因を自業自得などとする否定的な態度が強くなった。これらのことから、実際の被害原因に関係のない被害者の社会的尊敬度という個人特性によって、被害者への非難や責任判断が左右されるといえるであろう。なお、社会的尊敬度の議論については小俣（2013）が詳しくまとめているので参照されたい。

　次に、被害者を非難、責任を帰属する判断者側の要因についてであるが、性

犯罪被害において最も普遍的に影響をもたらす変数は、参加者の性別であるといえる（例：Bell et al., 1994; Brems & Wagner, 1994; Schult & Schneider, 1991; Thornton et al., 1982; Whatley, 2005）。女性と比較して男性は、性犯罪被害者に対してより強い非難、責任帰属を行うとともに、被害者が挑発的で自ら誘発したものと解釈する可能性が高い。

　このように男性のほうが女性よりも性犯罪被害者に対して厳しい態度をとる背景には、伝統的な性役割観の存在が考えられる。伝統的性役割観が強い人は平等主義的な態度を持つ人よりも被害者を責める傾向が強いことが知られている（例：Anderson & Lyons, 2005; McHugh & Frieze, 1997; Twenge, 1997）。伝統的性役割観の強い人は、男性は性に関しても支配的で積極的であり、女性は受動的かつ消極的であること期待する可能性がある（例：Yamawaki, 2007）。ゆえに性犯罪や被害者に関する誤解（すなわちレイプ・性犯罪神話）を促進することにつながり（Burt, 1980）、性犯罪被害者に対して平等主義者よりも強い非難を行うことにつながると考えられる。この伝統的役割観の強さは、加害者から犠牲者への責任を転嫁すること、レイプ神話受容の予測因子の一つであるとされる（例：Suarez & Gadalla, 2010; Yamawaki, 2007）。

　なお、伝統的性役割観は、男性から女性に対する非性的な家庭内暴力行為の正当化にも寄与していることも指摘されており（例：Glick et al., 2002; Hillier & Foddy, 1993; Sakallı-Uğurlu, 2001）、伝統的性役割観の強い人は、夫（彼氏）から妻（彼女）への暴力において、被害女性を非難、責任を帰属し、男性の暴力を容認する可能性があると考えられる。近年問題となっているデート暴力（トピックス12参照）においても、伝統的性役割観などが影響を及ぼし、被害者非難が促進されることは十分に考えられるであろう。とくに、見知らぬ人によるレイプ（ストレンジャーレイプ）と比較して、知人間レイプではレイプ被害の深刻さが低く見積もられ、加害者の責任を低く判断する傾向があることや（Pollard, 1992; Viki et al., 2004）、レイプ神話を強く信じる人は、見知らぬ人によるレイプだけが強姦であると信じがちであることが指摘されており（例：Bridges, 1991; Tetreault & Barnett, 1987）、知人間レイプやデート暴力における性暴力が軽視されるとともに、加害者の責任が低く判断され、被害女性の責任が問われやすいとともに、被害が過小評価されることが考えられる。

　上に述べた加害者との関係性に加え、被害時の行動も取り上げられることがある。たとえば、被害時に無抵抗な場合と比較して、被害者が口頭または身体的に抵抗したときには、被害者の責任は低く判断されることが明らかにされている（例：Brady et al., 1991; Kowalski, 1992; Ong & Ward, 1999; Ryckman et al., 1992）。このことは、より重篤な被害を避けるためや恐怖に抵抗できなかった場合に、抵抗をしなかった（できなかった）ことで非難や責任が強く判断されてしまうことを示す。さらに、相手が知人や恋人であることで抵抗しづらかった被害者が責められやすくなることが考えられる。

　なお、性犯罪被害者に対する被害者非難、責任帰属については小俣（2011）に詳しくまとめられているので、参考にしてもらいたい。

4. 被害者非難・責任帰属の研究法

　多くの先行研究が、犯罪被害者または加害者への非難や態度を研究するにあたっては、ビネット（シナリオ）法を用いた検討を行っている（小俣, 2011; van der Bruggen & Grubb, 2014）。そして、判断者に提示する被害者・加害者のジェンダーやセクシュアリティ、抵抗性の程度、加害者との関係性などを操作するとともに、判断者のジェンダー、職業的地位、性役割に関する態度、およびレイプの神話受容に関する観察者の特徴を同時に調べることによって、これらの変数が重大な影響を及ぼすことを示してきた（van der Bruggen & Grubb, 2014）。

　小俣（2011）はビーネック（Bieneck, 2009）の知見から、シナリオ作成における留意点として、(1) 現実的であり、実際に起こり得る内容であること、(2) 簡潔な内容であること、(3) 理解がしやすいこと、(4) プロットが多すぎないこと、(5) ある程度読み手の解釈の余地を残しておくこと、などをあげている。

　表8-1は、小俣（2013）が被害者の女子大学生の社会的尊敬度を操作して検討を行ったシナリオ例である。キャバクラアルバイト学生条件では、下線部分が追加されて参加者に提示されている。

　性犯罪被害者非難、責任帰属研究では、過失（negligence）／落ち度（fault）、責任（responsibility）、非難（blame）が従属変数として扱われる（小俣,

表8－1　性犯罪被害者への非難、責任帰属研究で用いられるシナリオ例

Aさんは親元を離れて暮らす20歳の女子大学生です。
(彼女は学生でありながらも、高額の収入が得られるということや、お酒も飲めて楽しそうだということに魅力を感じてキャバクラでアルバイトをしています。そのため服装や装飾品にかなりのお金をかけ、服装や化粧もほかの学生よりは派手なファッションを好み、男性の友人も多くいます。)
　彼女の駅から自宅までの帰路には途中、道路の両側が林になっているところを通らなければならないところがありました。その部分は歩いても5分ぐらいで通り過ぎることのできる距離でしたが、街灯の明るさは十分ではありませんでした。7月のある日、Aさんはいつもどおり午後10時頃に駅に着きました。いつものように駅から徒歩で帰宅する途中、林の部分にさしかかったところ、中肉中背の若い男が前方から近づいてくるのに気がつきました。
　その男はAさんの全く知らない男でした。Aさんは少し林側によけて男をやりすごそうとしましたが、Aさんと男がすれ違ったとき、その男がAさんに襲いかかってきました。男はAさんを押し倒し、押さえつけてきたのでAさんは声を上げて逃げようとしましたが、最終的に強姦されてしまいました。その後、男は逃げていきました。

出典：小俣（2013）より。

2011）。小俣（2013）の研究では、被害者に対する非難に関する従属変数として、以下の3項目のそれぞれへの同意度を5段階（1．同意しない、2．どちらかといえば同意しない、3．どちらともいえない、4．どちらかといえば同意する、5．同意する）のLikert尺度で尋ねている。

（1）Aさんにも責任がある。

（2）Aさんに何らかの落ち度があった。

（3）Aさんは事前に注意すべきであった。

　研究によってどのような質問を用いるかには差異があるとともに、非難・責任を測定する概念について研究間で曖昧さが指摘されている。この議論については、小俣（2011）や白岩ら（2012）などを参考にされたい。また、非難や責任だけでなく、たとえば小俣（2013）のように心理的被害の過小評価について測定することも有益であろう。

5．おわりに

　被害者非難については、とくにレイプなどの性犯罪被害者が着目され、研究が行なわれてきた。冒頭に述べたとおり、たとえば二次被害を受けることなどを避け、被害を訴え出ることを躊躇させることにつながる背景である本テーマ

の重要性は大きい。また、2017 年に強姦罪が強制性交等罪と改正され（改正刑法 177 条）、被害者が男女ともに該当し得ることとなったことや、非親告罪になったことから、性犯罪被害の検挙率などについては変化が起こることが考えられる。しかし、被害者非難に関する第三者の見方・意識には変化がない可能性は高く、引き続き本テーマの重要性は高いと思われる。加えて、家庭内暴力やデート暴力はもちろん、多種多様な犯罪における被害者非難や責任帰属の研究も発展させる必要があるであろう。また、被害者を非難したり、責任を過度に帰属する（加害者の責任を過小評価する）ことは、裁判過程における一般人の量刑判断（Ⅱ章 7 節）に大いに影響をもたらすとも考えられるため、多様な側面からの検討が必要であると思われる。

■引用・参考文献

Anderson, I., & Lyons, A. (2005) The effect of victims' social support on attributions of blame in female and male rape. *Journal of Applied Social Psychology, 35*, 1400-1417.

Bell, S. T., Kuriloff, P. J., & Lottes, I. (1994) Understanding attributions of blame in stranger rape and date rape situations: An examination of gender, race, identification, and students' social perceptions of rape victims. *Journal of Applied Social Psychology, 24*, 1719-1734.

Bieneck, S. (2009) How adequate is the vignette technique as a research tool for psycho-legal research. In M. E. Oswald, S. Bieneck, & J. Hupfeld-Heinemann (Eds.), *Social psychology of punishment of crime.* John Wiley.

Brady, E. C., Chrisler, J. C., Hosdale, D., Osowiecki, C., & Veal, T. A. (1991) Date rape: Expectations, avoidance strategies, and attitudes toward victims. *The Journal of Social Psychology, 131*, 427-429.

Brems, C., & Wagner, P. (1994) Blame of victim and perpetrator in rape versus theft. *The Journal of Social Psychology, 134*, 363-374.

Bridges, J. S. (1991) Perceptions of date and stranger rape: A difference in sex-role expectations and rape-supportive beliefs. *Sex Roles, 24*, 291–307.

Burt, M. R. (1980) Cultural myths and supports for rape. *Journal of Personality and Social Psychology, 38*, 217-230.

Glick, P., Sakallı-Uğurlu, N., Ferreira, M. C., & de Souza, M. A. (2002) Ambivalent sexism and attitudes toward wife abuse in Turkey and Brazil. *Psychology of Women Quarterly, 26*, 292-297.

Heider, F. (1958) *The psychology of interpersonal relations.* Wiley.（ハイダー，F.　大橋正夫［訳］（1978）対人関係の心理学　誠信書房）

Hillier, L., & Foddy, M. (1993) The role of observer attitudes in judgments of blame in cases of wife assault. *Sex Roles, 29*, 629-644.

Johnson, J. D. (1994) The effect of rape type and information admissibility on perceptions of rape victims. *Sex Roles, 30*, 781-792.

Kanekar, S., & Seksaria, V. (1993) Acquaintance versus stranger rape: Testing the ambiguity reduction hypothesis. *European Journal of Social Psychology, 23*, 485-494.

Kowalski, R. M. (1992) Nonverbal behaviors and perceptions of sexual intentions: Effects of sexual connotativeness, verbal response, and rape outcome. *Basic and Applied Social Psychology, 13*, 427-445.

Lerner, M. J. (1965) Evaluational of performance as a function of performer's reward and attractivencess. *Journal of Personality and Social Psychology, 1*, 355-360.

Lerner, M. J. (1970) The desire for justice and reactions to victims. In J. Macaully, & L. Bercowitz (Eds.), *Altruism & helping behavior.* Academic Press.

Lerner, M. J. (1971) Observer's evaluation of a victim: Justice, guilt, and veridical perception. *Journal of Personality and Social Psychology, 20*, 127-135.

Lerner, M. J. (1980) *The belief in just world: A fundamental delusion.* Premium Press.

Lerner, M. J., & Goldberg, J. H. (1999) When do decent people blame victims? The differing effects of the explicit/rational and implicit /experiential cognitive systems. In S. Chaiken, & Y. Trope (Eds.), *Dual-process theories in social psychology* (pp.627-640). Guilford Press.

Luginbuhl, J., & Muffin, C. (1981) Rape and responsibility: How and how much is the victim blamed? *Sex Roles, 7*, 547-559.

McCau1, K. D., Veltum, L. G., Boychiko, V., & Crawford, J. J. (1990) Understanding attributions of victim blame for rape: Sex, violence, foreseeability. *Journal of Applied Social Psychology, 20*, 1-26.

McHugh, M. C., & Frieze, I. H. (1997) The measurement of gender-role attitudes: A review and commentary. *Psychology of Women Quarterly, 21*, 1-16.

諸井克英 (1988) 防衛的帰属理論に関する実験的研究——交通事故の当事者に関する責任判断を中心として. 人文論集. *38*, 33-74.

小俣謙二 (2011) 第5章 性犯罪被害者非難と責任帰属. 小俣謙二・島田貴仁 [編] 犯罪と市民の心理学——犯罪リスクに社会はどうかかわるか (pp.80-98). 北大路書房.

小俣謙二 (2013) 性犯罪被害者に対する第三者の非難と心理的被害の過小評価に影響を及ぼす要因——被害者の社会的尊敬度と暴力的性に対する女性の願望に関する誤解. 社会心理学研究. *29*, 1-10.

Ong, A. S. J., & Ward, C. A. (1999) The effects of sex and power schemas, attitudes toward women, and victim resistance on rape attributions. *Journal of Applied Social Psychology, 29*, 362-376.

Pollard, P. (1992) Judgments about victims and attackers in depicted rapes: A review. *British Journal of Social Psychology, 31*, 307-326.

Ryckman, R. M., Kaczor, L. M., & Thornton, B. (1992) Traditional and nontraditional women's attributions of responsbility to physically reistive and nonresisitve rape victims. *Journal of Applied Social Psychology, 22,* 1453-1463.

Sakallı-Uğurlu, N. (2001) Beliefs about wife beating among Turkish college students: The effects of patriarchy, sexism, and sex differences. *Sex Roles, 44,* 599-610.

Schult, D. G., & Schneider, L. J. (1991) The role of sexual provocativeness, rape history, and observer gender in perceptions of blame in sexual assault. *Journal of Interpersonal Violence, 6,* 94-101.

Shaver, K. G. (1970) Defensive attribution: Effect of severity and relevance on the responsibility assigned for an accident. *Journal of Personality and Social Psychology, 14,* 101-113.

白岩祐子・宮本聡介・唐沢かおり （2012） 犯罪被害者に対するネガティブな帰属ラベルの検討――被害者は「責任」を付与されるのか. 社会心理学研究, *27,* 109-117.

Suarez, E., & Gadalla, T. M. (2010) Stop blaming the victim: A meta-analysis on rape myths. *Journal of Interpersonal Violence, 25,* 2010-2035.

Tetreault, P. A., & Barnett, M. A. (1987) Reactions to stranger and acquaintance rape. *Psychology of Women Quarterly, 11,* 353–358.

Thornton, B., Ryckman, R. M., & Robbins, M. A. (1982) The relationships of observer characteristics to beliefs in the causal responsibility of victims of sexual assault. *Human Relations, 35,* 321-330.

Twenge, J. M. (1997) Attitudes toward women, 1970-1995: A meta-analysis. *Psychology of Women Quarterly, 21,* 35-51.

van der Bruggen, M., & Grubb, A. (2014) A review of the literature relating to rape victim blaming: An analysis of the impact of observer and victim characteristics on attribution of blame in rape cases. *Aggression and Violent Behavior, 19,* 523-531.

Viki, G. T., Abrams, D., & Masser, M. (2004) Evaluating stranger and acquaintance rape: The role of benevolent sexism in perpetrator blame and recommended sentence length. *Law and Human Behavior, 28,* 295-303.

Walster, E. (1966) Assignment of responsibility for an accident. *Journal of Personality and Social Psychology, 3,* 73-79.

Whatley, M. A. (2005) The effect of participant sex, victim dress, and traditional attitudes on causal judgments for marital rape victims. *Journal of Family Violence, 20,* 191-200.

山岡重行・風間文明 （2004） 被害者の否定的要素と量刑判断. 法と心理, *3* (1), 98-110.

Yamawaki, N. (2007) Rape perception and the function of ambivalent sexism and gender-role traditionality. *Journal of Interpersonal Violence, 22,* 406-423.

犯罪加害者家族

小嶋理江

　犯罪は多くの不幸を生み出す。突然、被害者や被害者家族または遺族となった苦しみや悲しみは計り知れず、加害者を許す気持ちにはなれない。近年、性犯罪被害者、交通事故被害者、DV やストーカーの被害者など、被害者によって異なる特性を踏まえ、被害者および被害者家族の権利や利益の保護を目的とした支援に関する制度化が進み、重要な社会的課題として認識され始めている。実は、被害者家族と同様、加害者家族にも、社会的な支援システムが必要ではないかという指摘がある。ここでは、あるとき突然、犯罪加害者の家族となる犯罪加害者家族について少しふれてみたい。

　犯罪加害者家族になぜ支援が必要なのか、どのような問題があるのか。わが国で唯一加害者家族に対する支援活動を行っている World Open Heart（WOH）は、現状を次のように指摘している（阿部, 2015, 2016, 2017）。全国的な報道が予想される殺人事件は、加害者本人だけではなく、加害者の家族、親族、そして加害者の家族が関わる職場など、事件による影響は広範囲となる。残忍な事件であるほど、社会の怒りと憎悪は、加害者だけではなく、加害者を生み出した家族に向けられる。インターネット上における住所や顔写真等の個人情報の暴露や誹謗中傷などから始まり[1]、おびただしいほどの匿名の嫌がらせの電話や手紙、自宅への落書き等の器物損壊、強烈なバッシングという社会的制裁[2]を受けることとなる。性犯罪の場合には、さらに好奇の目が加わる。加害者の年齢が低い場合には、保護者としての社会的責任が厳しく問われる。たとえば、死刑判決となり、加害者の死刑が執行された後も、加害者家族に終わりはなく、被害者遺族への償い、加害者家族としての社会的批判や差別は次世代まで続くのである。被害者や世間に対する罪責感が強く、一家離散や自殺に至る加害者家族も少なくない。

　被害者や被害者家族のことを思えば、当然の報いであると考えるかもし

表 1　犯罪加害者家族が直面する困難 [3]（2014 年度相談内容集計）

| | | 直面する困難 | 事故後の生活変化 |
		犯罪加害者家族 412 名 （男性121名、女性291名）	交通事故加害者家族 102 名 （男性36名、女性66名）
心理的 危機	外出が困難になる	95%	88%
	楽しいことや笑うことに罪悪感をおぼえる	94%	85%
	自殺を考える	90%	
	うつ病になった		18%
	加害者が自殺した		5%
社会的 危機	人権侵害（誹謗中傷、いじめ、ハラスメントなど）を受ける	51%	
	転居を余儀なくされる	40%	
	転居した		12%
	結婚が破談になる	41%	6%
	進学や就職を諦める	39%	
	家族関係が悪くなる	38%	90%
経済的 危機	自己破産をした	23%	
	生活困窮に陥る	18%	
	失業や転職を余儀なくされる	11%	10%

＊犯罪加害者家族数は、2009 年 4 月〜 2014 年 3 月までの機会で受理した相談。
＊交通事故加害者家族数は、2008 年 12 月〜 2015 年 12 月までの機会で受理した相談。
出典：阿部（2016）をもとに筆者が改変。

れない。加害者家族に対する支援を考えようとする場合、被害者や被害者家族または遺族の心情に対する留意は、決して忘れてはならない。しかしながら世間が犯罪加害者家族を社会的に孤立させ排除しようとしても、解決にはつながらない。なぜなら、犯罪者を生み出した家族が抱える問題の解決という課題と向き合わなければ、再び加害者を生み出す可能性があるからである（望月, 1989）。犯罪の原因論としての家族と、更生の場としての家族という相反するアプローチに、さらに犯罪者を出した家族に対する援助システムの確立という視点を併せて、犯罪と家族を捉えなければならない（望月, 1989）。支援の実践例として、SHINE と POPS があげられる。
　SHINE は、1982 年オーストラリアにおいて、囚人たちの子どもに対するサポートグループ（COPSG: Children of Prisoners' Support Group）と

図1　犯罪加害者家族のサポート団体ロゴとステッカー（上：SHINE、下：POPS）

して設立され、2004 年に現在の団体名となった。親の服役による影響から子どもを守り、子どもが輝くことができる未来を構築するために、さまざまな活動を行っている[4]。POPS（Partners of Prisoners）は、1988 年、英国において、服役による汚名やさまざまな悩みを経験した親族によって活動が開始され、2011 年、犯罪者の家族のために犯罪者の家族によって設立された。いずれの団体も、逮捕から出所後まで、警察や心理学や法律家などの専門家と協力しながら、社会復帰のリハビリ、学校生活や雇用などの総合的支援を行い、再犯防止につなげることを目的としている。

　わが国においても、悲劇を繰り返さないために法的支援（被害者や捜査機関への対応等の法的介入）、経済的支援（転居の相談、土地や建物の処分、受けることが可能な支援情報等の無料相談）、心理的支援（カウンセリングとグループによるピア・カウンセリング）、社会的支援（関係修復に向けた支援、就労支援、環境調整支援等の社会との関係の再構築）などの加害者家族に対する支援（阿部, 2015）について考える必要性が注目され始めている。

■注記
(1) 近年、社会の情報化に伴い名誉の侵害が深刻となり、プライバシー保護の必要性が増大している（大谷, 2015）。名誉に対する罪は、人の人格に対する社会の評価を対象とする。社会的生活関係を維持するうえで、人は一定の名誉を保持しており、名誉を侵害されることで、個人的生活だけでなく社会的生活関係が破壊され、社会生活上重大な不利益をこうむる可能性がある。刑法では、①名誉毀損罪（刑法 230 条 1 項）

（事実が虚偽かどうかにかかわらず、事実が具体的に示された場合に成立し、過去に犯罪等の違法行為や反倫理的な行為をした者も、社会一般によって普通その人に加えられる評価の範囲で名誉が保護される）、②死者の名誉毀損罪（2項）（遺族の名誉や名誉感情も含めた死者自体の名誉）、③侮辱罪（231条）（事実が具体的に示されない場合の名誉の侵害で、それ以外においては名誉毀損罪と罪質は共通する）が定められている。

(2) 千代原（2010）は、現実社会で存在するはずの社会的抑止力がネット社会では欠如していることを指摘し、ネット上の発言であれば他人の攻撃も自由であるという価値判断を、法解釈として採用すべき理由はなく、匿名性が担保されることを悪用した誹謗中傷等の権利濫用には、公共の福祉による歯止めが必要であると主張している。

(3) 過失による交通事故を起こした加害者側は、取り返しのつかない重大な事故の現実を受け入れることができず、「被害者に申し訳なくて生きていることがつらい」「事件で迷惑をかけてしまった家族に申し訳ない」などの自責や罪悪感が大きく、自殺を考える加害者や加害者家族が多い傾向にあるという報告もある（阿部, 2016）。

(4) いじめ、心理的な虐待、家庭内暴力、グルーミング（成人が性的行為を目的として青少年に接触し親しくなる行為）（内閣府, 2015）、ネグレクト、身体的虐待、性的虐待や搾取等、さまざまな心理的社会的問題にも対応し、子どもたちが希望を持つことを目指している。

■引用・参考文献

阿部恭子（2015）加害者家族支援の理論と実践——家族の回復と加害者の更生に向けて（草場浩之［監修］）現代人文社.

阿部恭子（2016）交通事故加害者家族支援の現状と支援——過失犯の家族へのアプローチ（草場裕之［監修］）現代人文社.

阿部恭子（2017）性犯罪加害者家族支援のケアと人権——尊厳の回復と個人の幸福を目指して（草場浩之［監修］）現代人文社.

千代原亮一（2010）サイバー暴力とサイバー侮辱罪. 日本情報経営学会誌, *30*（3）, 88-98.

深谷裕（2014a）触法者を親族にもつ子どもに関する研究——児童相談所アンケート調査から見えてくるもの. 北九州市立大学基盤教育センター紀要, *18*, 111-128.

深谷裕（2014b）触法者を親族にもつ子どもに関する研究——児童相談所アンケート調査から見えてくるものⅡ. 北九州市立大学基盤教育センター紀要, *20*, 1-18.

深谷裕（2015）配偶者が犯罪加害者となった女性たちの心理社会的経験——緊張と喪失. 都市政策研究所紀要, *9*, 35-49.

警察庁　犯罪被害者等施策　https://www.npa.go.jp/hanzaihigai/index.html（2018年4月27日）.

公益財団法人 東京都人権啓発センター（2013）加害者家族支援への道のり　負の連鎖

を断ち切るために　https://www.tokyo-jinken.or.jp/publication/tj_59_feature.html，TOKYO 人権，59（2018 年 4 月 28 日）．

望月嵩（1989）犯罪者とその家族へのアプローチ．犯罪社会学研究，*14*，57-69.

内閣府（2015）平成 26 年度アメリカ・イギリス・カナダ・オーストラリアにおける青少年のインターネット環境整備状況等調査　http://www8.cao.go.jp/youth/youth-harm/chousa/h26/gaikoku_html/index.html　（2018 年 4 月 28 日）．

大谷實（2015）刑法講義各論［新版第 4 版補訂版］　成文堂.

POPS（2011）POP established by offenders' families for offenders' families.　http://www.partnersofprisoners.co.uk/（2018 年 4 月 25 日）．

SHINE for Kids（2004）the Children of Prisoners' Support Group (COPSG)　https://shineforkids.org.au/（2018 年 4 月 25 日）．

鈴木伸元（2010）加害者家族　幻冬舎.

高橋康史（2015）「加害者の家族」としての自己との距離化とその社会的機序──体験の語り得なさに注目して．犯罪社会学研究，*40*，100-114.

高橋康史（2016a）犯罪者を家族にもつ人びとのスティグマと不可視性──情報の管理／操作の実践に着目して．社会学ジャーナル，63-80.

高橋康史（2016b）犯罪者を家族にもつ人びとはいかにしてスティグマを内在化するのか──恥の感情に注目して．社会学評論，*67*（1），21-38.

World Open Heart　http://www.worldopenheart.com/index2.html（2018 年 4 月 28 日）．

III

発　展

第Ⅱ章で紹介したように、司法・犯罪心理学の領域では、研究者や実務家の個人的な興味・関心、もしくは実務上の必要性や社会からの要請によりさまざまなテーマの研究が行われてきた。たとえば、犯罪のそもそもの原因、殺人、詐欺や非行など特定の犯罪行動に関わる研究が行われてきた。また、地域場面では防犯活動、捜査場面では犯罪者プロファイリング、取調べ、ポリグラフ検査や目撃者証言、裁判および法制度場面では、被害者・遺族への支援、自白、情状鑑定、精神鑑定や量刑判断、矯正場面では鑑別、各種検査、処遇、更生や保護などの研究が行われてきた。

　司法・犯罪心理学の研究テーマは社会の映し鏡のような側面があり、良くも悪くもその時代の社会的な状況が色濃く反映される。たとえば、大学の司法・犯罪に関わる心理学の講義の中でも学生による興味・関心の高い研究テーマの一つである犯罪者プロファイリングは、日本では 1988 年から 1989 年に東京、埼玉で発生した連続幼女誘拐殺人事件をきっかけに、1990 年代に入り研究が開始された背景がある。

　近年の司法・犯罪心理学の研究テーマでは、産業技術の進歩、グローバリゼーション、インテリジェンス、国や宗教の対立、環境問題や社会問題など現代社会の状況が色濃く反映されている。本章では、このような最近の研究テーマの具体例として、「交通事故・交通捜査」「テロリズム・スパイ」「性犯罪における認知行動療法」についてその研究動向を紹介する。自動車産業が発展する一方で生じる飲酒運転、「ながらスマホ」運転やあおり運転の問題、反グローバリゼーション、国や宗教の対立もしくは環境問題を背景とするテロリズム、各国のインテリジェンス戦略、性犯罪の被害の実態把握および未然防止、性犯罪の加害者の処遇と治療は、現代社会が抱える問題である。また、本章では、前述したような近年の研究対象の拡大と分析の多様化の流れを捉えるため、犯罪心理学研究と、法と心理学研究の 2000 年以降の動向の特徴を簡単に紹介する。Ⅲ章を通じて、現代社会における問題と、その解決に向けた近年の司法・犯罪心理学の研究動向に興味・関心を持ってもらえたら幸いである。

9節

交通事故・交通捜査

小嶋理江

1. はじめに

　交通心理学が扱う分野は、航空交通、海上交通、陸上交通（道路交通、鉄道交通）と幅広く存在する。なかでも、道路交通は、私たちの日常生活に密接した身近な移動性（モビリティ：mobility）に関わる交通行動であり、衣食住に並ぶ重要な生活の構成要素といえる。私たちの移動手段は、徒歩、自転車、オートバイ、自動車、タクシーやバス、路面電車や地下鉄など多岐にわたる。これらの移動手段の中で、自動車は「自由裁量性が高く、いつでもどこでも乗れることやドア・ツー・ドアの利便性が高く、しかも個人で利用できる」（蓮花, 2017: p.15）もので、モビリティが非常に高い。近年、国民皆免許の時代といわれるほど、若者や高齢者の自家用車利用が当たり前となり、自動車は移動手段の中核をなすともいえよう[1]。

　平成29年版交通安全白書（内閣府, 2017）によれば、人身事故について、12年連続で交通事故死傷者数は減少傾向にあるが、2016（平成28）年の死傷者数は622,757人（交通事故発生件数は499,201件、死者数は3,904人[2]、負傷者数は37,356人、死傷者数は人口10万人当たり76.3人）と依然として高い水準にある。単純な計算であるが、1分間に約1件の人身事故が日本のどこかで発生している計算となる。しかしながら、日本中で走行、稼働している自動車数、バイクや自転車、歩行者の交通錯綜を鑑みれば、交通事故は実はレアケースであり、普段の利用率から考えれば滅多に遭遇するものではないことも事実である。

　道路事情や車の性能は格段に向上し、誰にとっても運転しやすく、事故が起きにくい環境が整いつつあり、残された課題は「人間」である（松浦, 2017）。昨今、飲酒運転や「ながらスマホ」運転、あおり運転によって尊い命が奪われるというニュースが頻繁に報道され、世間から注目を集めた。被害者遺族を中心に社会が大きく動き、悪質なドライバーに対する厳罰化が実現した。こうし

た流れの中で、交通事故に対して単なる事故として片づけられないものである
との認識が強まっている。

2．交通事故事件における交通捜査[3]

　事故に至らずとも数え切れないほどの不安全運転に、私たちは頻繁に遭遇す
る。車間距離を詰めてあおるドライバー、歩行者を確認せずに右左折するドラ
イバー、子どもたちがいる公園や歩道の横を徐行することなく勢いよく通過す
るドライバー、信号機のない横断歩道を渡る歩行者の目の前を通過していくド
ライバー、歩道をふさぐように車道合流のために停車しているドライバー、自
分の都合で路上駐車や駐停車するドライバー、ちょっとだけだからと一方通行
を逆走するドライバーなどである（小嶋ら, 2018）。これらは、厳密には道路
交通法に違反する。もちろん、免許取得までは、教習所などにおいて注意を受
けながら、運転技術や道路上の法律や行動を学び、練習・実践していたはずで
ある（そうしないと、免許取得できない）。しかし、日常的に運転するように
なると、多少の違法行為や不注意があったとしても、頻繁に警察官に遭遇する
ことはなく、注意や警告などを必ず受けるわけではない。また運よく事故に至
らなければ、こうした違反行為や不注意があったとしても案外大丈夫なんだと
学習していくことになる。この学習（オペラント条件づけ[4]に相当）の積み
重ねによって、徐々に自分なりの運転が習慣化される。事故を起こさなければ
大丈夫という感覚を学習していることも懸念される。なかでも、「自動車学校
などでの安全運転教育で学ぶことができず、また、取締りや自己経験を経ても
安全運転を学習できない運転者は、危険な運転行為を繰り返す」（谷口, 2017）
傾向にある。ただし、谷口（2017）の指摘にもあるように、安全運転レベルに
関する正規分布からすると、多くのドライバーは自動車学校や日々の運転など
において適切な学習を行い、適切な運転を行っていると考えられる。危険性の
高い不安全運転を行うドライバーは、相対的には少数であるということも強調
しておきたい。それでも恩田（2015）によれば、交通事犯の特性として、①被
疑者がごく普通の一般市民であることが多く、②過失など犯罪事実の認定が困
難場合が多く、③日々驚くほど大量に発生し、迅速かつ正確で適切な捜査が

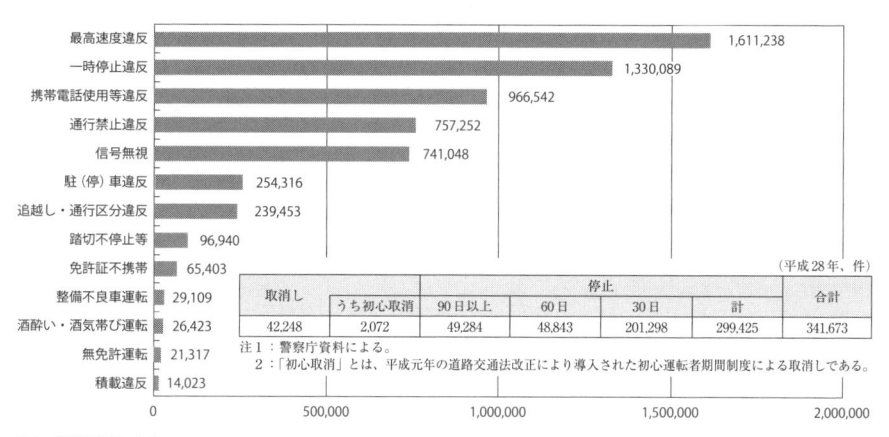

取消し		停止					合計
	うち初心取消	90日以上	60日	30日	計		
42,248	2,072	49,284	48,843	201,298	299,425		341,673

（平成28年、件）

注1：警察庁資料による。
　2：「初心取消」とは、平成元年の道路交通法改正により導入された初心運転者期間制度による取消しである。

注1：警察庁資料による。
　2：高速道路分を含む。

図9－1　2016（平成28）年交通違反取り締まり（告知・送致）の件数
出典：内閣府（2017: p90, p112）をもとに筆者作成。

求められることがあげられている。交通事犯とは、道路交通法違反、自動車の運転により人を死傷させる行為等の処罰に関する法律に対する違反から、自動車を使用した殺傷事件、交通事故を装うなどして保険金を不正に受け取る保険金詐欺などの、自動車の運転に関連する犯罪をいう。アルコールや危険ドラッグなどの薬物を摂取後の運転は、正常な運転に支障が生じるおそれがある状態で運転している故意的な違法行為であると考える。その意味では、故意犯と同等と考えることができる。アルコール・薬物摂取後の運転や過労運転、ひき逃げなどによって引き起こされる死傷事故は、交通事犯の代表例である。

　警察においては、交通事故は犯罪捜査そのものであるという認識がある。世間一般では、交通事故が発生した際に、「自分は何割悪いのか、相手は何割なのか」といったことを気にする傾向にあるが、警察は基本的には、割合ではなく、過失があるかどうかを見極める。「被疑者の過失責任がどこに存在するのか、あるいは認定すべき過失はどの時点で発生しているのか」（逸見, 2001: p.23）が捜査にあたって詳細に検討されるのである。したがって、禁固刑や懲役刑などの刑事処分が下って、初めて自らの過失を自覚するような場合も少なくないという。

　過失とは、自動車の運転上必要な注意を怠ること（注意義務違反）[5]を指す。簡単にいってしまえば、不注意である。結果が予見でき、回避も可能なのに、結果を予見しなかった、もしくは、予見したが適切な回避行動を行わなかった場合である。交通捜査においては、なぜその過失が起きたか、必要な注意（注意義務）は何だったか、どのような対応があれば回避可能だったのか、どのような行動をとれば事故は防げたのかなどの過失の有無・内容・程度と、被疑者とその行動を推定する。実はこの手続きは、「情報の収集、捜査の推論および捜査活動の実行」（渡辺, 2004: p.2）というプロセスを持つ犯罪捜査と同じである。「犯罪関連情報の収集、分析、利用の全局面において、その方法が有効であるか否かを科学としての心理学によって証明し、理論づけを行う」（渡辺, 2004: p.2）学問が捜査心理学であり、交通事故事件の捜査もまたしかりである。

　交通事故事件の多くは、故意ではなく（例：ぶつかろうと思って衝突したりするわけではない）、結果として犯罪になってしまったという過失（例：間違って衝突してしまった結果、相手を死傷させてしまった）である。故意犯は、事故のおよそ1000分の1未満で、交通事故では過失犯が多くを占める[6]。過失があった場合に運悪く事故が起きるという感覚が、交通事故を起こす前の運転行動や意識に影響している可能性が考えられる。殺人や強盗などの刑事事件との違いは、一般市民の誰もが交通事故を起こし得る可能性を持っているという点であろう。そして、被害者・加害者の認定、過失の有無・内容・程度の認定が容易ではないことが、交通事故捜査の特殊性であり、困難性であるといえる（清水ら, 2014）。

　故意であっても、過失であっても、被害者にとっては生命を奪われた結果は同一である（清水ら, 2014）。不安全運転のドライバーに頻繁に遭遇するが、交通事故は人の命を簡単に奪ってしまうものであるという認識、被害者も加害者も不幸になるという認識が足りないのではないであろうか。いったん事故を起こした交通事犯の者のほうが、道交法違反者よりも贖罪意識が高いことが示唆されているが、自分は事故を起こさないという軽信や不安全運転を繰り返す要因、そして危険な運転の防止策について多角的に検討し、事故前の段階における教育を徹底することが大きな課題である（徳永, 2005）。

交通事故事件の諸手続きは犯罪捜査そのものであるという認識を広めることは、不安全運転抑止や交通事故防止の方略の一つとなるかもしれない。

3．交通捜査の手続き

交通事故事件捜査の手続きとしての概略を図9－2に示す。

（1）初動捜査

初動捜査では、発生日時、場所、内容、規模、原因などの確認を行い、不適正捜査を防止するため、また正確に事故事件を解明するため、現場における写

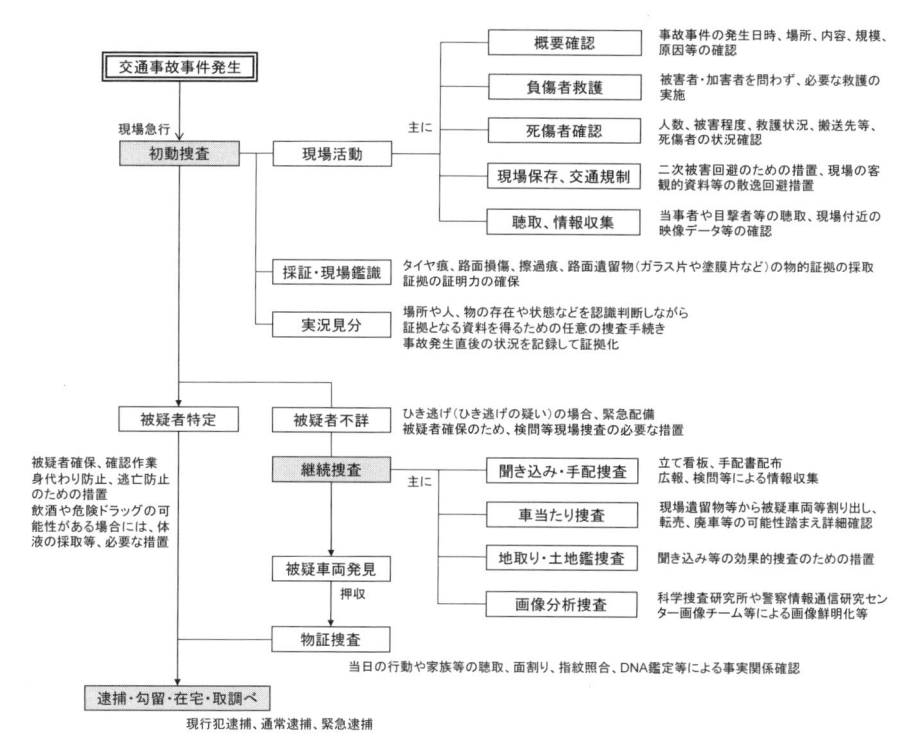

図9－2　交通事故事件捜査の主な流れ

出典：那須（2015）をもとに筆者作成。

真撮影を行う。このとき、「交通事故の現場に臨場した場合、それがどんな小さな事故であっても、関係する車両（特に衝突箇所）、現場の路面および現場に残された痕跡を必ず撮影する」（那須, 2015: p.5）ことが最低限のポイントとしてあげられている。それは、事故当初は軽傷だと思われた被害者が、その後死亡してしまったり、当初は過失を認めていた加害者が公判に入ってから全面否認に転じるなど、さまざまな例を考え得るからである。また、架空の交通事故を起こしたり、故意に事故を起こすことで保険金を詐取するような保険金詐欺事件[7]などの可能性について、捜査が必要になった場合に大きく役立つものとなる。物的証拠となる客観的資料を残すことが、採証活動の重要な目的となる。

　負傷者がいる場合には、被害者・加害者を問わず救助の措置をとる。救護前の現場や被害者の状況などについて、写真撮影を行う。救急隊による救護などが先だった場合には、現場到着時の現場や被害者の状況などを確認する。搬送先においては、医師などから聴取する。大麻や危険ドラッグなどの薬物使用[8]や飲酒等の可能性がある場合には、体液（例：唾液、血液、吐しゃ物、尿）の検査を行い、交通事故として不自然な場合には、青酸化合物などの検出確認を行う。

　二次被害回避と現場保存のために、交通整理に専従する者を指定し、事故現場付近を立入禁止区域に設定したり、速やかな避難や安全な場所への立ち退きの指示または誘導などを行う。現場の遺留物[9]が散逸しないよう、最大限注意し、採証活動を行う。遺留物は、風や他の通行車両などによって移動したり散逸することがあるため、迅速な対応が求められる。また、事故後に、歩行者や通行車両の邪魔にならないよう、よかれと善意でもって、散乱したガラス片や自動車部品破片などを片づけてくれる「善意の証拠隠蔽者」がいる場合がある。そのため、目撃者などの聴取の場合には、事故事件の様子や状況だけでなく、遺留物に関する情報についても詳細に聞くようにしなければならない。

　現場周辺の通行人から周辺住民まで、早期に目撃者や参考人を確保する。しかし、一瞬の思いもよらない事故事件に突然遭遇することから、動揺や思い違いや見間違いなどが起こり得る。そのため、被疑者や目撃者などの証言が不正確な場合があることを忘れてはならない[10]。

　採証活動の中で、昨今大きな業績を上げているのが、映像・画像などの客観的証拠である。駐車車両や通過車両のドライブレコーダー（DR: Drive Recorder）（トピックス2も参照）、コンビニエンスストアやガソリンスタンドなどの防犯カメラ、付近の交通事故自動記録装置[11]（TAAMS: Traffic Accident Auto Memory System）や交差点カメラなどの有無を確認し、協力要請を行う。

　被疑者が確保されていない場合には、ひき逃げ事件の可能性があるため、身柄確保に向けて緊急配備を行う。被疑者を確保している場合、逃亡などの危険性を踏まえ、監視措置を行う。身代わりを防止するため、本人確認の作業、得られている供述や現場の状況との照合などの確認を必ず行う。

（2）継続捜査

　被疑者不詳の場合には、継続捜査が行われる。被疑車両が、転売、廃車されるような場合もあるため、早期に被疑車両発見と被疑者確保に向けて捜査が開始される。

　目撃者や被疑車両などを発見するために、立て看板設置や手配書配布を行うのが手配捜査である。手配書については、事故事件発生場所の通行車両や交通事情などを踏まえ、効果的に配布する必要がある。また自動車修理業者などに、修理台帳などの関係書類の閲覧を求めたり、自動車整備振興会や報道機関などに協力要請を行う。ウェブサイトなども活用し、情報提供を呼びかける広報活動も重要となる。さらに検問や聞き込みにより、目撃者や不審車両の発見に努める。

　現場の遺留物、目撃者や被害者などから得た情報をもとに、車両に関する照会作業を行い、車種や所有者などの候補から、捜査員が個別に車両見分を行い、被疑車両や被疑者を割り出すのが、車当たり捜査である。被疑車両の損傷箇所や損傷状況などの的確な推定を行い、それに合致する車両を探していくこととなる。見分では、たとえば、ボンネットの塗装修理の形跡、塗膜剥離、凹損、擦過痕、埃の取れ方、ボンネット裏の埃の拭き取りムラ、塗装修理の形跡、裏ゴムの交換などを確認する（那須, 2015）。

　やみくもに聞き込みをするには人員、労力、時間的問題があるため、捜査対

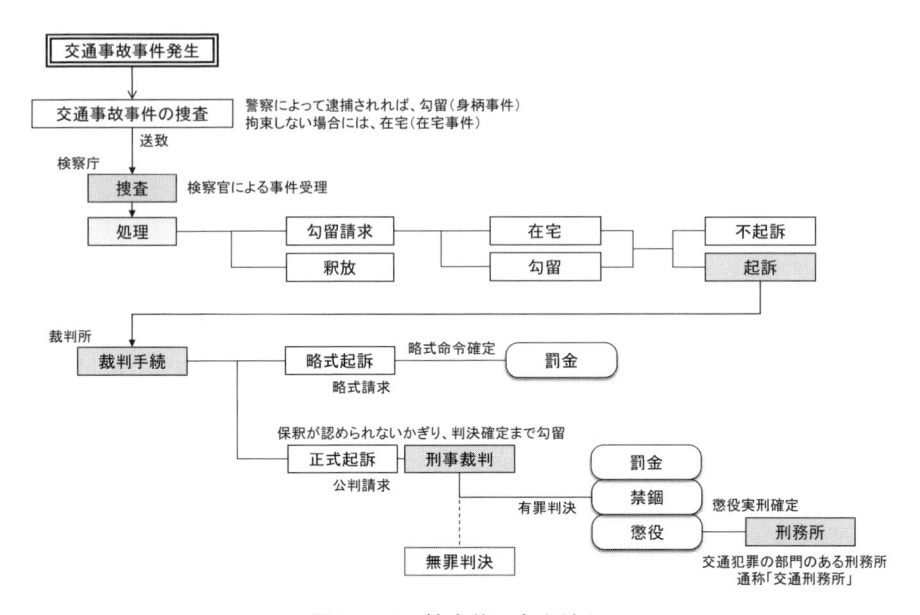

図9－3 捜査後の主な流れ

出典：牧野（2015）を参考に筆者作成。

象となる地域を絞り込む必要がある。具体的に捜査員の担当区を指定すること
で、より効率的な聞き込みや車当たり捜査などが行えるようにする。被疑車両
のドライバーが土地鑑を持っているかどうかなどを、土地鑑捜査によって、よ
り効率的な捜査が可能になる。

　そして、初動捜査時と同様に、現場周辺および沿線の防犯カメラなどの映像
を発見し入手する。画像が不鮮明な場合には、科学捜査研究所や警察情報通信
研究センター（警察大学校内）などに依頼し、画像を鮮明化することができ
る。このような地道な捜査の結果、被疑車両が発見、押収されることとなる。

　押収した車両を被疑者が実際に運転していたかどうかについて明らかにする
必要がある。当日の行動などに関する聴取、事故現場への同行（引き当たり）、
目撃者による面割り、指紋照合、ポリグラフ検査[12]、DNA鑑定などの物証捜
査を行う。

（3）交通鑑識

　交通事故事件を対象とした鑑識活動は、犯罪鑑識の一分野である。

　マシンを操作するのは人間だが結果をもたらすのは車両であり、損傷を伴う物理的な現象であることから、必ず物証が存在する（逸見, 2001）。したがって、物証を判断材料として、交通事故という物理的現象を整合性のある合理的説明に再構築しなければならない。そのためには、車両の種類、機能、構造、物理的特性（例：速度や停止距離）などの基礎的知識から、衝突時の車両や人の挙動などの法工学の専門的な科学的知識まで、幅広い知識を習得し、多角的視点を持つ必要がある[13]。交通鑑識は、刑事現場と同様に事象や事物をありのままに観察し、現場の状況、対象物の状態、痕跡、落下物などから事故の発生形態や経緯、行動などを見極めるための作業であるといえる（逸見, 2001）。まさに犯罪捜査である。

　2012（平成24）年からの5年間のひき逃げ事件の検挙率を見ると（表9-

表9-1　ひき逃げ事件の発生・検挙状況

年別		ひき逃げ・無申告事故の発生・検挙状況				
区分		2012年 （平成24）	2013年 （平成25）	2014年 （平成26）	2015年 （平成27）	2016年 （平成28）
死亡	発　生	170	156	153	150	147
	検　挙	167	144	156	146	148
	検挙率	98.2	92.3	102.0	97.3	100.7
重傷	発　生	1,412	1,264	1,197	1,193	1,133
	検　挙	765	681	675	618	664
	検挙率	54.2	53.9	56.4	51.8	58.6
軽傷	発　生	18,878	17,614	16,714	15,653	14,858
	検　挙	8,231	7,486	7,327	7,012	6,676
	検挙率	43.6	42.5	43.8	44.8	44.9
合計	発　生	20,460	19,034	18,064	16,906	16,138
	検　挙	9,163	8,311	8,158	7,776	7,488
	検挙率	44.8	43.7	45.2	45.8	46.4

注1：警察庁資料による。
　2：ひき逃げ事件とは、人の死傷を伴う道路上の交通事故に関わる救護措置義務違反をいう。
　3：無申告事件とは、人の死傷を伴う道路上の交通事故に関わる報告義務違反をいう。
出典：内閣府（2017: p.114）をもとに筆者が一部改変。

1)、重傷、軽傷のひき逃げ事件は残念ながら6割に満たないが、死亡ひき逃げについては限りなく100%に近い数値となっている[14]。

　交通鑑識は、近年大きく様変わりした。ドライブレコーダーや防犯カメラなどの記録装置による客観的情報が入手できるようになったためである。事故発生時前後の信号関係、衝突形態、速度関係などが明らかとなるため、交通事故捜査の客観的証拠として活用されている（清水ら, 2014）。

　映像記録型ドライブレコーダーは、急ブレーキや衝突などをトリガーとし、その前後の数秒の映像などを自動的に保存するトリガー型と、常時録画型があり、そのときの状況を視覚的に確認できる装置である（加藤, 2010）。タクシーやバス、トラックから一般ドライバーまで普及率が上がり、捜査においても重要なデータを提供している。現場検証や保険会社の調査にかかる事故処理費用の削減などの効果（今長ら, 2007）も指摘されている。

　カーナビゲーションシステム（カーナビ：Car Navigation System）には、車両の挙動、走行軌跡として走行経路や通過時間が記録され、GPS（Global Positioning System）機能がある。画面に走行軌跡が表示されていない場合でも、画面上で消去した場合でも、記録されている情報を解析することが可能である（道路交通研究会, 2012）。

　イベント・データ・レコーダー[15]（EDR: Event Data Recorder）には、エンジン回転数、車速、加速度、ブレーキペダルやアクセルペダルの操作状況などの情報が時系列で記録されている。車両の損壊状況などの現場痕跡などから速度鑑定ができない事例においても、EDRの衝突前後情報（Pre Crash Data, Post Crash Data）を解析することによって衝突時の速度などが立証可能となり（沼尻, 2010）、さまざまな形態の交通事故におけるEDRデータの有効性に関する研究報告が行われている（例：大野ら, 2015; 田久保, 2010b）。

　また、自動車の高度化に伴い、エンジン、メーター、ブレーキ、エアバッグなどのシステムがコンピューター（ECU: Electronics Control Unit）で制御されているため、衝突直前の車両速度やアクセル操作状況、エアバッグ展開制御などに関する情報も記録される。また、ECUが感知・記録した異常を表示・記録する車載型故障診断装置（OBD: On Board Diagnosis）の車両挙動データについても、捜査への活用が指摘されている（弘光, 2010）。

　運行記録計（タコグラフ、デジタルタコグラフ：tachograph）も、一定の自動車に装着が義務づけられている装置で、瞬間速度や走行距離、走行状況、エンジンの回転状況などを解析することができる。

　データがあればよいというわけではなく、これらをどう解析するかの技術が必要である。実際の業務に活用できるよう、信頼性や精度について多くの研究が行われ、現在の捜査活動に貢献しているのである。また、交通事故シミュレーションの技術開発により、コンピューター上で実車を用いた衝突実験と同様の衝突が再現可能となったため、車両挙動や路面に印象されるタイヤ痕などや、事故時の乗員挙動などが可視化でき、死亡や受傷の原因の推定にも効果を発揮している（本宮, 2005）。ほかにも、路上工作物への衝突による変形状態から衝突速度などを推定する鑑定技術（田中・大野, 2015）、不鮮明な防犯ビデオ映像における走行車両や速度計測などの困難な解析の鑑定技術（例：秋葉ら, 2015）、動画像の改ざんの検出技術（黒沢ら, 2010）、被疑車両が事故に関与したかどうかなどの識別に自動車のガラス片の成分を詳細に分析する鑑定技術（例：吉田ら, 2010）などの法工学研究が鑑定技術を向上させている。

　事故後、いかに早く客観的情報を集めることができるかは、早期解決の要ともなっている。EDR やカーナビ、防犯カメラ、ドライブレコーダーなどの記録装置の普及により、明らかな形で物的痕跡が残るようになった。データ記録という客観的情報の解析により、犯罪の痕跡が手に取るように分析できるといっても過言ではない。被疑者の主張にかかわらず、明確な事実を示すことができる。この現状が一般に認識されることは、不安全運転抑止や交通事故防止の一助となるのではないであろうか。

（4）交通捜査への心理学の応用

　近年では、ITS（高度道路交通システム：Intelligent Transport Systems）の推進と自動運転の実現に向けた取り組みが行われている[16]。この ITS で用いられるセンサー技術、画像処理技術、ネットワーク技術等における技術開発は、自動車そのものとその周辺環境を変革させ、交通事故の分析・鑑定・操作などの解析をも高度化させる環境をつくりつつある（田久保, 2010a）。今後さらなる技術進歩により、交通事故解析や捜査の作業の効率化が期待される。

　人間はミスを犯すものであるという視点に立つと、自動運転はメリットが大きい。一方で、交通事故事件が発生した場合の責任の所在が問題となる。事故事件発生前後の自動車情報の記録装置の設置を義務づけるなどの物理的な対応策のほか、自動運転システムの通信遮断やハッキングなどの制御不能状態が生じることで交通事故事件が発生した場合には、セキュリティ対策等の適切な行為を所有者が行っていたかなどの保守点検や注意義務の人的な対応策が検討されている [17]。現在、自動運転は技術の進歩が目覚ましいが、自動運転車による交通事故も実際に発生している。過失認定や捜査においても課題が露呈してくるものと考えられる。

　技術の進歩が注目されるが、車両を使用するのは人間であり、人間を置き去りにしてはならない。交通事故事件が発生し、物的証拠などの客観的資料は、使われた車両を同定するが、車両を起訴するわけではない。人間がどう使うのかを忘れてはならないのである。被害者および加害者を出さないための効果的な取り締まりや運転者教育、あおり運転や飲酒運転などの効率的な取り締まりや再犯防止教育、発生してしまった事故事件の迅速な解決などのいずれにおいても心理学は要となるはずである（トピックス9も参照）。

　今後の交通捜査活動や鑑識活動における課題に取り組むためにも、工学、医学、ネットワーク技術、そして心理学などのより専門的な知識を持ったエキスパートを養成する必要があろう。

■注記

(1) 近年の動向として、自動車の保有率に変化も見え始めている。一般社団法人日本自動車工業会（2018）によれば、2017年の全国調査において、世帯数が増加している首都圏居住世帯や高齢期世帯では自動車保有率が低い傾向にあり、レンタカーやカーシェア利用が増加しているという結果となった。一方で、地方圏、高年収層、家族がいる（単身世帯以外）場合には、自動車保有率は76.8％と依然と高い傾向にある。また、若年層において、利便性の価値を認識しているものの、自動車に対する関心が低く、購入意向のないものが回答者の5割を超えたという結果を得ている。

(2) 交通安全白書による交通事故死者数は、24時間以内に死亡した者を指し、警察庁の交通統計による数値である。1993（平成5）年から、交通事故発生後30日以内に死亡した者（30日以内死者）についての集計も報告されるようになり、2016（平成28）年は4,682人である。

(3) 捜査の定義として、「捜査機関が犯罪が発生したと思料するとき、公訴の提起・維持・遂行のために、その犯罪を犯した疑いのある者を探索・発見し、必要な証拠を発見・収集・保全する手続」（恩田, 2015: p.4）と考えた場合には、①犯罪が発生したと思料するとき、②公訴の提起・維持・遂行のためという2点が捜査であるための必須要素であると考えることができる（恩田, 2015）。

(4) 道具的条件づけともいう。ある行動に伴って、快刺激か不快刺激が呈示されるか、もしくは除去されるかによって、行動の可能性（出現率や頻度）を強めたり低めたりする。行動療法のもとになっている条件づけ概念である。快刺激の呈示は、部分強化効果もあり、交通環境に取り入れることができればよいと考えるが、実際には難しい。逆に、違反で捕まるなどの不快刺激の呈示は、連続強化が効果的と考えられるが、実際にはこれも難しい。

(5) 「意識を集中していれば結果が予見でき、それに基づいて結果の発生を回避し得たのに、集中を欠いたため結果予見義務を果たさず、結果を回避しなかったこと」が注意義務違反であり、一般的に予見が可能であった（予見可能性）ことを前提とした結果予見義務と、一般的に回避は可能であった（回避可能性）ということを前提として結果回避義務が必要であるとしている（前田, 1988）。

(6) 故意に交通事故によって殺人や傷害を犯す故意犯の検挙状況は、2016（平成28）年62件（2014〈平成26〉年32件、2015〈平成27〉年56件）となっている。また、交通事故後に証拠隠滅や逃亡などの目的で事故被害者を死傷、遺棄するなどの事故後に故意犯となった事件は、2016（平成28）年149件（2014〈平成26〉年129件、2015〈平成27〉年127件）となっている（警察庁, 2016, 2017）。

(7) 事故偽装型（架空の事故）、事故便乗型（実際に発生した事故に便乗した不正請求）がある。事故偽装型はさらに、①火災保険をかけて保険対象に放火をしたり車両保険を狙って偽装自動車盗難事故などを作出する事故作出型、②別で発生した損害を保険事故に偽る架空事故型に分類できる。事故便乗型はさらに、①保険事故に便乗してさらに上乗せして請求する捏造請求型、②実際より被害を過大に申告する過大請求型がある。現実には保険金詐欺を詐欺罪で検挙するのは難しいため、保険金詐欺の繰り返しを許していると指摘されている（山田, 2009）。

(8) 鑑定で薬物特定は容易ではない。成分鑑定と薬理作用の証明を行う必要がある。現在、1400を超える指定薬物があり、鑑定のためにデータを準備し、それと比較する作業を行うこととなる。日々新しい危険ドラッグが作られている現状においては、特定作業だけでも相当な手間と時間がかかる。したがって、事故現場、事故車両、被疑者宅や関係者宅等において、危険ドラッグの残渣があるかの捜査は不可欠である（城, 2016）。

(9) 自動車の部品や破片、塗膜、血液、毛髪等。

(10) Ⅱ章5節の目撃証言の研究を参照。

(11) タームス。交通事故の衝突音やスリップ音を感知し、その前後4秒の映像を記録する装置である（清水ら, 2014）。映像解析により、速度や位置、信号現示、交通事故当事者の回避行動等が正確に分析可能となる（萩田ら, 2010）。

(12) ポリグラフ検査は、ひき逃げ事件においても活用されている。ひき逃げ事件の運転手特定を可能にするための質問表に関する検討などの研究もある（例：清水, 2014）。

(13) 衝突力学、人体損傷、ドライバーの運転行動、塗料や血液、タイヤ痕などを含めた化学的分析、環境条件など、複雑多岐な情報の集約が鑑定行為となるため、個人の能力の限界を超える。「鑑定作業は1件毎があたかも学位論文作業に匹敵するくらいの知的努力を要するといっても過言ではない」（牧野, 2015: p.306）とも指摘されている。

(14) 2014・16（平成26・28）年の検挙率が100％を超えているのは、それ以前に発生した死亡ひき逃げ事件の検挙が含まれるためである。

(15) 飛行機のフライトレコーダーと同じようなものである。車両の重心位置付近に搭載されている場合が多い。エアバッグ展開以降には、データの追加や上書きが行われないようになっているため、記録後にデータの改ざんができないことから、証拠保全という観点から優れたものとなっている（城, 2017）。

(16) その中核を担っているのが、UTMS（新交通管理システム：Universal Traffic Management Systems）である。これによって、リアルタイムに管理を行うことも可能になっている。高度交通管制システム（ITCS）を中心として、8つのサブシステムから構成されている。①現場急行支援システム（救急車やパトカーなどの緊急車両のスムーズな走行を可能にする）、②緊急通報システム（車両や事故などの正確な位置の分析などの支援）、③交通情報提供システム（渋滞などの情報収集やドライバーへの情報提供）、④公共車両優先システム（信号の調整などによってバスなどがスムーズに通行可能にする）、⑤車両運行管理システム（バスやトラックなどが効率的な配車可能にする）、⑥交通公害低減システム（排気ガスや騒音感知器などで環境情報を収集し迂回誘導などを支援）、⑦安全運転支援システム（各種センサーを利用しドライバーから見難い歩行者や自動車注意情報を提供）、⑧歩行者など支援情報通信システム（視覚障害者などを対象に交差点の安全な横断を支援）であり、高速で大容量の情報を通信可能な光ビーコン（Infrared beacon）などを用いて車両の状況を詳細に把握し、上記のように活用されている。日々進歩する情報通信技術を始めとした科学技術の活用により、安全・快適にして環境にやさしい交通社会を実現するためのシステムである（一般社団法人 UTMS 協会, 2012）。

(17) 2018年1月、国土交通省の研究会における自動運転による交通事故の損害賠償制度に関する報告書の素案について報道され、3月には報告書が公表された。年度内に高度自動運転システム実現に向けた制度整備に関わる方針がまとめられる（国土交通省, 2018）。

■引用・参考文献

秋葉教充・小倉崇生・戸田均・黒沢健至・土屋兼一・黒木健郎（2015）法工学鑑定のための半自動画像幾何変換プログラムの開発．法科学技術, *20* (2), 157-164.

道路交通研究会（2012）交通警察の基礎知識——ひき逃げ事件捜査への各種システム・装置の有効活用について．月刊交通, *43* (10), 71-78.

萩田賢司・大賀涼・秋葉教充（2010）特集：交通事故解析のための新技術——交通事故自動

記録装置（TAAMS）で撮影された交通事故映像データの活用．月刊交通, *41* (3), 35-40.

弘光有（2010）特集：交通事故解析のための新技術——車載型故障診断装置と故障診断ツールについて．月刊交通, *41* (3), 11-18.

今長久・鹿島茂・小高正照（2007）ドライブレコーダによる交通事故処理時に発生する心理的費用の削減効果．土木計画学研究, *24* (4), 937-942.

一般社団法人日本自動車工業会（2018）2017 年度乗用車市場動向調査　ニュースリリース 4 月 9 日　http://www.jama.or.jp/lib/invest_analysis/pdf/2017PassengerCars.pdf（2018 年 4 月 11 日）．

一般社団法人 UTMS 協会　http://www.utms.or.jp/（2018 年 4 月 15 日）．

石田敏郎・松浦常夫［編］（2017）交通心理学入門　企業開発センター交通問題研究室.

逸見和彦（2001）交通事故事件における交通鑑識．月刊交通, *32* (12), 12-25.

加藤憲史郎（2010）特集：交通事故解析のための新技術——ドライブレコーダの機能について．月刊交通, *41* (3), 19-28.

警察庁（2016）平成 28 年版警察白書　ぎょうせい.

警察庁（2017）平成 29 年版警察白書　ぎょうせい.

小嶋理江・谷伊織・北折充隆（2018）歩行者の立場からみた自動車の運転行動の悪質性評価——セルフモニタリングと悪質性評価の関連から．金城学院大学紀要（人文科学編）, *14* (2), 75-87.

国土交通省　自動運転における損害賠償責任に関する研究会　概要版報告書、全体版報告書　http://www.mlit.go.jp/report/press/jidosha02_hh_000336.html（2018 年 3 月 20 日付報告書公表）（2018 年 4 月 15 日）

交通事故鑑識研究会［編］（1986）交通警察官のための交通事故・事件の実況見分と鑑定　技術書院.

黒沢健至・五十嵐直明・土屋兼一・黒木健郎（2010）撮影カメラ識別法の動画像改ざん検出への応用．法科学技術, *15*（別冊号）, 80.

前田雅英（1988）刑法総論講義 第 3 版　東京大学出版会.

牧野隆（2015）図解 交通資料集 第 4 版　立花書房.

牧野隆（2017）捜査官のための交通事故解析　立花書房.

松浦常夫（2017）あなたも「あのドライバー」のようになるかも　読売新聞 2017 年 10 月 16 日記事　YOMIURI ONLINE　http://www.yomiuri.co.jp/fukayomi/ichiran/20171016-OYT8T50173.html?page_no=1（2018 年 4 月 21 日）．

本宮嘉弘（2005）コンピューターシミュレーションによる交通事故の再現．可視化情報学会誌, *25* (2), Supplement, 187-188.

内閣府（2017）平成 29 年版交通安全白書　勝美印刷.

那須修（2015）当直責任者も必読！警察署における交通捜査ハンドブック　立花書房.

西日本新聞（2018）事故仕組まれ加害者に　駐車場でバック死角から衝突 "保険金詐欺団" 巧妙, 2018 年 1 月 31 日記事　https://www.nishinippon.co.jp/nnp/anatoku/article/390346/

（2018 年 1 月 31 日）．

沼尻到（2010）交通事故例調査への EDR データ活用検討．交通事故調査・分析研究発表会
論文集，13（https://www.itarda.or.jp/ws/index_13.php より，https://www.itarda.or.jp/
ws/pdf/h22/13_04EDRdata.pdf）（2018 年 4 月 1 日）．

恩田剛［編］（2015）令状審査の視点から見たブロック式交通事件令状請求マニュアル　立
花書房．

大野靖雄・石井慎一・柴崎一成（2015）映像解析による車両の減速情報の識別．日本法科学
技術学会誌，20，Supplement，123．

大谷實（2015）刑法講義各論［新版第 4 版補訂版］　成文堂．

清水勇男・佐藤隆文・日下敏夫（2014）改訂 新・交通事故捜査の基礎と要点　東京法令出版．

清水雅信（2014）ひき逃げ事件の運転手特定を可能にするポリグラフ検査質問表の検討．法
科学技術，19（別冊号），138．

白石悟史・和泉宏陽・澄川賢・萩原正裕・福嶋弘燊・萩庭一元（2016）交通事故と保険の基
礎知識　自由国民社．

蓮花一己・向井希宏（2017）改訂版 交通心理学　放送大学教育振興会．

蓮花一己［編］・高木修［監］（2000）交通行動の社会心理学　北大路書房．

城祐一郎（2016）ケーススタディ 危険運転致死傷罪　東京法令出版．

城祐一郎（2017）Q & A 実例 交通事故事件における現場の疑問［第 2 版］　立花書房．

田久保宣晃（2010a）特集：交通事故解析のための新技術　特集に当たって．月刊交通，41
（3），1-2．

田久保宣晃（2010b）特集：交通事故解析のための新技術　イベントデータレコーダ（EDR）
に関する研究——実験データとの比較．月刊交通，41（3），3-10．

田中俊輔・大野友則（2015）車両の衝突事故における速度推定のための標識支柱等のエネル
ギ吸収量の評価．法科学技術，20（2），141-155．

谷口俊治（2017）対人関係の表出としての運転行動と教育の役割．交通安全教育，12，
No.620，December，一般財団法人日本交通安全教育普及会，6-18．

徳永光（2005）危険運転致死傷罪と交通事犯者の処遇．交通法科学研究会［編］，危険運転
致死傷罪の総合的研究—重罰化立法の検証（pp.215-232）．日本評論社．

脇山武和（2012）特集：交通事故事件捜査 脱法ハーブ使用運転者によるひき逃げ事件に危
険運転致死傷罪を適用した事案について．月刊交通，43（11），36-43．

渡辺昭一［編］（2004）捜査心理学　北大路書房．

山田高弘（2009）わが国における保険金詐欺の実態と研究——偽装自動車盗難による保険金
詐欺を中心に．保険学雑誌，606，191-209．

吉田努・鈴木伸一・矢板毅（2010）車のランプ系ガラスの蛍光 X 線分析法および放射光蛍光
X 線分析法による識別の検討．法科学技術，15（2），85-94．

交通事故・交通捜査に関わる研究紹介

トピックス 9

小嶋理江

　交通環境の中で、人間が犯すミス（ヒューマンエラー：human error）や無謀な行動（リスクテイキング：risk taking）、交通と人間行動のメカニズムなどを心理学的に解明し、社会への還元を目指すのが交通心理学である。主な研究視点をあげたのが図 1 である。たとえば、道路を取り巻く社会的環境の中における社会的行動の視点から、攻撃行動や同調行動、感情コントロール、共感性、社会規範への逸脱行動など、自動車と人に関する研究は多く存在する。自動車やバイク、自転車といったマシンを操縦するのは人間である。したがって、注意や認知、加齢、運転技能などの人間の特性に着目する基礎的研究から、人間の特性を配慮したマシン設計や道

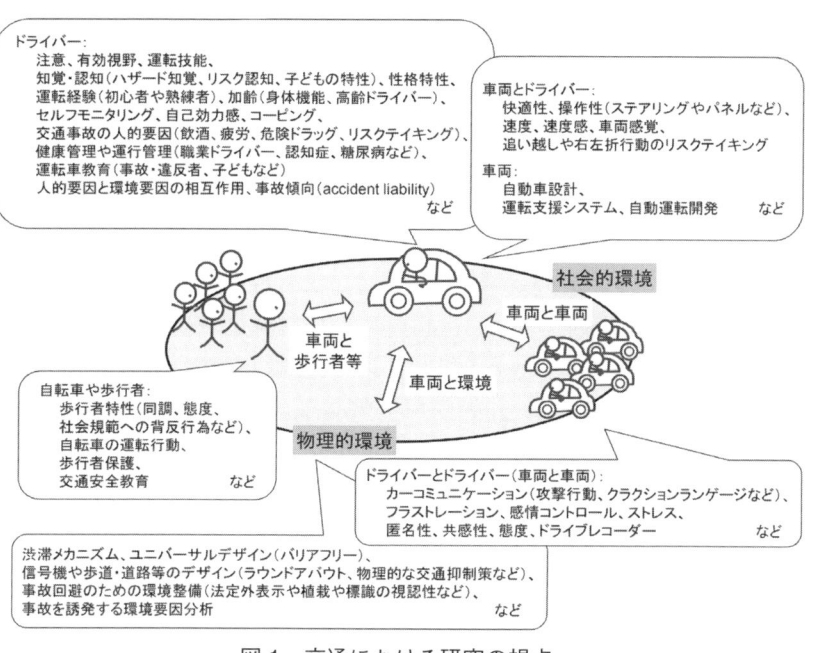

図 1　交通における研究の視点

路環境デザインに至るまでさまざまな研究テーマがある。

　ここでは交通事故・交通捜査に関連する研究例を、少しあげてみたい。

　交通事故の発生状況を分析したうえで、取り締まりなどの警察活動を行うことができれば、効率的に効果をあげることが可能となる。GIS（地理情報システム：Geographic Information System）を用いた空間分析で、人身交通事故発生状況を視覚化し、警察活動が必要とされる地域や場所を明確に示し、実証研究を行った三本（2014）や、実際の地域の交通事故現状と取り締まりの効果を検証した石村・森本（2016）、飲酒運転取り締まりによる飲酒運転事故防止効果の定量化を試みた萩田ら（2017）などがある。これらの研究では、ある程度の効果も示されていることから、今後の実践的継続的研究が期待される（例：岡村, 2018）。

　飲酒運転再犯防止教育に関する研究では、諸外国との比較検討を行い、問題点などを明確に提示している。運転免許取消後の免許再取得時におけるドイツの医学的心理学的検査（MPU: Medizinisch-Psychologische Untersuchung）は厳しい検査基準で態度変容と行動変容を最重視し（岡村・シュミット－アーント, 2008）、英国の飲酒運転者対策の飲酒運転リハビリテーション講習（DDR講習：Drink Drive Rehabilitation course）では、違反者に対する指導・教授ではなく、認識と行動変化の支援が重視される（小菅ら, 2013）。カナダのブリティッシュコロンビア州では、飲酒運転で検挙された場合に、その場で警察官によって車両の没収と運転免許の停止が行われ、その後すぐに、イグニション・インターロック装置（Ignition Interlock）によって物理的に飲酒運転を不可能にする対策が実行され、心理学に基づくカウンセリングで認識と行動を変容させる対策（責任運転者制度：Responsible Driver Program, RDP）を含めたプログラムが行政処分として実施される（藤田, 2012）。わが国における行政処分に関連した研究では、再教育の場としての運転免許停止処分者講習において、受講によるプラスの態度改善の効果を実証した小嶋ら（2015, 2017）や北折ら（2019）がある。いずれにおいても、わが国における具体的検討の必要性が主張されている。

　薬物が関連した交通事故の実態に関する知見が乏しいことから、薬物運

転に焦点を当て、薬理作用と薬物の種類によって詳細に分析する必要性（藤田ら，2013）、医薬品と違法薬物使用による交通事故リスクの実態を、疫学的研究から把握する必要性（岡村ら，2014）などが主張されている。たとえば、金子（2017）は、危険ドラッグ吸引による交通事故事例を取り上げ、運転操作や記憶、身体反応などに及ぼす薬理作用を詳細に分析している。この中で金子（2017）は、一度薬物依存に陥った多数の常習者は、新たな依存性薬物を求め、覚醒剤や睡眠薬などに移るが、睡眠薬は医薬品であるために規制が難しく、また検出も難しいことから社会問題として警鐘を鳴らしている。

　自動車を傷つけるなどの器物損壊は、悪戯目的やストレスの発散として行われることがあるが、それを所有者自らが偽装し保険金を不正に受け取ろうとする保険金詐欺に関する興味深い研究がある（阿部ら，2015; 阿部ら，2016; 遠入ら，2015）。保険会社の担当者らの経験則から偽装の可能性を判断しても、訴訟となった場合には、根拠となる客観的データを提示する必要があるため、保険金詐欺であることを明らかにするための模索が続けられている[1]。

　何よりも、交通死亡事故は、突然に家族を失うという途方もない現実がある。遺族の悲嘆反応が慢性化しやすく、精神的後遺症の回復が遅く、死亡者が子どもである場合に、とくに遺族の悲嘆程度が強くなる（上田ら，2017）。そのため、支援のあり方を検討した研究では、遺族の二次被害やケア（藤崎・西山，2006）、情報の伝え方（垣本，2012）、捜査時の配慮（白岩ら，2017）などの慎重に考慮すべき重要な視点を提供している。また、実際に現場において、死の告知（death notification）の適切な配慮について提示されている（道路交通研究会，2012）。

　交通事故・捜査に関わる研究の一部分を取り上げるにとどまったが、交通事故事件による犠牲者や悪質な事故事件をなくすため、日々多くの研究が行われている。交通に関わる研究は、心理学を含め、認知科学、自動車工学、法工学、都市計画、そして医学や薬学というような複合的領域であり、多角的多面的な視点で、現実問題の解決と社会的還元を目指している。交通事故事件の捜査における心理学研究の今後の貢献が期待される。

■注記

(1) 警察白書（2016, 2017）によれば、2016（平成 28）年の保険金詐欺事件は 158 件（2014〈平成 26〉年 168 件、2015〈平成 27〉年 177 件）、当たり屋事件は 79 件（2014〈平成 26〉年 30 件、2015〈平成 27〉年 75 件）であるが、実際の件数は暗数であるといえる。

■引用・参考文献

阿部光弘・遠入孝・桐生正幸（2015）自動車に対する悪戯傷の検討 2　聞き取り調査による動機の検討．応用心理学会第 82 回大会発表論文集, 84.

阿部光弘・染矢瑞枝・桐生正幸（2016）自動車に対する悪戯傷の検討 3　チェックシートによる加害行動の分析．応用心理学会第 83 回大会発表論文集, 29.

道路交通研究会（2012）交通警察の基礎知識——交通事故死の告知方法について．東京法令出版，月刊交通 7 月号, 72-77.

藤崎郁・西山佳奈（2006）交通事故遺族の受ける二次被害の現状とセルフヘルプ・グループの果たす役割．日本看護研究学会雑誌, *29*（1）, 89-96.

藤田悟郎（2012）研究最前線：カナダ・ブリティッシュコロンビア州の飲酒運転対策．月刊交通 2 月号, 91-98.

藤田悟郎・岡村和子・小菅律（2013）薬物運転による交通事故の特徴．犯罪心理学研究, *51*（特別号）, 20-21.

萩田賢司・森健二・横関俊也・矢野伸裕（2017）飲酒運転取締りの飲酒運転事故抑止効果．交通工学論文集, *3*（2）, 特別号 B, 22-27.

石村映美・森本章倫（2016）交通安全に寄与する交通取締り計画に関する研究．都市計画論文集, *51*（3）, 655-660.

垣本由紀子（2012）公共交通事故の被害者支援の在り方について．労働科学, *88*（3）, 114-117.

金子周司（2017）危険ドラッグ吸引と自動車事故——2012 年から 2014 年にかけて国内で起こった 96 の事例．法科学技術, *22*（2）, 49-59.

警察庁（2006）平成 28 年版警察白書　ぎょうせい.

警察庁（2007）平成 29 年版警察白書　ぎょうせい.

北折充隆・小嶋理江・谷伊織（2019）免許停止処分者講習の受講と運転態度の関連．交通心理学会第 84 回大会発表論文集, 72-73.

小嶋理江・谷伊織・北折光隆（2015）運転免許停止処分者講習の受講に関する実践的研究——講習前後の態度変化．交通心理学研究, *31*（1）, 14-25.

小嶋理江・谷伊織・北折充隆（2017）免許停止処分講習の効果（7）——免停経験の有無との関連．交通心理学会第 82 回大会発表論文集, 30-31.

小菅律・岡村和子・藤田悟郎（2013）英国における飲酒運転対策——再犯抑止のための

講習について．交通心理学研究, *29* (1), 32-41.

小菅律・藤田悟郎・岡村和子・吉野眞理子 (2015) 高齢者における運転回避および運転中止の意図に影響する要因．交通心理学研究, *31* (1), 1-13.

三本照美 (2014) 警察活動のリスク認知 III──人身交通事故の都市間比較．交通心理学会第 79 回大会発表論文集, 1-2.

岡村和子 (2018) 交通監視活動の強化が運転者の行動と交通事故件数に与える影響．東京法令出版, 月刊交通 3 月号, 91-98.

岡村和子・サンドラ　シュミット-アート (2008) ドイツの飲酒運転者対策──医学的心理学的検査における運転適性の判定基準．交通心理学研究, *24* (1), 25-32.

岡村和子・藤田悟郎・小菅律・サンドラ　シュミット-アート (2014) 違法薬物・医薬品の使用と自動車運転──疫学的・実験的研究, 及び対策の概観．交通心理学研究, *30* (1), 1-25.

白岩祐子・小林麻衣子・唐沢かおり (2017) 警察による犯罪被害者政策の有効性──遺族の立場からの検討．犯罪心理学研究, *55* (1), 15-27.

遠入孝・阿部光弘・桐生正幸 (2015) 自動車に対する悪戯傷の検討 1──実験による加害行動の分析．応用心理学会第 82 回大会発表論文集, 83.

上田鼓・藤田悟郎・柳田多美・貝瀬千里・佐藤真奈美 (2017) 交通死亡事故遺族の全般的精神健康及び複雑性悲嘆とその関連要因．心理学研究, *87* (6), 569-578.

矢野伸裕 (2015) 高齢運転車における運転車要因別の事故率──「ブレーキとアクセルの踏み間違い」と抑制機能の低下の関連についての検証を含む．交通心理学研究, *31* (1), 26-42.

10節 テロリズム・スパイ活動

大上　渉

1．はじめに──テロリズム・スパイの心理学的研究の意義

　最近、国家の安全を脅かす犯罪が世界中で相次いでいる。たとえば、2017年5月、世界的規模のサイバー攻撃（ランサムウェアによる攻撃）が発生した。少なくとも150ヶ国の政府機関や医療機関、企業などがその被害に遭ったと推定されている。同じく2017年2月、マレーシアでは、金正男氏殺害事件が発生した。殺害には神経剤であるVXガスが用いられた。どちらの事件もある国の関与が疑われており（朝日新聞, 2017; 読売新聞, 2017）、治安事象と安全保障事象が急速に接近しつつあることを認識させられる。

　国家の安全に関わる典型的な犯罪には、テロリズムやスパイ活動がある。これらは、日本の犯罪心理学ではほとんど取り上げられてこなかった。その一方で、海外では研究が進んでおり、心理学はテロ対策やスパイ防止活動に寄与できるとされている（Shumate & Borum, 2006）。たとえば、テロ計画を事前に察知するには、対象組織内に内通者を獲得するか、協力者を送り込むオペレーションが必要となる。しかしながら、そのことを常に警戒している組織に対しての実行は多くの困難を伴う。そこで、心理学的な見地、たとえば、メンバーの行動や、メンバー間の関係性、対人的影響力の高い人物の言動などに基づいた前兆の把握が心理学者に期待されている。ほかにも、協力者を選定する際の評価や尋問官への助言など、心理学が寄与できるタスクは数多くある（Shumate & Borum, 2006）。

　ここでは、テロリズムやスパイ活動の心理学的理解に役立つと思われる知見や研究例などを紹介したい。

2．テロリズムの定義とその特殊性

（1）テロリズムの定義の難しさ──「自由の戦士」問題

　「テロリズム（terrorism）」（以下、テロとする）には、現在までに国際的

に統一された定義は存在しない。その理由の一つとして、テロの捉え方が定義する者の立場によって相反することがあげられる（Hoffman, 1998; 加藤, 2002）。たとえば、パレスチナにおける反イスラエル闘争「インティファーダ（Intifada）」は、パレスチナ側からすれば、民族の自由や解放のための「聖戦」であるが、イスラエル側からすれば「テロ」とみなされる。これを「自由の戦士」問題という（加藤, 2002）。

　また、テロの定義は、同じ政府内であっても、統一的な定義は難しい。なぜならば、そこには各省庁の関心事や優先事項が反映されているからである（Hoffman, 1998; 宮坂, 2004）。たとえば、米国政府内では、国務省、国防総省、中央情報局（CIA）、および連邦捜査局（FBI）の間でテロの定義が相違している（Hoffman, 1998）。日本政府内においても、警察庁と公安調査庁では定義の相違が見られる（宮坂, 2004）。

　国内においてさえ、テロの定義が統一されないままであると、テロ行為やテロ組織を捉えられず、足並みを揃えたテロ対策が難しくなる。しかし、日本では改善の兆しが見られる。第 185 回国会（2013 年）で成立した「特定秘密保護法」の 12 条 2 項 1 号において、テロは次のように定義された。すなわち、「政治上その他の主義主張に基づき、国家若しくは他人にこれを強要し、又は社会に不安若しくは恐怖を与える目的で人を殺傷し、又は重要な施設その他の物を破壊するための活動をいう」とされている。同条に定義されたテロは、国内外のテロ組織・テロリストによる攻撃やサイバーテロも想定したものとされている（皆川, 2016）。

（2）テロの特殊性

　テロは一般的犯罪とは質を大きく相異する。窃盗や殺人などの一般的犯罪のほとんどは、加害者が自らの個人的な欲求や利益を満たすために行われる。しかし、テロは政治的思想や宗教的教義などの実現のために行われることから、国家による刑罰が抑止力として働きにくいことが指摘されている（松本, 2008）。また、近年のイスラム過激派組織によるテロの目的は、欧米型近代社会そのものの破壊であることも（松本, 2008）、他の犯罪とは大きく異なる特徴といえる。

3．テロの類型と代表的なテロ組織

　テロに対しては、さまざまな視点に基づいた分類が行われている。たとえば、①発生場所に着目したもの（例：国内テロか国際テロか）、②テロ攻撃の手段に着目したもの（例：爆弾テロ、化学兵器テロ、サイバーテロなど）、③主義主張や追求する目的に着目したものなどがある（安部川, 2011）。ここでは最も一般的な③に基づく分類を紹介したい。ポスト（Post, 2002）によると、テロ組織は、心理や動機、意思決定の構造などが組織によって相違しており、そのことに着目して分類できるとしている。テロには、国家機関が実行あるいは国家による支援を受けたテロ（例：リビアによるパンアメリカン航空103便爆破事件）や、犯罪組織によるテロ、精神病理学的な動機のテロなどがあるという。それ以外のテロは「社会革命テロ」「右翼テロ」「民族独立テロ」「宗教原理主義テロ」「新興宗教テロ」および「単一問題テロ」（環境問題や妊娠中絶反対など）に分類されるとしている（表10 − 1）。

　なお、分類・カテゴライズの宿命ではあるものの、すべてのテロ組織が各類型のいずれかに必ず該当するわけではない。分類不可能な中間型もあり、たと

表 10 − 1　Post（2002）に基づいたテロの類型と代表的なテロ組織

テロの類型	代表的組織
社会革命テロ	「赤い旅団」（伊）、「ドイツ赤軍派」（西独）、「日本赤軍」（日本）、「中核派」（日本）、「革労協」（日本）
右翼テロ	「国家社会主義地下組織」（独）、「ナショナル・アクション」（英）
民族独立テロ	「真の IRA」（英国・北アイルランド）、「バスク祖国と自由」（スペイン・フランスのバスク地方）、「クルド労働者党」（トルコ）、「タミル・イーラム解放のトラ」（スリランカ）
宗教原理主義テロ	「アルカイダ」（パキスタン北西部やアフガニスタン東部など）、「イスラム国 ISIL」（イラクやシリアなど）、「969 運動」（仏教系テロ組織：ミャンマー）
新興宗教テロ	「オウム真理教」（日本）
単一問題テロ	「地球解放戦線」（米）、「動物解放戦線」（英・米）、「オペレーション・レスキュー」（中絶反対過激派；米）

注 1 ：国家や犯罪組織によるテロ、また精神病理的動機に基づくテロは除外。現存しないテロ組織を含む。
　　2 ：作成にあたっては、安部川（2011）ならびに公安調査庁の「国際テロリズム要覧（Web 版）」も参照。

えば、パレスチナのスンニ派過激派組織「ハマス（Hamas）」は、宗教原理主義テロと民族独立テロの中間型に相当すると考えられる。

4．テロに関する心理学的研究

テロリストの素性や動機などを解明することによって、さまざまなテロ対策、たとえば、テロリストの人物像推定や逮捕・取調べ、また彼らの更生などに役立つ。ここでは、テロリストの典型的人物像や心理的特徴などに関する研究を紹介する。

（1）テロリストの典型的人物像研究

テロリストの典型的人物像を明らかにする試みは古くから行われてきた。それらの研究では、多くのテロリストを対象にし、彼らの個人属性（例：性別や年齢、職業、学歴、出身階層、家族構成など）から共通点を見出して、典型的な人物像を抽出するというものである。一連の人物像研究から、典型的なテロリスト像は、時代とともに変遷しており、年代ごとに異なることが示されている。

（a）1970 年代（左翼過激派によるテロの時代）

ラッセルとミラー（Russell & Miller, 1977）は、1960 年代から 1970 年代にかけて活動した 18 テロ組織（中東や南米、西ヨーロッパ、日本など）のメンバーを調査した。その結果、多くの者が、20 代前半の独身男性であり、裕福な社会的階層の出身で暮らし向きにも恵まれていた。調査対象者の大半が大学教育を受けており、在学中にマルクス主義に触れていた。また表向きは法律や医療の関係者、ジャーナリスト、教員などのホワイトカラーの職に就いていたことも明らかになった。ハンドラー（Handler, 1990）は、同じく 1960 年代から 1970 年代にかけて、米国内で活動した左翼・右翼テロリスト 280 名を調査した。その結果、左翼テロリストの大半が大卒者であり、所得階層も高く、女性も多いことが示された。また右翼テロリストに多くみられたブルーカラー職は少ないことも明らかになった。

このように、1970 年代までの左翼テロリストの典型的メンバー像は、中流

階層以上出身の若者であり、男性のみならず女性も見られ、多くの者が大学教育を受けて洗練された者といえる。

(b) 1980年代（パレスチナ系組織によるテロの時代）

　世界中で繰り広げられていた左翼過激派組織によるテロ活動も1980年代に入り沈静化し始めた。それに代わり、中東地域において、パレスチナ系テロ組織が台頭し始めた。この動向の変化に伴い、テロリストの典型的人物像も変化する。ストレンツ（Strentz, 1988）によると、パレスチナ系テロ組織に見られる典型的なメンバー像とは、10代後半から20代前半までの若者であり、貧しい大家族出身である。学業成績は低く、読み書きさえできない者も多い。また政治運動にはさほど関心はないものの、米国に対する憎しみは抱いているという。

(c) 1990年代後半以降（イスラム過激派によるテロの時代）

　1990年代後半からはイスラム過激派が台頭し、現在においても活発に活動している。イスラム過激派組織の典型的なメンバー像は、40代後半の既婚男性や、学業優秀な18歳の女子学生などさまざまであり、職業も建築家や技術者、詩人、放浪者などバラエティに富む。したがって、性別や年齢層、職業、家族構成などに一定の傾向は見出せないとされている（Carey, 2002; Rees et al., 2002）。しかしながら、彼らの共通点を大まかにあげるとすれば、中流階層以上の家庭に生まれ、高学歴者が多いことが指摘されている（松本, 2008）。

(2) テロリストの心理的特徴の研究

　テロリストは、自らの理想に基づいた社会、あるいは信奉する宗教的教義の実現のために、無関係な一般市民を殺害することも厭わないことから、何らかの精神疾患やパーソナリティ障害などを有すると以前は考えられていた。しかし、現在ではテロリズムと精神疾患との間に関連性は見出せないとする見解が主流である（Borum, 2010; Crenshaw, 2000; Martens, 2004; Ruby, 2002）。

　たとえば、セイジマン（Sageman, 2004）は、エジプトやインドネシア、アルジェリアなどのさまざまなイスラム過激派組織に所属するメンバー172名について、オープンソース情報に基づいて精神疾患の有無などを分析した。その結果、彼らには、自己愛性パーソナリティ障害などの各種パーソナリティ障害

や、過去の情動的トラウマなどは一切見られなかったことを明らかにした。

　また、テロリストの心理学的類型や精神疾患に関する研究をレビューしたミラー（Miller, 2006）は、テロリストは、反社会的行動が特徴である犯罪者とは異なり、他のメンバーと協調しながら組織を形成し、利他的な意思決定や行動を行えると述べている。加えて、目標達成のための手段を合理的に思考し、選択できる者であることも指摘している。

　つまり、テロ組織のメンバーといえども、組織の内部では、他のメンバーと思想や目的などを共有して信頼関係を構築している。一方、反社会性パーソナリティ障害のような、自己中心的な傾向がある犯罪者は、他人との協調が難しく、自爆テロのように、信念実現のために自分自身を犠牲にすることも難しい（Martens, 2004）。

　しかし、テロリストの典型的人物像や彼らの心理的特徴を評価するうえで留意すべきことは、たとえば、イスラム過激派組織とカルト・テロ組織を比べると、その主義主張や組織規模も相違し、必要とされるメンバー像も異なる。また、対象者が組織のリーダーであるか、末端のメンバーであるか、あるいは創設当初からのメンバーか、加入したばかりのメンバーか、などのように、組織内におけるメンバーの立場や役割、また加入時期によっても、典型的人物像や心理的特徴が相違する可能性があることには留意しておく必要があるであろう。

（3）テロ組織の犯行パターンの研究

　テロ対策の鍵は、事前の封じ込めと事件後の捜査にある。事前の封じ込めとは、平時からの情報の収集と分析により、テロの準備行為をいち早く捉え、事前に犯人らの身柄を捕縛することである。これに対し、事件後の捜査とは、テロ発生後、犯行グループや犯人を速やかに検挙し、それ以上のテロ活動を抑圧することである（松木, 2006）。事前の封じ込めと同じく、事件後の捜査においても、日頃からの情報収集とその分析が求められる。とくに各テロ組織の犯行パターン把握は、犯行組織の速やかな特定に欠かせない。なぜならば、テロ事件における攻撃対象やその際の戦術、また使用される武器の選定や準備などは、すべて組織的な意思決定に基づいて行われており（越智, 2004）、そこには組織固有の特徴が反映されると考えられるからである（Nance, 2013; 大上,

表10－2　日本国内における左翼過激派や右翼などの犯行パターン

犯行組織	犯行時間帯	攻撃対象	攻撃方法
中核派	午前0時～午前4時	成田空港関係者・皇室と関連深い神社など	接近して発火装置
革労協主流派	午前0時～午前4時	防衛省・公安施設など	離れた位置から迫撃砲
革労協反主流派	午後8時～午前0時	米軍基地など	離れた位置から迫撃砲
オウム真理教	午前8時～正午	教団運営を妨害する人物や組織	化学兵器、暴行・殺害
右　翼	日中の時間帯	国会・省庁、報道機関、外国公館、企業など	車両突入、火炎瓶、発砲、器物損壊
新右翼	日中の時間帯	国会・政党本部、報道機関など	侵入して立てこもり・器物損壊など

出典：大上（2013）に基づき作成。
注　：中核派は革命的共産主義同盟全国委員会、革労協は革命的労働者協会。

2013）。

　大上（2013）は、テロ事件の犯行パターンに犯行組織の特徴が反映されていることを実証するために、1990年から2010年までの間に日本国内で発生した左翼過激派（中核派や革労協など）、右翼・新右翼およびオウム真理教によるテロ事件377件の詳細情報を収集した。クロス集計分析および多重対応分析を用いて収集したデータの分析を行ったところ、犯行組織によって、犯行時間帯や攻撃対象、攻撃方法、犯行声明文の発出形態などが相違しており、組織固有の犯行パターンがあることが実証された（表10－2参照）。この結果はテロ組織の戦術から犯行組織を推定可能であることを示している。

5．最近のテロの動向

（1）ローン・ウルフ型テロ

　近年、世界的に注視されているテロ形態は、組織に属さず、単独でテロを実行する「ローン・ウルフ型」（一匹狼型）テロリストである。代表的なローン・ウルフ型テロリストとして、ノルウェーのアンネシュ・ブレイビク（Anders Breivik）が知られる。彼は2011年7月に、オスロにおいて政府庁舎を爆破し8名を殺害した後、警察官に変装してオスロ近郊の島に上陸し、そこで集会を

していたノルウェー労働党青年部のメンバーなど77名を射殺した。政府の移民受け入れ政策に反対するための犯行だったとされる。

　ローン・ウルフ型の中に「ホームグロウン・テロリスト（Homegrown terrorist)」と呼ばれるタイプがある。事前の封じ込めが難しいことから、欧米の諜報・法執行機関が最も警戒している。代表的な事件例としては、チェチェン系移民の兄弟による「米国ボストンマラソン爆弾テロ事件」（2013年4月）や、パリ生まれのアルジェリア系フランス人兄弟による「シャルリー・エブド本社襲撃事件」（2015年1月）などがある。ホームグロウン・テロリストの多くは、欧米で生まれ育ったイスラム系移民の第二世代や第三世代、あるいは労働者や学生として欧米で生活しているイスラム諸国出身者である。彼らには、欧米の国籍あるいは永住権があることから、空港や国境などの水際でのテロ対策が意味をなさない。また、ほとんどの者が過去に犯罪歴もないことから、公安機関の監視対象となりにくく、事前の摘発が極めて難しいとされる（安部川, 2011; Wilner & Dubouloz, 2010)。彼らが、暴力的なイスラム思想によって一方的に感化され、テロを実行する背景には、欧米諸国におけるイスラム系移民に対する差別や迫害、排外主義などの社会問題がある。欧米で生まれ育った若いムスリムは、常に孤独を感じ、自らのアイデンティティを過激なイスラム思想に求めると考えられている（安部川, 2011, 2017; 松本, 2008; Wilner & Dubouloz, 2010)。

(2) 日本におけるローン・ウルフ型テロ

　日本においてもローン・ウルフ型テロは発生している。しかしながら、犯人の目的や動機に着目すると、日本型ともいえる特徴が浮かび上がる。これまでの動機の例をあげると、政府による原発政策への不満、イスラム国の外国人戦士になり充実感を得たかった、あるいは希望の職に就けず世間を逆恨みしたなど、個人的で自己中心的な動機が目立ち、そこには政治的・思想的な主張は見られない（表10-3参照）。この日本型ローン・ウルフテロについて産経新聞ニュース（2016）では、警察関係者の指摘として「国際的な過激組織や日本国内の極左、右翼などは組織的背景や主張が明確で、動向も想定できるとされる。だが、宗教や人種をめぐる激しい対立がない日本ではローン・ウルフの行

表 10 － 3　日本におけるローン・ウルフ型テロの事例

検挙年月	事件名	概　要
2015 年 4 月	首相官邸ドローン機落下事件	首相官邸屋上に放射性物質を含む汚染土を積んだドローンが落下。犯人の男性は原発の再稼働反対を訴えることが目的と供述
2014 年 10 月	北大生イスラム国渡航未遂事件	男子大学生が「イスラム国」に加わるためシリアへ渡航しようとした事件。事情聴取を受けた学生は「非日常の世界に身をおけば、充実感が得られるかもしれないと思った」と供述
2007 年 6 月	西武新宿線通勤ラッシュ時爆破計画事件	30 代の男性が TATP（過酸化アセトン）を自作したもの。希望の職につけない不満から世間を恨み、通勤ラッシュ時に西武新宿線の電車内で爆弾を爆発させ、多くの人を殺傷しようと考えていたとされる

出典：読売新聞および産経新聞の記事などに基づき作成。

動原理も絞り込みにくくなる」としている。日本のローン・ウルフ型テロは、組織性がなく、また想定外の個人的な動機に基づいて行われることから、欧米以上にその対策は困難であるといえる。

(3)「Easy-to-use」ツール型テロ

「Easy-to-use」ツールとは使いやすい道具という意味である。ここ数年、欧米で発生したホーム・グロウンテロでは、従来の爆発物や自動小銃などに代わり、身の回りにある道具（例：自動車や刃物など）を使用したテロ攻撃が増えつつある（鶴ヶ崎, 2017）。米国・国土安全保障省の「国家テロ勧告システム（National Terrorism Advisory System）」が発出した公報（2017 年 5 月15 日付）によると、テロ組織が、公共の場所やイベントを狙って、使いやすい道具を用いたテロを実行するよう呼びかけている、と警告している（U.S. Department of Homeland Security, 2017; 鶴ヶ崎, 2017）。

使いやすい道具を用いた代表的なテロ攻撃は、自動車そのものを凶器にした車両突入、つまり混雑したイベントなどに車両を突入させ、多くの人々を轢過するという方法である。これまでに、12 名が死亡したドイツ・クリスマス・マーケットへの車両突入事件（2016 年 12 月）や、5 名が死亡した英国・ウェストミンスター橋における車両突入事件（2016 年 12 月）、フランス・シャンゼリゼ通りにおける車両突入事件（2017 年 6 月）などが発生している（鶴ヶ崎, 2017）。車両突入は、テロ組織との結びつきが希薄で、特別な知識がない

ホームグロウン・テロリストでも、車両を入手するだけで実行可能であり、か
つ死傷者数が多く、社会的反響も大きいことから、イスラム国もアルカイダも
高く評価している（鶴ヶ崎, 2017）。日本においても、右翼団体が街宣車を用い
た建物・施設への車両突入を古くから行っている（大上, 2013）。今後は日本で
も対人的な車両突入対策を講じる必要があるであろう。

6. 諜報活動（スパイ）とは

（1）諜報活動は学術的な研究対象

　わが国では、諜報活動が公に語られることはほとんどない。それに対し、
欧米では、諜報活動に関する公文書や史料などが、1970 年代後半より公開さ
れ続けている（中西, 2012）。公開された情報は、国際政治学史や外交史、国
際関係論などの研究者らの手により精査・論証されており、現在では、諜報
活動は学術的研究対象としての地位を確立している。Taylor & Francis グ
ループから諜報活動に関する学術研究誌、たとえば、*Intelligence and National
Security*、*International Journal of Intelligence and Counter intelligence*、*Journal
of Intelligence History* などがリリースされていることは、その証といえるであ
ろう（中西, 2010）。

（2）諜報活動の定義

　諜報の学術的定義は概ね、米英の 2 つの流れに集約される（小林, 2014）。一
つは米国で主流の「政策立案者が国家安全保障上の問題に関して判断を行うた
めに政策立案者に提供される、情報から分析・加工された知識のプロダクト、
あるいはそうしたプロダクトを生産するプロセス」とする定義である。この定
義の特徴は、情報の「収集」のみならず、政策立案者の意思決定を支援する情
報の「分析・加工」までが含まれていることにある。一方、英国において主流
である、もう一つの考え方は、政策決定支援機能の中でもとくに「秘密情報の
収集」を重視するものである。つまり、英国では、米国とは異なり情報の分析
よりも収集のほうが重視されていることがうかがえる。こうした諜報に関する
米英両国の定義の違いには、政治や歴史、社会的文化のみならず、外交・安

全保障政策決定メカニズムの違いが反映されているとしている（以上、小林, 2014）。

　なお、本書では、諜報活動の定義を英国的な考え方、つまり「諜報活動とは他国の機密情報を秘匿された手段により入手しようとする政府の活動」（Anderson, 1994）とする。

（3）諜報活動の種類

　諜報活動は、情報源の性質によりいくつかに分類される。たとえば、偵察衛星や偵察機などにより施設や兵器などの画像情報を収集する「イミント（IMINT: Imagery intelligence）」、通信情報や電子信号情報を収集する「シギント（SIGINT: Signals intelligence）」、対象国の公文書や新聞、雑誌、書籍、ラジオ、テレビなどの誰にでも入手可能な公開情報を収集する「オシント（OSINT: Open source intelligence）」、そして、人的情報源、つまり「人」から情報を収集する「ヒュミント（HUMINT: Human intelligence）」などがあ

表 10 － 4　2000 年以降に日本国内で発生したロシア諜報機関による「スパイ」事件

検挙年月	事件名	検　挙	諜報機関名	ケース・オフィサー	エージェント	概　要
2008 年1 月	ベラノフ事件	警視庁公安部	GRU	ロシア大使館二等書記官	内閣情報調査室職員	内閣情報調査室の職員が在日ロシア大使館員に国内の政治情勢などの情報を提供。収賄と国家公務員法違反で起訴（後に起訴猶予）
2006 年8 月	ベッケビチ事件	警視庁公安部	GRU	在日ロシア通商代表部員	メーカー会社員	社内で開発していた軍事転用可能な光ファイバー通信用の部品を持ち出して提供。窃盗で起訴（後に起訴猶予）
2005 年10 月	サベリエフ事件	警視庁公安部	SVR	在日ロシア通商代表部員	メーカー会社員	社内で開発していた軍事転用可能な半導体関連情報を提供。背任容疑で起訴（後に起訴猶予）
2002 年3 月	シェルコノゴフ事件	警視庁公安部	GRU	在日ロシア通商代表部員	防衛調達関連会社社長（空自 OB）	ミサイルや装備品に関するカタログや仕様書などを提供。日米秘密保護法違反初適用（後に起訴猶予）
2000 年9 月	ボガチョンコフ事件	警視庁・神奈川県警	GRU	ロシア大使館付海軍武官	自 衛 官（三 等 海佐）	自衛隊の内部資料（海自幹部教育用教本「戦術概説」など）提供。自衛隊法違反（守秘義務違反）

注　：GRU はロシア軍参謀本部情報総局、SVR はロシア対外連邦諜報庁（旧 KGB）。

る（小林, 2014; 小谷, 2012; Lowenthal, 2009）。

　このうち、ヒュミントは歴史的に見ても古くから利用され、古典的な活動形態ではあるものの、イミントやシギントなどの技術的手段では入手困難な情報（たとえば、作戦・計画の意図や立案者の人柄など）も得られるため（Jensen et al., 2013）、現在でも盛んに用いられている。実際にこれまで日本において発生した諜報事件（表 10 - 4 参照）では、ロシア（旧ソ連）諜報機関の工作担当者によって政府機関や自衛隊の内部に情報提供者が密かに養成され、機密情報が漏洩されたケースが多く見られる（外事事件研究会, 2007; 警察庁, 2006; 竹内, 2009）。ヒュミントについては、心理学とも深く関わる情報収集手段であることから、次項においてその具体的手法などを述べる。

7. 諜報活動における心理学の研究対象——ヒュミント

（1）説得方略を駆使するヒュミント

　ヒュミントは、人間を介して情報を入手することから、心理学と関係が深い諜報活動といえる。ヒュミントの典型的手法は、諜報機関の工作担当者「ケース・オフィサー（case officer）」が、対象組織内に情報提供者「エージェント（agent）」を密かに獲得し、彼らを通じて機密情報を入手するというものである（小林, 2014; Lowenthal, 2009）。米国・中央情報局の長官補も務めたマーク・ローエンタール（Lowenthal, 2009）によると、情報提供者の獲得では「エージェント獲得サイクル（agent acquisition cycle）」と呼ばれる 5 つの段階を経る。なお、各段階の詳細は、表 10 - 5 を参照してほしい。

　情報提供者の獲得工作（とくに「リクルートの実施」段階）の基本は、誰にでも入手できる資料程度の情報提供から依頼を始め、何度も接触を重ねて核心的な機密に迫ることである（読売新聞, 1987）。一連の獲得工作には、社会心理学における説得方略（Cialdini, 2009）の数々の活用が見て取れる。

　まず、対象者にとって心理的抵抗が少ない依頼（たとえば、御社を紹介したパンフレットをいただけますか）から始めるのは「段階的要請」と呼ばれる手法である。また、そうした些細な依頼でも一度承諾・実行すれば、その態度・行動がそれ以降も拘束される「一貫性」や、接触のたびに酒食を供し、また金

表 10 − 5　Lowenthal（2009）によるエージェント獲得サイクルの 5 段階

段階	段階名称	実施内容
1	ターゲットの選定	自国が望む情報にアクセスできる人物をエージェントの候補者として選定
2	ターゲットの評価	対象者の秘密を得つつ、彼らの弱みやリクルートされやすさなどを評価
3	リクルートの実施	エージェント候補者に言葉巧みに近づいて関係を示唆。対象者がリクルートを受け入れる理由は、金銭、自国政府への不満、スリルなどさまざま
4	エージェントの運用	リクルートした人物をエージェントとして運用し、機密情報を入手
5	運用の停止	エージェントに対する疑義、必要な情報へのアクセスを喪失、必要な情報の変化など、さまざまな理由でエージェントの運用を停止

出典：Lowenthal（2009）および小林（2014）に基づき作成。

　銭的報酬を与えることで、対象者に負い目を感じさせる「返報性」も利用している。さらに酒食しながらの依頼は、飲食に伴う心地よい感情を利用して、説得効果を高める「ランチョン・テクニック」を用いている（榊, 2002）。2000年に検挙された「ボガチョンコフ事件」（表 10 − 4 参照）では、公安当局が視察作業で確認しただけでも、13 回もの会食を重ねていたことが明らかになっている（読売新聞, 2000）。以上のように、諜報機関のケース・オフィサーは、数々の説得方略を併用して巧みに利用しており、対象者は徐々に籠絡されることになる。

（2）情報提供者の動機研究

　ヒュミントに関する心理学的研究では、情報提供者はなぜ自国を裏切り、他国の諜報機関に協力するのか、その動機についても関心が寄せられ、その心的プロセスの解明がなされてきた。たとえば、ミシャラク（Michalak, 2011）は、共産党政権下のポーランドにおいて、他国の諜報機関に協力した情報提供者の動機を分析し、金銭的利益や物質的恩恵、西側諸国での豊かな生活への憧れなどによって協力していたことを明らかにした。また、チャーニー（Charney, 2012）は、米国で他国諜報機関に協力した情報提供者 3 名を面接し、精神医学的に検討した。その結果、情報提供者は人生の挫折や克服できない困難な出来事などから、否定的な自己評価や失望、憎しみなどを抱えていることを指摘している。

　以上のような他国諜報機関に協力する情報提供者の典型的な動機は、頭字語
「MICE」（Money：金銭、Ideology：思想、Coercion：脅迫、Ego：自尊心）
として集約される（Burkett, 2013; 小谷, 2012）。MICE は、情報提供者の中に
は、金銭で買収される者もいれば、自ら信奉する思想や宗教心に従って協力す
る者、また弱みを握られ協力を強制される者、さらには自らの職業や技能への
誇りや自尊心などによって協力する者がいることを示している。

（3）情報提供者の類型化研究

　情報提供者が他国諜報機関に協力するプロセスやその動機を解明すること
は、彼らの心情理解につながり、検挙後の取調べにも寄与する知見になる。し
かしながら、動機は表面に現れにくい。むしろ、情報提供者になりやすい人物
の典型的な素性を明らかにすることのほうが、スパイ防止活動には、実効性の
高い知見となり得るものと考えられる。

　大上（2017a）は、1952 年から 2015 年までの間に、日本において旧ソ連・
ロシア諜報機関に協力し、検挙された情報提供者 32 名について、彼らの職業
を分類基準にし、クロス集計および多重対応分析を用いてその類型化を行っ
た。情報提供者の職業を分類基準にした理由は、職業は機密情報への接触可能
性を規定しており、職業が異なれば、提供情報の内容や提供先の諜報機関、入
手方法、動機なども相違することが予測されたからである。

　クロス集計分析の結果、情報提供者の職業が異なると、提供先の諜報機関や
提供情報の内容、情報の入手方法、協力した動機などが相違しており、予測し
たとおり、情報提供者は職業別に分類可能であることが示された。次に、多重
対応分析を行い、クロス集計分析によって示された関係性を集約・可視化し
た。その結果、4 つのグループが見出された。各グループは、情報提供者の職
業（自衛官、自営業者、メーカー社員、国家公務員）を中心にし、各職業と関
連性が高い項目によって形成されていた。つまり、日本においてロシア諜報機
関に協力した情報提供者は、自衛官型、自営業者型、メーカー社員型、国家公
務員型の 4 類型に分類されるといえる。各類型の特徴は図 10 − 1 に示す。

図 10 － 1　ロシア諜報機関に協力した情報提供者 4 類型の特徴

出典：大上（2017a）に基づき作成。

8．おわりに──テロ・スパイ研究の難しさ

　テロ・スパイ研究の最大の障壁は、分析の礎となるデータの収集や資料の入手である。日本では、テロ事件もスパイ事件も、警察の警備・公安部門が捜査しており、事件の詳細までが明らかになる事件は数少ない。本書で紹介した、国内のテロ事件を扱った大上（2013）や、ロシア（旧ソ連）諜報機関によるヒュミントを扱った大上（2017a）では、事件情報の収集にどちらも新聞記事を用いている。新聞記事を利用した研究は、犯罪心理学のみならず、政治学などでもみられるが、新聞記事に対しては、二次資料であり、資料価値が低いなどの批判がある。しかし、情報公開が進んでいない現状においては、新聞に代わる資料を見つけることはほぼ不可能なことも事実である（草野, 2012）。したがって、大学の学部生や院生が、国内におけるテロやスパイ事件を研究するには、複数の新聞社のデータベースを基本に、事件を追った週刊誌記事や、事件を深く掘り下げたジャーナリストによるドキュメントなども加えるなど、総合的に集め、確認・補完することが現実的方法といえよう。

　なお、紙幅の都合上、詳しくは紹介できないが、1970 年代以降に海外で

発生したテロ事件については、メリーランド大学のテロ研究プロジェクト「START（the Study of Terrorism and Responses to Terrorism）」が作成したデータベース「GWD（Global Terrorism Database）」が役立つ。また米国で発生したヒュミントによるスパイ事件については、米国防総省の附置研究機関「国防省人事安全調査センター（PERSEREC: Defense Personnel Security Research Center）」が作成した「Espionage and Other Compromises to National Security 1975-2008」が役立つ。どちらもインターネット上に公開されて自由に利用できる。

■引用・参考文献

安部川元伸（2011）国際テロリズム 101 問（第二版）　立花書房.

安部川元伸（2017）国際テロリズム──その戦術と実態から抑止まで　原書房.

Anderson, M. (1994) Introduction. In T. R. Sarbin, R. M. Carney, & C. Eoyang (Eds.). *Citizen espionage: Studies in trust and betrayal* (pp.1-17). Greenwood Publishing Group.

Andrew, C., & Mitrokhin,V. (2005) *The KGB and the World: The Mitrokhin Archive II*. Penguin Books.

朝日新聞（2017）北朝鮮大使館員関与か　正男氏殺害、警察が聴取要請　朝日新聞 2017 年 2 月 23 日朝刊.　1 面.

Borum, R. (2010) Understanding terrorist psychology. In A. Silke (Ed.), *The psychology of counter-terrorism* (pp.19-33). Routledge.

Burkett, R. (2013) An alternative framework for agent recruitment: From MICE to RASCLS. *Studies in Intelligence*, 57, 7-17.

Carey, B. (2002) Method without madness? *Los Angeles Times*, July 7, 1.

Charney, D. (2012) True psychology of the insider spy. *Intelligencer: Journal of U.S. Intelligence Studies*, Fall-Winter, 47-54.

Cialdini, R. B. (2009) *Influence: Science and practice*. Pearson Education.（チャルディーニ，R. B.　社会行動研究会［訳］（2014）影響力の武器──なぜ、人は動かされるのか　第三版　誠信書房）

Crenshaw, M. (2000) The psychology of terrorism: An agenda for the 21st century. *Political psychology*, 21(2), 405-420.

外事事件研究会（2007）戦後の外事事件──スパイ・拉致・不正輸出　東京法令出版.

Handler, J. S. (1990) Socioeconomic profile of an American terrorist: 1960s and 1970s. *Terrorism*, 13(3), 195-213.

Hoffman, B. (1998) *Inside terrorism*. Weidenfeld & Nicolson.（ホフマン，B.　上野元美［訳］

（1999）テロリズム──正義という名の邪悪な殺戮　原書房）

Jensen III, C. J., McElreath, D. H., & Graves, M. (2013) *Introduction to intelligence studies*. CRC Press.

加藤朗（2002）テロ──現代暴力論　中央公論新社.

警察庁（2006）ロシアによる対日諸工作. 焦点, *273*, 7-9.

小林良樹（2014）インテリジェンスの基礎理論（第二版）　立花書房.

小谷賢（2012）インテリジェンス──国家・組織は情報をいかに扱うべきか　筑摩書房.

草野厚（2012）政策過程分析入門（第2版）　東京大学出版会.

Lowenthal, M. M. (2009) *Intelligence: From secrets to policy*, 4th edition. CQ Press. （ローエンタール, M. M.　茂田宏［訳］（2011）インテリジェンス──機密から政策へ　慶應義塾大学出版会）

Martens, W. H. (2004) The terrorist with antisocial personality disorder. *Journal of Forensic Psychology Practice*, *4*(1), 45-56.

松木有士（2006）テロ対策と情報. 治安フォーラム, *12*（3）, 21-30.

松本光弘（2008）グローバル・ジハード　講談社.

松本光弘（2014）国際テロ対策の手法と組織──テロ攻撃の阻止とテロリストの監視. 関根謙一・北村滋・倉田潤・辻義之・荻野徹・島根悟・髙木勇人［編］, 講座警察法　第3巻（pp.583-671）. 立花書房.

Michalak, S. (2011) Motives of espionage against ones own country in the light of idiographic studies. *Polish Psychological Bulletin*, *42*, 1-4.

Miller, L. (2006) The terrorist mind II. Typologies, psychopathologies, and practical guidelines for investigation? *International Journal of Offender Therapy and Comparative Criminology*, *50*(3), 255-268.

皆川誠（2016）「テロリズムの定義」に関する国内法および国際法の動向. 早稲田大学社会安全政策研究所紀要, *9*, 115-141.

宮坂直史（2004）日本はテロを防げるか　筑摩書房.

中西輝政（2010）情報亡国の危機──インテリジェンス・リテラシーのすすめ　東洋経済新報社.

中西輝政（2012）日本におけるインテリジェンス研究のために. 中西輝政・小谷賢［編著］, 増補新装版　インテリジェンスの20世紀──情報史から見た国際政治（pp.1-13）. 千倉書房.

Nance, M. W. (2013) *Terrorist recognition handbook: A practitioner's manual for predicting and identifying terrorist activities*. CRC Press.

越智啓太（2004）テロリストの心理的特性に関する研究の現状と展開　東京家政大学研究紀要, *1*, 人文社会科学, *44*（1）, 209-217.

大上渉（2013）日本における国内テロ組織の犯行パターン. 心理学研究, *84*（3）, 218-228.

大上渉（2017a）日本においてロシア諜報機関に協力した情報提供者の類型化．犯罪心理学研究, *55*（1）, 29-45.

大上渉（2017b）テロリズム．越智啓太・桐生正幸［編著］, テキスト 司法・犯罪心理学（pp.66-87）. 北大路書房.

Post, J. M. (2002) Differentiating the threat of chemical and biological terrorism: Motivations and constraints. *Peace and Conflict: Journal of Peace Psychology*, *8*(3), 187-200.

Rees, M., August, M., Baghdadi, G., Hamad, J., Klein, A., MacLeod, S., & Mustafa, N. (2002) Why suicide bombing is now all the rage. *Time*, April, 15, 33-39.

Ruby, C. (2002) Are terrorists mentally deranged? *Analyses of Social Issues and Public Policy*, *2*, 15-26.

Russell, C. A., & Miller, B. H. (1977) Profile of a terrorist. *Studies in Conflict & Terrorism*, *1*(1), 17-34.

Sageman, M. (2004) *Understanding terror networks*. University of Pennsylvania Press.

榊博文（2002）説得と影響——交渉のための社会心理学　ブレーン出版.

産経新聞（2016）テロ対策最前線 理由もなくある日突然爆弾を炸裂させる ネットが醸成するローンウルフ型テロリストの恐怖　Retrieved from https://www.sankei.com/premium/news/160109/prm1601090022-n1.html（2018 年 5 月 2 日）.

Schmid, A. P., & Jongman, A. J. (2005) *Political terrorism: A new guide to actors, authors, concepts, data bases, theories, and literature*. Transaction Publishers.

Shumate, S., & Borum, R. (2006) Psychological support to defense counterintelligence operations. *Military Psychology*, *18*(4), 283-296.

Strentz, T. (1988) A terrorist psychosocial profile: Past and present. *FBI Law Enforcement Bulletin*, *13*, 13-19.

Suvorov, V. (1984) *Inside soviet military intelligence*. Macmillan.

竹内明（2009）ドキュメント秘匿捜査——警視庁公安部スパイハンターの 344 日　講談社.

鶴ヶ崎怜之（2017）車両突入によるテロ——"easy-to-use tools" が真の凶器となる脅威．治安フォーラム, *23*（12）, 2-12.

U.S. Department of Homeland Security (2017) Summary of homegrown terrorism threat. *National Terrorism Advisory System, May 15, 2017*.

Wilner, A. S., & Dubouloz, C. J. (2010) Homegrown terrorism and transformative learning: An interdisciplinary approach to understanding radicalization. *Global Change, Peace & Security*, *22*(1), 33-51.

読売新聞（1987）"赤いスパイ" 巧妙なワナ 資料程度から依頼 接触重ね「機密」に迫る　読売新聞 1987 年 7 月 21 日 東京朝刊, 27 面.

読売新聞（2000）海自三佐スパイ事件 心の空白、突かれ 1 年で忠実な協力者に　読売新聞 2000 年 11 月 24 日 東京朝刊, 39 面.

読売新聞（2017）世界的サイバー攻撃 150 カ国に拡大　読売新聞 2017 年 5 月 15 日 東京朝刊, 30 面.

トピックス

10

空港犯罪

入山　茂

1．はじめに

　空港は航空機が離発着する場所であり、私たちの生活や経済に欠かすことのできない公共インフラの一つである。たとえば、日本の拠点空港の一つである東京国際空港（以下、羽田空港とする）の 2018 年 1 月から 2019 年 2 月までの国際線と国内線を合わせた旅客と貨物の利用状況を見ると、旅客 77,823,648 人、貨物約 1,148,993 トンの実績であった（国土交通省東京航空局, 2019）。

　しかし、多くの人や物で混み合う空港は、犯罪の発生を警戒する場所でもある。本トピックスでは、そのような包括罪種はないものの、(a) 空港を対象とした犯罪、(b) 空港を利用した犯罪、(c) 空港で発生した刑法犯を、便宜上、「空港犯罪」と呼び、その具体例を紹介する。

2．空港を対象とした犯罪

　空港を対象とした犯罪の例として、テロリズム（以下、テロとする）がある。海外の先行研究を見ると、メラリ（Merari, 1998）が、1947 年から 1996 年までに世界中で発生した民間定期航空機、空港や航空会社事務所を対象とした襲撃事例を調査した結果、129 事例の空港襲撃のうち 119 事例の犯人がテロリストであった。なお、直近の 1987 年から 1996 年の 10 年間では、45 事例の空港襲撃が発生した。

　また、日本の先行研究を見ると、大上（2013）が 1990 年から 2010 年までに日本国内で発生したテロ事件を対象に分析した結果、新東京国際空港（以下、成田空港とする）を対象とした 6 事例のテロが発生していた。

　なお、公安調査庁（2019）の公表している「世界のテロ等発生状況」をもとに、筆者が「空港」のキーワードで調査した結果、2015 年 6 月から 2019 年 4 月までに世界中の空港または空港付近で 10 事例のテロが発生していた。

3．空港を利用した犯罪

　銃やナイフ、爆弾などの武器を使用して航空機を乗っ取ることを航空機ハイジャック（以下、ハイジャックとする）と呼ぶが（越智, 2011）、犯人が空港のチェックイン・カウンター、保安検査場や搭乗口の空港係員による確認、検査や監視をくぐり抜けるという点で、ハイジャックは空港を利用した犯罪の一つである。海外の先行研究を見ると、前述のメラリ（Merari, 1998）が、1947 年から 1996 年までに世界中で発生したハイジャック事例を調査した結果、959 事例のハイジャックが発生し、そのうち 166 事例の犯人がテロリストであった。

　日本の先行研究を見ると、影山（2000）が、1970 年から 1999 年までに日本国内で発生したハイジャックを調査した結果、21 事例のハイジャックが発生し、そのうち犯人がテロリストであったのは 1970 年代に発生した 3 事例のみであった。

　また、違法に物品などを輸出入することを目的に、空港のチェックイン・カウンター、保安検査場、税関や貨物上屋の空港係員による確認、検査や監視をくぐり抜けるという点で、密輸も空港犯罪の一つと見ることができる。密輸について、日本の関税法における密輸犯の分類とその犯罪行為を表 1 に示す。

　表 1 より、たとえば、輸出入してはならない貨物の 1 つである覚せい

表 1　密輸犯の分類と犯罪行為

密輸犯の分類	犯罪行為
輸出入してはならない貨物の密輸出入犯	・輸出入してはならない貨物を輸出入する行為
輸入の目的以外の目的で本邦に到着した貨物の蔵置および運搬犯	・輸入の目的以外の目的で本邦に到着した貨物を保税地域に蔵置または外国貨物のまま運送する行為
関税ほ脱犯	・偽りその他不正の行為により関税を免れる行為
無許可輸出入・虚偽申告犯	・許可を受けることなく貨物を輸出入する行為 ・偽った申告もしくは証明をし、または偽った書類を提出して輸出入する行為
関税贓物（ぞうぶつ）犯	・犯罪にかかわる貨物について事情を知ってこれを運搬、保管、取得する行為

出典：税関（2019a）をもとに筆者作成。

剤、大麻、アヘン、麻薬や向精神薬などの不正薬物について見ると、2017年中に、航空機の乗員または乗客が不正薬物を密輸入する事案が214事例、航空貨物として不正薬物を密輸入する事案が32事例摘発されている（税関, 2019b）。

4．空港で発生した刑法犯

空港では、粗暴犯や窃盗犯などの刑法犯も発生する。日本の空港で発生した刑法犯の系統的な統計データが見られなかったことから、羽田空港付近で発生した事件も含んでいる可能性はあるが、東京空港警察署管内のデータ（警視庁, 2019）を参考に見てみることとする。まず、2014年から2018年の粗暴犯（例：暴行、傷害や脅迫）、侵入盗犯（例：空き巣、忍び込みや事務所荒し）および非侵入窃盗犯（例：置引き、万引きやすり）の認知件数を表2に示す。

次に、2019年1月から3月までの認知件数を見ると、粗暴犯の発生件数は暴行が7件、傷害が1件であった。また非侵入窃盗犯の発生件数は万引きが2件、すりが1件、その他が8件であった。なお、侵入窃盗犯の発生件数は0件であった。

5．空港犯罪の対処への心理学の応用可能性

日本では、国土交通省（空港事務所）、都道府県警察（空港警察署・空港警備派出所）、法務省（出入国在留管理局）や財務省（関税局税関）などの関係省庁と航空会社が連携し、空港犯罪に対処している。関係省庁・航空会社による空港犯罪の未然防止および、万が一発生した場合の迅速な対応を可能とするためには、犯人またはその可能性のある人物の心理や行

表2 東京空港警察署管内における粗暴犯、侵入窃盗犯、非侵入窃盗犯の認知件数の推移

刑法犯の名称／発生件数（件）	2014年	2015年	2016年	2017年	2018年
粗暴犯	32	19	14	13	20
侵入窃盗犯	0	0	0	0	0
非侵入窃盗犯	104	118	97	88	59

出典：警視庁（2019）をもとに筆者作成。

動を予測することが有効である。

　たとえば、前述の大上（2013）は、過去に日本国内で発生した 377 事例のテロ事件を対象に分析した結果、特定の左翼過激派が成田空港を対象にスタンド・オフ攻撃（離れた場所からの攻撃）を行う傾向があったことを示唆した。

　入山ら（2017）は、1970 年から 1999 年までに発生した日本の国内線定期便のハイジャックを対象に分析した結果、犯人の目的・動機が精神・心理的な問題、輸送手段（航路や目的地を変更させること）や身代金目的の場合、模造品を含めた第 1 分類（火薬類）、第 6 分類（毒物）、第 10 分類（凶器）の航空法施行規則で規制された危険物を使用する傾向があったことを示唆した。

　今後、過去に発生した事例を対象に分析することにより、物品別に見た密輸犯の密輸方法の類型化や、鉄道駅係員への暴力発生場面の類型化（例：岡田, 2019）を参考に、空港係員への暴力や悪質なクレームについて実証研究の実施が期待される。

■引用・参考文献

入山茂・池間愛梨・桐生正幸（2017）日本の国内線定期便のハイジャックにおける目的と凶器の特徴――追加調査. 犯罪心理学研究, *54*（特別号）, 194-195.

影山任佐（2000）犯罪精神医学研究――「犯罪精神病理学」の構築をめざして　金剛出版.

警視庁（2019）東京空港警察署 犯罪認知状況　Retrieved from https://www.keishicho.metro.tokyo.jp/about_mpd/shokai/ichiran/kankatsu/tokyokuko/Hanzai.html（2019 年 5 月 2 日）.

国土交通省東京航空局（2019）管内空港の利用概況集計表（平成 30 年度）　Retrieved from https://www.cab.mlit.go.jp/tcab/img/statistics/pdf/riyougaikyou1-2.pdf（2019 年 5 月 1 日）.

公安調査庁（2019）世界のテロ発生等状況　Retrieved from http://www.moj.go.jp/psia/terrorism/index.html（2019 年 5 月 1 日）.

Merari, A. (1998) Attacks on civil aviation: Trends and lessons. *Terrorism and Political Violence*, *10*(3), 9-26.

越智啓太（2011）ハイジャック. 越智啓太・藤田政博・渡邉和美［編］, 法と心理学の事典（pp.274-275）. 朝倉書店.

岡田安功（2019）鉄道駅係員への暴力発生場面の類型化．犯罪心理学研究, *56*（特別号）, 138-139.

大上渉（2013）日本における国内テロ組織の犯行パターン．心理学研究, *84*（3）, 218-228.

税関（2019a）関税法の罰条　Retrieved from http://www.customs.go.jp/shiryo/batsujo.htm（2019 年 5 月 2 日）.

税関（2019b）平成 29 年の全国の税関における関税法違反事件の取締り状況　Retrieved from https://www.mof.go.jp/customs_tariff/trade/safe_society/mitsuyu/cy2017/ka300223.pdf（2019 年 5 月 1 日）.

トピックス
11

高齢者における犯罪事象

桐生正幸

　近年、高齢者における犯罪事象が注目されており、桐生（2015）は、①犯罪加害、②犯罪被害、③防犯活動の3つの側面から研究を進める必要があることを提案している。

　まず、高齢者による犯罪加害である。太田と警察政策研究センター（2013）は、「高齢犯罪者増加の背景として、高齢社会の進展や高齢者人口の増加を挙げる向きが多いが、65歳以上の高齢犯罪者の犯罪者率（人口10万人当たりの検挙人員）を調べてみると、1989（平成元）年の46から2006（平成18）年の175へと3.8倍の伸びを示している 。他の年齢層の犯罪者率も上昇しているが、1989（平成元）年からの変化率で見ると、高齢者の犯罪者率の増加が最も著しくなっていることに注目しなければならない。つまり、高齢者の人口増加以上に、高齢者の犯罪が増加しており、その増加率は他のどの年齢層よりも高くなっている」ことを指摘している。先進国の中でも日本の認知刑法犯の件数は、英国やドイツなどと比較してかなり少ない（法務省, 2012）。しかし高齢者の受刑者率を見ると、英国3.2％、ドイツ3.0％、フランス4.0%、米国5.5％（55歳以上の割合）に対し、日本は12.3％であり、極めて高いことが指摘されている（堀田・湯原, 2010）。

　暴力的な犯罪加害を見てみると、まず、2000年と2013年とのFBIの犯罪統計を比較したクラコースキーとエドルバーカー（Kratcoski & Edelbacher, 2016）は、65歳以上の暴力犯罪も2013年には大幅に増加したことを指摘している。一方、日本においては、2007年までの10年間において、暴行で検挙された高齢者の人数が17倍に増加し、傷害も4倍に増加していることから、急激に増加した高齢者犯罪が暴行であることを中尾（2014）は指摘している。また、出生コーホート（1940～1946年生まれ）説を提示し、データを用いて、未成年凶悪犯罪とコーホートとの対応を実証的に検証している。その結果、特定世代が未成年時から成人時を経

て高齢者に至るまで、常に高い犯罪数を示しており、現在の高齢者による暴力犯罪を含む犯罪の増加は、その特定世代の特質が反映されていると中尾（2014）は考察している。

　次に、高齢者の犯罪被害である。高齢者は、生物学的にも社会学的にも弱者であり、いつの時代においても犯罪被害に遭うリスクが高いものと考えられる（桐生, 2015）。高齢者が被害に遭いやすいものとして、「ひったくり」があげられるが、現在、最も重篤なのは特殊詐欺被害である。この特殊詐欺とは、面識のない不特定の者に対し、電話その他の通信手段を用いて預貯金口座への振込みその他の方法により現金などをだまし取る詐欺のことである。

　だまされた多くの人は、「まさか自分に詐欺の電話がくるとは思っていなかった」と述べているが、このような状態を「正常性バイアス」で説明することは可能であろう（細江, 2013）。正常性バイアスとは、多少の異常事態が起こっても、それを正常の範囲内として捉え、心を平静に保とうとする働きのことである。西田（2018）は、被害者の心理過程について社会心理学的な分析を行い現実的なモデルを提供している。詐欺師との欺瞞的コミュニケーションは、「低い『コミットメント』状態にあって、『不審性』を低く認知する一方で、『返報性と権威性による依存性』、『リアリティ』、『執拗性』を高く認知」していたとする（西田, 2018）。なお、犯罪被害ではないものの高齢者にとって生命の危機に遭う事案として「交通事故」と「虐待」があり、今後の研究課題となろう。

　最後に、高齢者による防犯活動である。地域防犯ボランティア活動の中心的年代は、70歳台、60歳台であり、仲間が少なくとも防犯活動に対する意欲が高く、誇りを持って活動していること、活動の動因として子どもを守りたいという強い思いがあることがうかがわれている（桐生, 2015）。一方、高齢者による防犯活動には、いくつかの課題が指摘される。内閣府（2012）の「高齢社会白書」によれば、60歳以上の高齢者が、地域における何らかのグループ活動に参加している割合は59.2%であるが、そのうち「安全管理」に関するグループ活動参加は7.2%であった。また、過去1年間にボランティア活動に参加した割合は47.0%であり、そのうち、「地域

の安全を守る活動」には男性が13.1％、女性が3.9％という割合であった。

　これらの割合より、地域防犯ボランティアが全体の10％前後の高齢者によって行われていることが推測され、彼らは、防犯活動以外の地域活動にも加わっていることが指摘される。つまり、日々の活動における時間的な制限や、体力疲労などの問題が生じてきていることが十分予測される。また、住宅地や郊外などでは容易に形成しやすい防犯パトロール隊も、マンションの多い都市部では人間関係の希薄さもあいまって、そもそも防犯活動自体が形成されにくい状況にある。今後は、交通事故被害に比べ犯罪被害の頻度が少ないことも含め、防犯活動への動機づけや活動持続の意識の維持に関する検討が必要となろう。

■引用・参考文献

堀田利恵・湯原悦子（2010）高齢者になって初めて犯罪に手を染めた女性犯罪者に関する研究（総説）．日本福祉大学社会福祉論集, *123*, 69-83.

細江達郎（2013）振り込め詐欺．谷口泰富・藤田主一・桐生正幸［編］，クローズアップ犯罪（pp.58-67）．福村出版.

法務省（2012）平成24年版犯罪白書　Retrieved from http://hakusyo1.moj.go.jp/jp/59/nfm/mokuji.html（2019年3月30日）.

桐生正幸（2013）身近で発生した殺人事件が住民の不安と防犯意識に及ぼす効果．関西国際大学研究紀要, *14*, 243-252.

桐生正幸（2015）日本の高齢者を取り巻く犯罪——加害・被害・防犯．東洋大学HIRC21［編］，現代人のこころのゆくえ4——ヒューマン・インタラクションの諸相（pp.5-31）．東洋大学21世紀ヒューマン・インタラクション・リサーチ・センター.

Kratcoski, P. C., & Edelbacher, M. (2016) Trends in the criminality and victimization of the elderly. *Federal Probation Journal*, *80*(1), 58-63.

内閣府（2012）平成24年版高齢社会白書　Retrieved from https://www8.cao.go.jp/kourei/whitepaper/w-2012/zenbun/index.html（2019年3月30日）.

中尾暢見（2014）激増する高齢者犯罪．専修人間科学論集社会学編, *4*（2），101-117.

西田公昭（2018）高齢者のなりすまし電話詐欺の被害心理．越智啓太［編］，高齢者の犯罪心理学（pp.138-151）．誠信書房.

太田達也・警察政策研究センター（2013）高齢犯罪者の特性と犯罪要因に関する調査　警察庁.

<table>
<tr><td>11_節</td><td></td></tr>
</table>

11節 性犯罪における認知行動療法

高岸幸弘

1. はじめに

　犯罪の中でも性犯罪に対して生じる人々の嫌悪感や怒りは強い。性という極めてプライベートな領域を踏みにじる行為であるゆえ、それに対し不快感情を抱くのは自然なことである。さらに、被害者には女性や小さな子どもが多いこと、精神的ダメージの被害が長期にわたって持続すること、そして、他の犯罪に見られるような「もし何らかの状況が積み重なれば自分も同じような犯罪をしていたのかもしれない」という思考がとられにくいことなどが不快感を抱く要因となるであろう（朝比奈, 2017）。しかしながら、性犯罪の背景に横たわるさまざまな要因や構造、そしてそれらの力動や相互作用に注目することなく、不快感情のみで再犯防止を追求すると、「異常な性欲や性嗜好にまかせて繰り返される愚かな行為」というレッテル貼りに終始してしまいかねず、本質的な再犯防止にはつながらない。事実、性犯罪者の登録制度やGPSの装着といった監視、または薬物療法や外科手術といった医療介入にのみ大きな期待を寄せる動きが高まるのはその典型といえる。このように、性犯罪の処遇を考えるときには、性への侵害に対する特有の感情や思考がかき立てられることを自覚しておくことが重要である。

　性犯罪の処遇としての治療・教育的な取り組みは、1970年代から薬物依存への介入に続く形で、性犯罪以外の犯罪よりも先駆をなして報告され始めた。そして今日までさまざまな理論構築と実践が蓄積されてきている（Marshall & Laws, 2003）。これが意味することは何か。実は性犯罪の再犯率はその他の犯罪のそれよりも決して高いものではない。それでもひとたび性犯罪の再犯が生じると被害者や社会に大きなダメージを与えるため、多くの国で再犯防止への関心と資源が費やされているといえる。ただ、実際にはそれだけでなく、性犯罪に対する治療・教育的介入の進展を見るこの世界的な傾向が意味するところは、性犯罪が罰して抑圧すれば解決するものではなく、治療・教育的介入が

必要かつ効果的であることを示しているということなのである。

　本節では、性犯罪に対する治療・教育的アプローチの主流となっている認知行動療法（Cognitive Behavioral Therapy）の理論的背景について概観する。そのうえで、これまでの性犯罪に対する処遇の変遷を踏まえ、現在、日本で実施されている性犯罪に対する治療・教育的プログラムを概説する。

２．認知行動療法とは

　認知行動療法は 1960 年代初頭から主にうつ病や不安症、強迫症の治療法として構築されてきた心理療法である。一般的な認知行動療法では、ネガティブな気分や感情に関連する「認知（考え方）」や「行動（対処法）」を適応的なものに変容することによって、ストレスへの対処能力を高めていく。ただ、認知行動療法は単一の心理療法を指すものではなく、種々の治療介入法を総称したものであり、その源流には大きく分けて 1950 年代頃から発展した学習心理学の基礎的原理を治療に活用する行動療法と、認知理論に基礎を置く認知療法とがある。

　行動療法にはまず、パブロフの犬の実験に代表される、中性刺激と無条件刺激の対提示によって、中性刺激が条件刺激として機能するようになるレスポンデント条件づけの理論（刺激強化子随伴性）に基づいて行うものがある。この理論では恐怖症や不安症における過剰な情動反応は、本来結びつけなくてもよい刺激と結びついているものとして理解される。それゆえ、その結びつき（連合）を解消（消去）することが治療となる。代表的な治療法としてエクスポージャー療法がある。そして、スキナー箱などの実験で種々の行動や行動原理が説明されたオペラント条件づけの行動理論に基づくものがある。これは、ある行動が生じたときに、良い結果（好子）が生じればその行動は増え（強化）、逆に悪い結果（嫌子）が生じればその行動が減る（弱化）という学習形式（反応強化子随伴性）である。この理論を応用した治療法として、ソーシャル・スキルズ・トレーニング（Social Skills Training）やトークン・エコノミーがあげられる。行動療法では、動物の行動原理を明らかにしようと、個体と環境との相互作用としての行動を重視し、客観的で再現可能な科学性に重きを置い

ている点も特徴の一つである。その後の認知行動療法の展開から見ると、1950年代に発展したこの行動療法は第一世代として位置づけられる。

　その後、第一世代の行動療法は、不安症、強迫症、そして統合失調症の一部の問題行動の治療法として確立していった。その一方、うつ病の症状は一部を除いて学習で説明できないとされ、それを第一世代の行動療法が積極的に扱うことが難しかった。それに対し、ベックら（Beck et al., 1979）は、うつ病に見られる出来事に対する悲観的な認知過程を直接扱うことで、抑うつ症状の改善が得られることを見出した。そこで、認知過程が環境と感情・行動を媒介するという考え方が登場し、1970年頃から第二世代の認知行動療法として発展した。認知過程に注目した認知行動療法は、不適応的な認知を検討し、より適応的な別の認知を導き出す認知再構成法や、問題に対する具体的な対処法を数多く導き出す問題解決技法など、さまざまな介入技法を生み出し、第一世代同様に実証的な研究によってその有効性が報告されてきた。環境と個人の感情、認知、行動の相互作用をアセスメントし、症状がどのような全体構造を持っているかを明らかにするケースフォーミュレーションを行うことも特徴の一つである。欧米諸国においては、現在、認知行動療法は臨床心理学の代名詞的位置づけとなっており、臨床心理学的介入法の主たるものとして確立されている。ただし、多くの実証研究がなされてはいるものの、認知の変容が行動の変容につながる統一した理論を持っておらず、この点は今後の課題となっている。

　実践と研究が進むにつれ、非機能的な認知の修正など、認知の「内容」に注目した第二世代の認知行動療法では、修正された認知を活用しようとしても大きなストレスがかかると機能しなかったり、うつ病の再発が予測できなかったりする問題点も指摘され始めた（Seagal et al., 2002）。そのため、認知の「内容」ではなく認知の「機能」に注目した第三世代の認知行動療法が展開してきた。

　第三世代の認知行動療法では行動の文脈を重視し、これまでより体験的で間接的な方略を採用している。代表的なものにマインドフルネス（mindfulness）とアクセプタンス（acceptance）がある（Hayes et al., 1999）。マインドフルネスとは、「今の瞬間の現実につねに気づきを向け、その現実をあるがままに知覚して、それに対する思考や感情には囚われないでいる心のもち方やあり

よう」（熊野, 2011）である。治療場面では、非機能的な認知が生じた場合に、その考えに囚われて反芻したり行動をとったりするのではなく、ありのままに思考や感情を観察するよう取り組むのである。アクセプタンスは心理療法で一般的にいわれる「受容」とは異なる概念であり、思考や感情を含むネガティブな出来事に気づきながらも、それを変えるためにエネルギーを割くようなことをしない態度を指す。この考え方の基礎には、人は抑うつや不安といったネガティブなことがらに結びついた考えや行動を避ければ避けるほど、そのサイクルの頻度や強さは増大するという前提がある。これを体験するためによく使われるワークとして「シロクマのワーク」がある。これは「今から 3 分間シロクマのことを絶対に考えてはならない」という教示をされたらどうなるか体験するものである。考えないようにすればするほどシロクマが頭に浮かんでくるのを体験することができるであろう（Wegner, 1994）。

　このように行動療法は第一世代から第三世代まで展開してきたが、これは決して第一世代が古くもはや使えないもので、第三世代が最新の最も効果的な治療法というわけではない。単に生じた年代の違いによってつけられた名称である。実践においては、取り組むべきことがらに対し、適切な理論や介入技法を適宜活用していくことが重要であり、実際、性犯罪の治療・教育的プログラムにも第一世代から第三世代までさまざまな介入技法が活用されている。

3．性犯罪に対する治療・教育的介入の変遷

（1）条件づけから再犯防止モデル（Relapse Prevention: RP）への展開

　性犯罪に対する初期の理解は、逸脱した性的空想や性的嗜好が加害行為に向かわせるというものであった（Raymond, 1956）。性犯罪は逸脱した性的空想をしながら自慰行為を行うことで性的に興奮することを身につけたため生じるという、レスポンデント条件づけの理論によって説明されたのである。そのため、北米において 1960 年代に本格化し始めた治療介入では、逸脱した性的空想による性的興奮をいかに減じていけるか、正常なものに修正できるかに焦点が当てられた。イメージを用いたり、電気刺激を用いたりしてその逸脱した空想を修正しようと試みる取り組みも盛んに行われてきた（針間, 2001）。その後

オペラント条件づけによる説明や、社会的学習理論によるメカニズムの解釈がなされたが、効果のエビデンスはなかなか確立しなかった（Laws & Marshall, 1990）。

　20年近くに及ぶ取り組みの中で、マーシャルら（Marshall, 1984; Marshall & Barbaree, 1990）は、性的加害が形成され維持される新しいモデルを提唱した。これまでに注目した条件づけの過程や性的空想など各要素は、性犯罪の発生、維持、そして強化の説明に対して一定の役割を持つことはわかってはいた。しかしマーシャルらは、それらが単独で作用するものとしてではなく、相互作用に注目した。つまり高リスクとなる要素の相互作用やパタンを特定し、認知行動療法の考え方を用いて、そのようなリスクを低減させたり回避したりするスキルを学んで練習したり、あるいは再犯につながらないような日常生活ルーチンの計画を検討したりしようとしたのである。介入のターゲットとされた重要な要素の代表的なものは、性欲、アタッチメント、親密さと孤独、性情報、共感性、自尊心、認知の歪み、恥と罪悪感、防止計画などである。とくにアタッチメントスタイルが重視された。これは乏しいアタッチメントが成人の性犯罪の予測因子として説明されるという研究（Smallbone & Dadds, 2000）が報告されているためである。この方法は成人の性犯罪だけでなく、少年の性非行の治療・教育的プログラムにも応用された（Hunter & Santos, 1990）。

　マーシャルらのこの介入モデルは、もともとは薬物依存の治療モデルとして出発し、性犯罪の領域でも活用されたものである。再犯を防止するために、いかに犯罪につながることがらを避けたり修正したりできるかを重視するため、再犯防止モデル（RPモデル）と呼ぶ（Pithers et al., 1990）。RPモデルによる処遇プログラムの効果はメタアナリシスでも検証され有効性が実証されている。たとえばハンソンら（Hanson et al., 2002）の報告では、RPモデルによる治療群と対照群との比較では対照群の再犯率が約18％であったが、治療群では約10％であることが確認されている。ただ、RPモデルによる処遇プログラムの個々の研究を見てみると、対象の年齢が異なっていたり犯行の常習性にもばらつきが認められたりする報告も多い。必然的に、個々の実施内容にも差異が生じ得るし、それゆえ効果も小さなものになっているとも考えられる。RPモデルによる処遇プログラムは、その際のリスクアセスメントのあり方が課題

となったといえる。

(2) RNR 原則とグッドライブスモデル (Good Lives Model: GLM) の展開

　RP モデルで明らかになったリスクアセスメントの重要性が認識され、ア
ンドリューとボンタ (Andrew & Bonta, 2010) はリスク・ニーズ・反応性
(Risk-Needs-Responsivity: RNR) 原則を提唱した。これは、再犯のリスクの
程度に応じて (Risk 原則)、処遇のターゲットとなる要因に焦点化した介入を
行い (Needs 原則)、その介入はその個人にとって最も有効な環境や提供の仕
方で行う (Responsivity 原則) というものである。つまり、性犯罪に対する処
遇プログラムを提供する際には、アセスメントをはじめとした、より厳密なリ
スクマネジメントを行うことが強調される。アンドリューとボンタは、これま
でアセスメントにおいて犯歴や年齢など介入によって変えられない要因（静的
リスク）に偏重していたものから、自尊心、性に関する価値観、共感性といっ
た介入によって変化させることが可能な要因（動的リスク）の重要性を強調し
ている。RNR 原則は、従来の RP モデルを補完するものとして理解でき、両
者は対立するものではない。すなわち、RNR 原則に基づいて動的リスクに焦
点を当てた RP モデルによる処遇プログラムを実施することができる。このよ
うな実用性から、RNR 原則は性犯罪に限らず犯罪者処遇において世界中で支
持されている原理である (Brown & Campbell, 2010)。後述するが、日本でも
性犯罪においては、全国に 8 ヶ所ある調査センターで RNR に基づいたアセス
メントを経たうえで、RP モデルに基づいた治療・教育的プログラムが提供さ
れている。

　一方、RNR 原則による RP モデルによる処遇プログラムは、再犯しないた
めに「これをしない」「あれを避ける」といった回避目標に依存しすぎている
こと、また、プログラムを受ける本人の動機づけが前提となっていることへの
批判もある。つまり、性犯罪の処遇によって人生が受け身で回避的なものとな
り、それどころか、問題に焦点を当てる姿勢はそもそも事実や介入を否認・拒
否させる危険性があるというわけである。事実、これまでの処遇では、どのよ
うなアセスメントをし、どのような介入ターゲットを定めても、してはいけな
いことばかりの検討に陥り、本人の意欲が削がれてしまうこともしばしば報告

されている。また、性犯罪における道義的に認められない価値観を修正すべく問題に直面させ、自分の犯したことを認めさせなければならないという対決的な態度により、介入プロセスが行き詰まることもある。そのような問題に取り組む中で、よりポジティブな方向性を持ったアプローチが提唱され始めた（Marshall et al., 2005）。このアプローチはグッドライブスモデル（Good Lives Model: GLM）といい、RNR 原則を取り入れつつ、人生における目標を適応的な部分を高めようとする方法である。たとえば、親密さや心地よさを得るという目標に注目した場合、性犯罪者はそれを強引な性行為によって満たそうとすることがある。目標自体は健全なものであるが、その方法が問題となるため、GLM ではその方法を適応的なものとなるよう、ソーシャルスキルや価値観といった内的資源と、信頼できる他者や援助を得られる機関などの外的資源を整えて望ましい人生の計画（good lives plan）を立てるのである。

4．日本における性犯罪に対する認知行動療法に基づく処遇プログラム

　日本では 2006 年の刑事施設及び受刑者の処遇等に関する法律の施行に伴い、特別改善指導の一つとして性犯罪者に対する認知行動療法に基づいた処遇プログラムが導入された。性犯罪者に対するこの治療・教育的プログラムは主に効果が実証された欧米諸国での内容をもとに開発されたものであり、とくにカナダのマニュアルが基礎となっている（山本, 2012）。

　実施主体は法務省矯正局であるが、仮釈放者と保護観察付執行猶予者に対しては保護局が実施している。それぞれ対象者や内容などに多少の違いもあるが、集団で実施される認知行動療法や RP モデルを基礎とするプログラムの主要な部分は概ね共通しており、また、矯正局の施設（刑務所）で受講したのちに保護局の施設（保護観察所）で実施される場合、基本的に矯正局でのものを引き継ぐようになっている。そのため、本稿では主に刑務所で実施されている性犯罪者処遇プログラムを中心に概説する。

（1）対象者

　対象者となるのはすべての犯罪者のうち、①罪名が特定の性犯罪であるいわ

ゆる「性犯罪受刑者」に加え、②人を死亡させた者のうち性的動機に基づく事件を行った者、③その他性的動機に基づく事件を行ったもの、そして④過去に重大な性犯罪歴があり再犯リスクが高いと思われる者である。その他にも、性犯罪の常習性・反復性が認められる者や、起こした事件から見て性犯罪に結びつくリスクが認められる者（たとえば被害者が 13 歳未満）なども処遇プログラムを受けうる対象となる。対象者は次に述べるアセスメントを経て受講の可否および内容が最終的に決定される。

(2) アセスメント

プログラムには頻度や総実施回数にいくつかの種類があるが、処遇プログラム実施の前段階で、どの対象者にどの程度の量と内容を受けさせるか判断するためのアセスメントを行う。アセスメントは全国 8 ヶ所にある調査センターで行われ、RNR 原則に基づき、(a) リスク、(b) 処遇ニーズ、(c) 処遇適合性の 3 つの領域について評価し、結果を総合的に判断して処遇計画が立てられる。

(a) リスク

再犯と結びつく傾向の強い要因のうち、過去の逮捕歴や被害者の数といった、変容が困難とされるものがどの程度存在するかという観点から再発リスクを評価する。また、再犯した場合に被害者および社会に及ぼす害悪や影響の大きさも評価され、必要となるプログラムの内容を判断する。つまり、その再犯可能性と再犯をした場合の損害の大きさの観点から、優先的に処遇プログラムを受講させるべき対象者を選定するという方針なのである。評価には、カナダやアメリカで用いられている Static-99（Hanson & Thornton, 1999）やSORAG（Quinsey et al., 1998）といった性犯罪リスクを測定する標準化尺度を使用する。

(b) 処遇ニーズ

再犯可能性に結びつくリスク要因のうち、治療・教育的介入によって変化することが期待されるものが処遇ニーズである。カナダ連邦矯正局で使用されているStable-2000 を基礎としたチェックリストにより、①社会的影響、②親密さの欠損、③性的な自己統制、④性暴力を容認する態度、⑤監督指導への協

力、⑥一般的な自己統制の6要因を評価する。日本語版はNAT2005（Needs Assessment Tool 2005）と呼ばれ、半構造化面接の形式で実施される。変化が期待されることがらの評価であるため、それらの要因は治療・教育的プログラムの中で介入ターゲットとなる。

(c) 処遇適合性

　処遇プログラムの受講が適切であるかを、治療を優先すべき疾患はないか（心身の状態）、プログラムの内容を理解することができる程度の日本語能力および知的能力を有しているか、プログラムを受講する動機づけのレベルはどの程度かなどの観点から評価する。プログラムの受講が困難であると判断された場合も、受講の必要性や効果といった説明を継続的に行ったり、動機づけを高めるための準備プログラム（集団による動機づけ面接技法の施行）を行ったりする。

(3) 密度

　処遇プログラムには受講する科目の種類（必修・選択）と標準のセッション数の違いから、高密度、中密度、低密度の3種類の密度がある（表11－1）。アセスメントによって対象者がどの密度のプログラムを受けるか決定される。

(4) 科目

　プログラムの内容は、アセスメントが行われた調査センターで実施するオリ

表11－1　矯正施設における処遇プログラムの密度

内　容	セッション数	高密度	中密度	低密度
オリエンテーション	1～2	必修	必修	必修
第1科　自己統制	26（短縮版12）	必修	必修	必修（短縮版）
第2科　認知の歪みと改善方法	11	必修	選択	―
第3科　対人関係と社会的機能	9	必修	選択	―
第4科　感情統制	8	必修	選択	―
第5科　共感と被害者理解	10	必修	選択	―
メンテナンス	4～	必修	必修	必修
合計	69～	69～	39～	17～

出典：法務省（2006）より引用。

エンテーション、刑務所で実施する本科、出所前に復習・まとめのセッションとして実施するメンテナンスからなる。本科は、自己統制、認知の歪みと改善方法、対人関係と社会的機能、感情統制、共感と被害者理解の5つからなっている。これら5つの内容・目標は以下の通りである。

第1科　自己統制

本科の中心となる科目であり、性犯罪につながる要因について広く検討し、再発防止のための介入計画（自己統制計画）を策定し、それを達成するために必要となるスキルを身につける。

第2科　認知の歪みと改善方法

認知が気分や行動に及ぼす影響について学び、そのうえで性犯罪につながり得る歪んだ認知の変容を図り、適応的な思考スタイルを身につける。

第3科　対人関係と社会的機能

対人関係や親密さについて振り返り、性犯罪につながる問題性のある対人関係を改善し、望ましい対人関係の構築と維持のためのスキルを身につける。

第4科　感情統制

感情が行動に及ぼす影響について学び、性犯罪に関連する怒りや落ち込みといったネガティブな感情を統制するスキルを身につける。

第5科　共感と被害者理解

共感を理解し、他者への共感性を高めることを目指す。加えて、共感を他者に適切に表現する方法を身につける。

（5）頻度と期間

各セッションは標準として100分を設定しており（集団の質によっては増減することもあり得る）、週に1～2セッションを実施する。週に1回の場合と2回の場合とで標準的な期間は異なるが、高密度では約8ヶ月～約16ヶ月、中密度ではそれぞれ約4ヶ月～約14ヶ月、低密度では約3ヶ月である。

5．今後の課題

認知行動療法はエビデンスに基づいた介入法という点が強みとして大きい

が、そのエビデンスの立証において、性犯罪者に対する介入ではいくつかの問題を抱えている。たとえば、効果の比較のために治療・教育介入を行わない対照群を設けにくいということ。追跡研究が困難であったり、追跡調査が実施されたとしても追跡期間のばらつきが認められたりすること。さらには、そもそも再犯を報告しなければ効果検証はできないという難点もある。これらは日本だけでなく世界共通の課題として今後取り組んでいかねばならないことである。

　本節では成人の性犯罪に対する認知行動療法に基づいた処遇プログラムに焦点を当てたが、近年では未成年の性非行についても同様の方向性で取り組みがなされている。とくに少年院での性非行少年に対する治療教育は、2015 年 6 月の少年院法の改正後から、J-COMPASS という性非行矯正教育用に開発されたワークブックを使用したプログラムが実施されている（亀田, 2017）。そこでは第三世代認知行動療法のマインドフルネスをベースとした取り組みが柱の一つとなっている。認知行動療法の展開・洗練化とともに、性犯罪や性非行に対する処遇プログラムも洗練されていくことが望まれる。

■引用・参考文献

Andrews, D. A., & Bonta, J. (2010) *Psychology of criminal conduct*. Anderson Publishing.

朝比奈牧子（2017）性犯罪者と心理療法．門本泉・嶋田洋徳［編著］，性犯罪者への治療的・教育的アプローチ（pp.11-24）．金剛出版.

Beck, A. T., Rush, A. J., Shaw, F. B., & Emery, G. (1979) *Cognitive therapy of depression*. Guilford Press.

Brown, J. M., & Campbell, E. A. (Eds.) (2010) *The Cambridge handbook of forensic psychology*. Cambridge University Press.

Hanson, R. K., Gordon, A., Harris, A. J., Marques, J. K., Murphy, W., Quinsey, V. L., & Seto, M. C. (2002) First report of the collaborative outcome data project on the effectiveness of psychological treatment for sex offenders. *Sexual Abuse: A Journal of Research and Treatment, 14*, 169-194.

Hanson, R. K., & Thornton, D. (1999) Static-99: Improving actuarial risk assessments for sex offenders. User Report 99-02. Ottawa: Department of the Solicitor General of Canada.

針間克己（2001）性非行少年の心理療法　有斐閣.

Hayes, S. C., Sttrosahl, K., & Wilson, K. G. (1999) *Acceptance and commitment therapy: An experimental approach to behavioral change*. Guilford Press.

法務省（2006）性犯罪者処遇プログラム研究会報告書（平成 18 年 3 月）.

Hunter, J. A., & Santos, D. (1990) The use of specialized cognitive-behavioral therapies in the treatment of juvenile sexual offenders. *International Journal of Offender Therapy and Comparative Criminology, 34*, 239-248.

亀田公子（2017）少年院における性非行防止指導　J-COMPASS．刑政，*128*（12），55-65.

熊野宏昭（2011）マインドフルネスそして ACT へ――二十一世紀の自分探しプロジェクト　星和書店.

Laws, D. R., & Marshall, W. L. (1990) *A conditioning theory of the etiology and maintenance of deviant sexual preferences and behavior.* In Handbook of sexual assault (pp.209-229). Plenum.

Marshall, W. L. (1984) Rape as a socio-cultural phenomenon. JPS Robertson Annual Lecture. Trent University.

Marshall, W. L., & Barbaree, H. E. (1990) *An integrated theory of the etiology of sexual offending.* In Handbook of sexual assault (pp.257-275). Plenum.

Marshall, W. L., & Laws, D. R. (2003) A brief history of behavioral and cognitive behavioral approaches to sexual offender treatment: Part 2. *The Modern Era. Sexual Abuse, 15,* 93-120.

Marshall, W. L., Ward, T., Mann, R. E., Moulden, H., Fernandez, Y. M., Serran, G., & Marshall, L. E. (2005). Working positively with sexual offenders: Maximizing the effectiveness of treatment. *Journal of Interpersonal Violence, 20,* 1096-1114.

Pithers, W. D. (1990) *Relapse prevention with sexual aggressors: A method for maintaining therapeutic gain and enhancing external supervision.* In Handbook of sexual assault (pp.343-361). Plenum.

Quinsey, V. L., Harris, G. T., Rice, M. E., & Cormier, C. A. (1998) *Violent offenders: Appraising and managing risk.* American Psychological Assessment.

Raymond, R. T. (1956) Case of fetishism treated by aversion therapy. *British Medical Journal, 2,* 854-856.

Seagal, Z. V., Williams, J. M. G., & Teasdale, J. D. (2002) *Mindfulness-based cognitive therapy for depression.* Guilford Press.（シーガル，Z. V.，ウィリアムズ，J. M. G.，ディーズデール，J. D.　越川房子［監訳］（2007）マインドフルネス認知療法――うつを予防する新しいアプローチ　北大路書房）

Smallbone, S. W., & Dadds, M. R. (2000) Attachment and coercive sexual behavior. *Sexual Abuse: A Journal of Research and Treatment, 12,* 3-15.

Wegner, D. M. (1994) Ironic processes of mental control. *Psychological Review, 101,* 34-52.

山本麻奈（2012）性犯罪者処遇プログラムの概要について――最近の取組を中心に．刑政，*123*（9），56-64.

デート暴力

荒井崇史

1．恋愛と暴力

　恋愛は常にわれわれの興味を引き、老若男女を問わず話のタネとなる。なぜなら、恋愛は時にわれわれにこの上ない幸せや喜びをもたらし、時にわれわれに激しい憎悪や嫉妬をもたらす極めて刺激的なものだからである。一方、近年では、恋愛関係のもつれから殺人に至る事件に代表されるように、交際相手の暴力に起因する凄惨な事件がたびたびマスメディアに取り上げられている。事件には至らないような恋愛関係内での暴力の問題となれば、さらに多いと予想される。年齢を問わず、こうした暴力的な関係に陥る可能性があるが、とくに人間関係を学ぶ若年層では一度問題が生じると、その後の人生に大きな影響を及ぼす可能性がある。それゆえに、欧米では 1980 年代から、とくに若年層を対象とした研究が数多くなされてきた（レヴューとして、Cornelius & Resseguie, 2007; Dardis et al., 2014; Jackson, 1999; Shorey et al., 2008）。

　こうした未婚の交際関係にある二者間で生じる暴力は、デート暴力（Dating Violence）といわれ、家庭内暴力（Domestic Violence: DV）と区別される。デート暴力と DV とをあわせて、親密な関係での暴力（Intimate Partner Violence）ともいわれる。日本では、デート暴力を「未婚の交際関係にある二者間で、一方の者が他方の者に対して、日常的・継続的に身体的暴力、心理的攻撃、性的強要、社会的制限を行うことやほのめかすこと」（荒井, 2016: p.166）などと捉えられている。しかし、残念ながら、欧米の研究を含めてデート暴力の定義は必ずしも研究者間でコンセンサスが得られているわけではない。それゆえに、研究を行ううえで重要なのは、暴力を身体的暴力に限定して狭義に捉えるのか、それとも身体的暴力にとどまらず心理的な攻撃などを含めて広義に捉えるのかを明確に示すことである。つまり、当該研究がターゲットにしている暴力が曖昧なままでは、研究間の比較が困難になるためである。なお、一般用語として

「デート DV」という用語が用いられることがあるが、デート DV が表す現象はデート暴力と同義であると考えてよいであろう。

2．デート暴力の経験率

　われわれの感覚的には、幸せであるはずの恋愛関係で暴力が起こることは滅多にないと思われるかもしれない。しかし、現実は必ずしもそうではない。欧米では、大学生までの若年層において、恋愛関係内で暴力を受けた者の割合は、身体的暴力が 20.0 ～ 37.0％、心理的虐待が約 60.0％、性的虐待が 2.7 ～ 18.0％の範囲にあると指摘される（Shorey et al., 2008）。日本でも、内閣府男女共同参画局（2015）の全国におけるサンプリング調査では、過去に交際相手から身体的暴力、心理的攻撃、性的強要、経済的圧迫のいずれかの被害経験のある女性が 904 名中 19.1％、男性が 943 名中 10.6％にのぼることが報告されている。つまり、日本でもデート暴力の被害は必ずしも少なくないのが現状である。

　また、デート暴力は交際関係にある男性から女性への暴力と考えられがちであるが、女性から男性への暴力も存在する。実際、アーチャー（Archer, 2000）は、先行研究のメタ分析を通して、男性から女性への暴力よりも、むしろ女性から男性への暴力のほうが多いことを報告している。それに加えて、デート暴力は交際関係にある二者の一方向的なスタティックな現象ではなく、交際関係にある二者がダイナミックに作用することで生じる現象であることも指摘されている（Foshee, 1996; Lewis et al., 2002）。つまり、交際関係にある二者で葛藤が生じた際に、潜在的被害者の葛藤への軽微な攻撃的反応をきっかけに、潜在的加害者の暴力が発現するサイクルが存在するということである。

3．デート暴力の加害リスクを高める要因

　デート暴力の問題を扱ううえで、最も関心が寄せられるのがデート暴力の加害リスクを高める要因であろう。予防的観点からすると、加害高リスク群をいかに特定して介入プログラムの対象にするかが重要になるからである。そうした意味で、従来の研究を見ると、デート暴力の加害リスクを

表1　デート暴力加害リスクを高める要因

一般カテゴリ	先行研究でデート暴力と関連が見られた変数例
精神的健康問題 (mental health problems)	・抑うつ ・不安
攻撃的思考／認知 (aggressive thoughts/cognitions)	・交際関係における暴力の受容 ・暴力に対する受容的態度
若年からの暴力 (youth violence)	・好戦的（例：酷い喧嘩に加わる、他人を傷つける） ・全般的な反社会的行動
物質使用 (substance use)	・アルコールの使用 ・マリファナの使用
リスキーな性行動 (risky sexual behaviors)	・中学校2年生での性行為 ・多数の性交相手
劣悪な恋愛関係と友人関係 (poor relationship and friendship quality)	・恋人との関係において敵意的である ・反社会的な友人との付き合い
劣悪な家族関係 (poor family quality)	・両親の夫婦関係における葛藤 ・幼少時代の身体的虐待
デモグラフィック要因 (demographics)	・性別 ・人種
攻撃的メディアの使用 (the use of aggressive media)	・攻撃的メディアの使用

出典：Vagi et al.（2013）より抜粋して筆者作成。

高める要因についてはかなりの数が指摘されており、非常に複雑な様相を呈している。

　そこで重要になるのが、加害リスク要因を集約した研究である。デート暴力の加害リスク要因をレヴューした代表的な研究として、ルイスとフレモウ（Lewis & Fremouw, 2001）は、発達的視点（過去の暴力行為の目撃、幼少期の虐待など）、臨床的視点（アルコール摂取、暴力への許容的態度など）、対人関係的視点（問題解決スキルの低さ、反社会的友人との交友など）、そして文脈的視点（ライフストレスの多さ、ソーシャルサポートの欠如など）から加害リスク要因を整理している。

　また、近年の研究で興味深いのが、米国疾病管理予防センター（U.S. Centers for Disease Control and Prevention）の研究者らの論文である（Vagi et al., 2013）。彼らの研究では、2000年から2010年までに出版された論文のうち、青年期におけるデート暴力を従属変数（目的変数）とし、縦断研究を行った論文のみを対象に加害リスクを高める要因を抽出してい

る。結果的に、デート暴力の加害リスクを高める 53 個の個別の要因を抽出し、さらにそれらを 9 つの一般カテゴリに分類している（表 1）。

　彼らの研究が重要なのは、デート暴力の加害リスクを高める要因を示している点だけではなく、少なくとも 2 時点での縦断調査を行い、リスク要因とデート暴力の因果関係が保証された研究のみを対象としている点にある。1 時点での横断調査も重要であるが、因果関係を保証するためには、結果に対して原因が時間的に先行している必要がある。残念ながら、日本では実態把握を中心とした 1 時点での横断調査が主であり、因果関係の特定を目指した縦断的なデート暴力研究は数少ない。効果的・効率的な予防的介入を考えると、因果関係が保証された要因にアプローチすることは必須であり、今後、日本でも縦断的な視点からのデート暴力研究が望まれるところである。

■引用・参考文献

荒井崇史（2016）デート暴力．日本犯罪心理学会［編］，犯罪心理学事典（pp.166-167）．丸善出版．

Archer, J. (2000) Sex differences in aggression between heterosexual partners: A meta-analytic review. *Psychological Bulletin*, *126*, 651-680.

Cornelius, T. L., & Resseguie, N. (2007) Primary and secondary prevention programs for dating violence: A review of the literature. *Aggression and Violent Behavior*, *12*, 364-375.

Dardis, C. M., Dixon, K. J., Edwards, K. M., & Truchik, J. A. (2014) An examination of the factors related to dating violence perpetration among young men and women and associated theoretical explanations: A review of the literature. *Trauma, Violence, & Abuse*, *16*, 136-152.

Foshee, V. A. (1996) Gender differences in adolescent dating abuse prevalence, types and injuries. *Health Education Research*, *11*, 275-286.

Jackson, S. M. (1999) Issues in the dating violence research: A review of the literature. *Aggression and Violent Behavior*, *4*, 233-247.

Lewis, S. F., & Fremouw, W. (2001) Dating violence: A critical review of the literature. *Clinical Psychology Review*, *21*, 105-127.

Lewis, S. F., Travea, L., & Fremouw, W. J. (2002) Characteristics of female perpetrators and victims of dating violence. *Violence and Victims*, *17*, 593-606.

内閣府男女共同参画局（2015）男女間における暴力に関する調査報告書　Retrieved from http://www.gender.go.jp/policy/no_violence/e-vaw/chousa/h26_boryoku_

cyousa.html（2018 年 3 月 22 日）.

Shorey, R. C., Cornelius, T. L., & Bell, K. M. (2008) A critical review of theoretical frameworks for dating violence: Comparing the dating and marital fields. *Aggression and Violent Behavior, 13*, 185-194.

Vagi, K. J., Rothman, E., Latzman, N. E., Tharp, A. T., Hall, D. M., & Breiding, M. J. (2013) Beyond correlates: A review of risk and protective factors for adolescent dating violence perpetration. *Journal of Youth and Adolescence, 42*, 633-649.

痴　漢

大髙実奈・入山　茂

1．痴漢とは何か

　日本では、あらかじめ犯罪となる行為とその行為に対する罰が法律により規定されている。ここで、本トピックスのテーマである痴漢について刑法などの法律を調べてみると、「痴漢」や「痴漢罪」などの言葉は見当たらない。それでは、私たちが「痴漢」と呼ぶ行為は、法律上どのように定義されているのだろうか。警視庁生活安全総務課生活安全対策第二係（以下、警視庁とする）（2016）によれば、痴漢を検挙する際の罪状および具体的な行為には主に以下のものがある。

(a)　強制わいせつ罪・各都道府県の迷惑防止条例違反

①衣服や下着の上、あるいは身体に直接触れて、手で下半身や尻、胸、ふとももなどを撫で回す。

②背後から密着して、身体や股間を執拗に押しつける。

③衣服のボタンやブラジャーのホックなどをはずす。

④エスカレーターや階段などの場所で、スカート内をカメラやビデオで盗撮しようとする。

(b)　器物損壊罪

①スカートなどの衣服を切り裂く。

②衣服に精液などを付着させる。

(c)　公然わいせつ罪

公衆の面前で陰部などを露出する。

(d)　軽犯罪法違反

つきまとい、のぞき。

　本トピックスでは、前述の罪状および行為を総合し、便宜上、「痴漢」と呼ぶこととするが、前述の（a）から（d）の罪状に該当するとは断定できない事例も存在する。たとえば、ある人物が手ではなく、傘の柄で意図的に他の人物の尻を突く場合である。実際、筆者が痴漢の被害者に話を

聞いた経験では、加害者がスカートをめくる、耳に息を吹きかけるなどの行為があった。これらは、他者を不快または不安にさせる行為である。実際、「相手の意に反して性的な言動や行為等のわいせつな行為により他人に迷惑をかける者」（曹・高木, 2005: p.744）と痴漢を定義している先行研究も見られる。

　私たちがその行為を痴漢と呼ぶ場合、たとえば各都道府県の迷惑防止条例に違反した明らかな犯罪行為という側面に加え、公共の場面で他者を心理的に不快または不安にさせる迷惑行為という側面がある可能性が推測される。

２．痴漢の発生状況

　ここでは、後述する暗数の問題はあるものの、犯罪行為としての痴漢について、発生状況に関わるいくつかのデータを見ていく。まず、発生場所と時間帯について見ていく。警視庁（2018）のデータより、2017 年に東京都内における迷惑防止条例に違反した痴漢（以下、迷惑防止条例違反とする）の場所別の発生状況を図1に示す。東京都内では電車内での迷惑防止条例違反が半分以上を占め、痴漢の多くが電車の中で発生していることがわかる。なお、痴漢防止に係る研究会（2011）の報告書によると、全国では、2009 年の電車内における強制わいせつの認知件数は 340 件であった。

　痴漢防止に係る研究会（2011）のデータより、首都圏で実施された、計 25 日間の痴漢取り締まり強化期間に検挙された 161 件の痴漢のうち、電車内で発生した痴漢に焦点を当て、時間帯別の発生状況を図2に示す。通勤・通学の時間帯にあたる朝7時から9時台が最も多く、全体の半分以上を占めていた。

　次に、痴漢の加害者と被害者について見ていく。痴漢防止に係る研究会（2011）のデータより、加害者と被害者の年代と職業の割合を図3から図6に示す。加害者は、20 代から 40 代がそれぞれ2割から3割を占め、会社員が6割を超える。一方、被害者は、10 代から 20 代で8割近くを占め、高校生が約4割、会社員が約3割を占めていた。

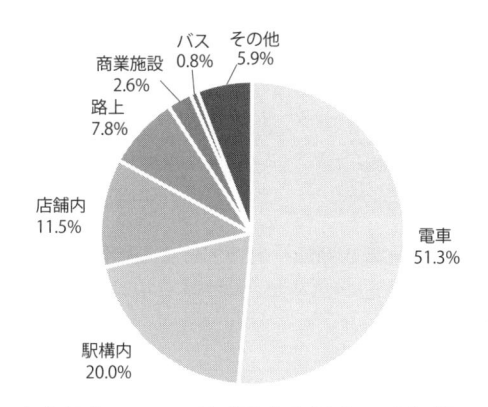

図1　2017 年の東京都内における迷惑防止条例違反（痴漢）の場所別発生状況

出典：警視庁（2018）をもとに筆者が作成。

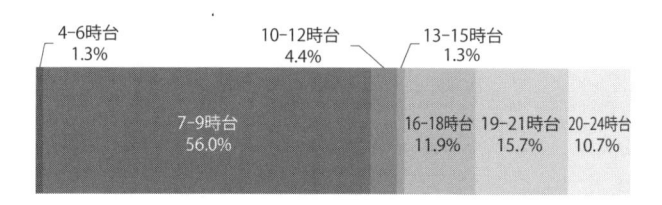

図2　電車内痴漢行為の時間帯別発生状況

出典：痴漢防止に係る研究会（2011）をもとに筆者が作成。

3．痴漢の暗数の問題

　ここまで、犯罪行為としての痴漢の発生状況を見てきたが、これらの
データは全国で発生しているすべての痴漢を網羅したものではない。本当
の発生件数は、被害者や目撃者によって通報されたことにより警察が把握
している認知件数と、誰からも通報されずに警察が把握することができな
かった暗数（dark number）を合計した数値である。

　親告罪（独：antragsdelikt）である痴漢については、被害者が被害を告
訴しなければ、検察でその犯行について公訴することができない。痴漢の
被害者は、心理・精神的なショック、羞恥心、被害届の提出手続きの煩

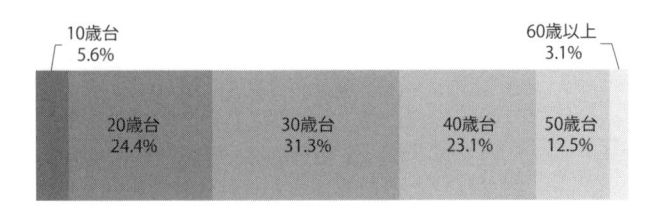

図3　電車内痴漢行為の加害者の年代別割合

出典：痴漢防止に係る研究会（2011）をもとに筆者が作成。

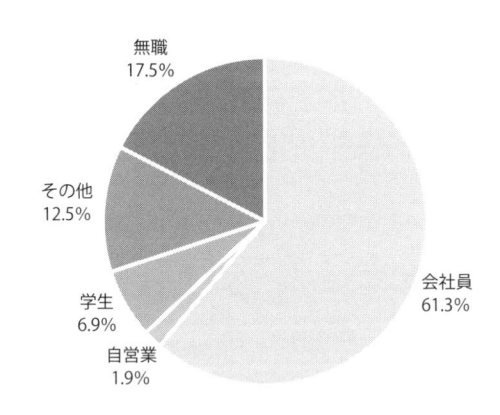

図4　電車内痴漢行為の加害者の職業別割合

出典：痴漢防止に係る研究会（2011）をもとに筆者が作成。

雑さや通勤・通学中であることなどから、警察に被害届を提出しない場合も少なくない。実際、痴漢の被害に遭った経験のある女性を対象に調査を行った先行研究では、警察に被害届を提出した人の割合は2.1％から10.9％であった（痴漢防止に係る研究会, 2011; 岡部, 2004; 鈴木, 2000）。

　年間の認知件数約4,000件と前述の親告率から大まかに計算しても、暗数を含めて全国で年間約40,000から200,000件、1日に平均して112件から562件の痴漢被害が発生していることになる。痴漢に関わるデータを分析する際には、常に暗数の問題が伴うことを考慮する必要がある。

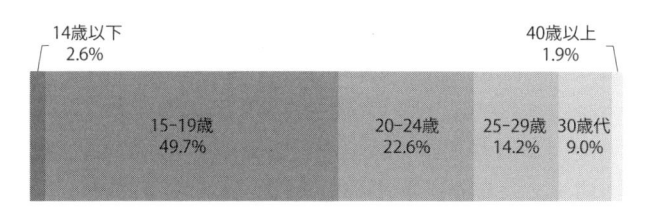

図5 電車内痴漢行為の被害者の年代別割合

出典：痴漢防止に係る研究会（2011）をもとに筆者が作成。

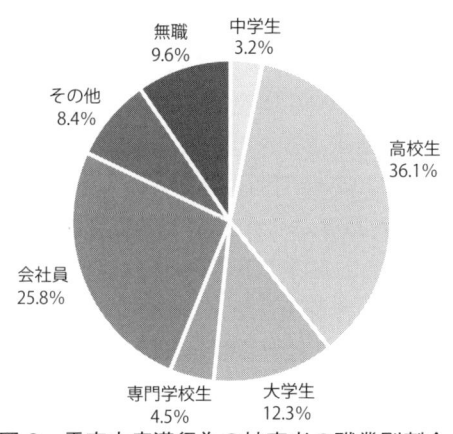

図6 電車内痴漢行為の被害者の職業別割合

出典：痴漢防止に係る研究会（2011）をもとに筆者が作成。

4．痴漢をなくすために

　ここまで、暗数の問題を含めた犯罪行為としての痴漢の発生状況を見てきたが、心理学はこの問題の解決にどのような貢献ができるであろうか。痴漢の加害者の中には常習的に犯行に及ぶ者が多く、矯正領域では常習者を対象とした心理学の研究知見を応用した治療プログラムを実施している。しかし、自主的に治療に訪れる者は少なく、ほとんどの常習者は逮捕されて初めて治療プログラムを受けることになるのが実情である（斉藤, 2017）。より多くの痴漢常習者に治療プログラムを受けさせ、将来的な痴漢の発生件数を減らしていくためには、痴漢が発生した際に正確に犯人を

逮捕することが重要となる。

　警察が捜査し、痴漢の犯人を逮捕するためには、被害者から警察への被害届の提出が必須となる。被害届の提出を阻害する要因があればそれを特定し、その要因に関わる諸問題の解決を支援するような心理学研究は有効であると考える。実際、前述の岡部（2004）、鈴木（2000）は、痴漢の被害に遭った経験のある女性を対象に、警察に被害届を提出しなかった理由について調査を行っている。岡部（2004）は福岡県久留米駅を利用する女性客を対象に聞き取り調査を行った結果、被害経験者48名中「面倒くさい」（9名）、「時間がない」（8名）といった理由を挙げる人が多かったと報告している。鈴木（2000）は愛知県市部在住の18歳から29歳の女性を対象に郵送による質問紙調査を行った結果、「届け出るのが面倒だったから」（22.2％）、「届け出る時間的余裕がなかったから」（21.5％）といった理由のほか、「大した被害ではなかったから」（54.4％）、「誰がやったかはっきりしなかったから」（32.8％）、「届け出ても意味や効果がないと思ったから」（32.8％）といった理由を挙げる人が多かったと報告している。

　これらの先行研究から、手続き自体に関わる問題が被害者による警察への被害届の提出を阻害する要因の1つとなる可能性が推測される。そのため、たとえば手続きを簡略化する、被害届を提出することの有効性を啓蒙することが、被害届の提出の促進につながると考えられる。さらに、朝の通勤・通学の時間帯に集中して発生する電車内での痴漢の被害への対応として、たとえば学校や職場において痴漢の被害届を警察に提出したことによる遅刻に配慮するなど、社会環境を整えることも有効と考えられる。

　一方、痴漢被害に遭っている女性が、その場で犯人を取り押さえることは現実的には簡単ではないため、周囲の人々による援助行動が必要不可欠となる。しかし、痴漢防止に係る研究会（2011）はウェブ調査を行った結果、通勤・通学途中に痴漢を捕まえたことにより遅刻してしまった場合に遅刻扱いとしないなどの規則が学校や職場にあると回答した男性は5.6％にすぎなかったと報告している。痴漢は、加害者と被害者の当事者間の問題ではなく、第三者である周囲の人々がためらいなく被害者を援助する行動をとることができるような社会環境を整えることも、警察による痴漢

の犯人の逮捕および将来的な痴漢の発生件数の減少につながると考えられる。今後、周囲の人々による痴漢の被害者への援助行動を促進させるような心理学研究の推進が期待される。

　本トピックスでは、犯罪行為としての痴漢について紹介してきたが、迷惑行為としての痴漢についても心理学の研究知見を応用した検討が期待される。

■引用・参考文献

曹陽・高木修（2005）女性の服装は痴漢被害の原因になるか──「痴漢神話」に関する被服社会心理学的研究．繊維製品消費科学, *46* (11), 743-747.

痴漢防止に係る研究会（2011）電車内の痴漢撲滅に向けた取組みに関する報告書　警察庁（2011 年 3 月 10 日）https://www.npa.go.jp/safetylife/seianki/h22_chikankenkyukai.pdf（2014 年 12 月 2 日）．

警視庁生活安全総務課生活安全対策第二係（2016）安全な暮らし　被害にあわないために　性犯罪から身を守る　痴漢は犯罪！　警視庁ホームページ 2016 年 7 月 20 日 http://www.keishicho.metro.tokyo.jp/kurashi/higai/koramu2/koramu3.html（2016 年 11 月 22 日）．

警視庁生活安全総務課生活安全対策第二係（2018）安全な暮らし　被害にあわないために　性犯罪から身を守る　こんな時間・場所がねらわれる　警視庁ホームページ 2018 年 3 月 7 日　http://www.keishicho.metro.tokyo.jp/kurashi/higai/koramu2/koramu8.html（2018 年 3 月 26 日）．

岡部千鶴（2004）女性専用車両に関する一考察──痴漢被害の実態とともに．久留米信愛女学院短期大学研究紀要, *27*, 57-66.

斉藤章圭（2017）男が痴漢になる理由　イースト・プレス．

鈴木眞悟（2000）資料 若年女性における痴漢被害の実態．科学警察研究所報告 防犯少年編, *40* (2), 137-145.

2000年以降の司法・犯罪心理学研究の動向

板山　昂・入山　茂

1．はじめに

　これから司法・犯罪心理学を研究する際の参考となるべく、本節では近年の研究対象の拡大と分析手法の多様化を考慮し、法と心理学研究と、犯罪心理学研究の2000年以降の動向の特徴を簡単に紹介する。

2．2000年以降の法と心理学研究の動向

　法と心理学に関する研究報告の場は、日本心理学会、認知心理学会、社会心理学会、犯罪心理学会など多岐にわたるが、中心的な役割を果たしてきたのは法と心理学会である（石崎, 2010）。石崎（2010）は、2000年から2008年までの法と心理学会の学会発表、および学会誌に掲載された論文、計327件を調査対象とし、法と心理学研究の研究動向を分析している。結果として、（1）目撃記憶・証言・供述、（2）発達・年齢（目撃証言などにおける子どもの発達的要因に焦点を当てた研究）、（3）裁判員・裁判官の判断傾向、（4）判例・事例研究、（5）コミュニケーション（法律家言葉や評議のあり方に焦点を当てた研究）、（6）面接法の6カテゴリが延べ報告件数の過半数（53.0％）を占めていた。なかでも刑事裁判において有用な証拠となり得る（1）目撃記憶・証言・供述に関する研究が延べ報告件数の19.2％を占め、主要な研究テーマであることがわかる。

　また、石崎（2010）は、法と心理学会における2000年から2003年までを前期、2004年から2008年までを後期に分けて、研究動向の変遷も検討しているが、（1）目撃記憶・証言・供述に関する研究の割合は一貫して高く、（3）裁判員・裁判官の判断傾向への関心が高まっていることが明らかとなった（図12－1）。これは、2009年5月より市民参加型裁判制度の裁判員制度が施行されることを受け、裁判員を対象とした研究が活発になってきたのだと考えられる

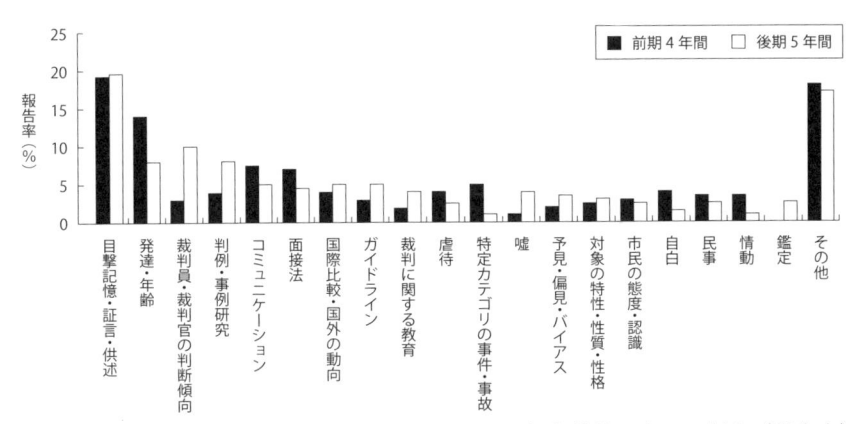

図 12 − 1　2000 〜 2008 年の各研究内容が延べ報告件数に占める割合（報告率）
出典：石崎（2010）をもとに作成。

（石崎, 2010）。

　本項においても、石崎（2010）の分析方法にならい、法と心理学会第 10 回大会（2009 年）から第 18 回大会（2017 年）において報告された学会発表、2009 年から 2017 年までの学会誌（『法と心理』）に掲載された論文、計 190 件を対象に、研究動向を分析した（図 12 − 2）。石崎（2010）と少しカテゴリが異なる部分があるが、大きな変遷の特徴としては、2009 〜 2011 年では目撃記憶・証言・供述の割合が高く、2012 年以降も一貫して高い割合だが、2012 年以降は裁判員・裁判官の判断傾向が目撃記憶・証言・供述を上回っている。また、取調べ・面接法、裁判に関わる刑罰観などの市民の態度・認識、評議に関する研究の割合が上昇している。これは、石崎（2010）の結果に引き続き、裁判員制度が施行されたことから一般市民の量刑等の判断傾向への関心が高まったものと考えられる。なかでも、個人の判断だけでなく評議場面の検討が増加している。

　また、2015 年より司法面接が本格化したこと、2016 年に取調べの可視化法案が成立したこともあり、司法面接（例：羽渕ら, 2017）や取調べの可視化（例：中田ら, 2018; 山崎ら, 2017）への関心の高まりが見られる。また、矯正や捜査手法に関わる研究もわずかだが見られており、法と心理学研究のテーマは広がり始めていると思われる。

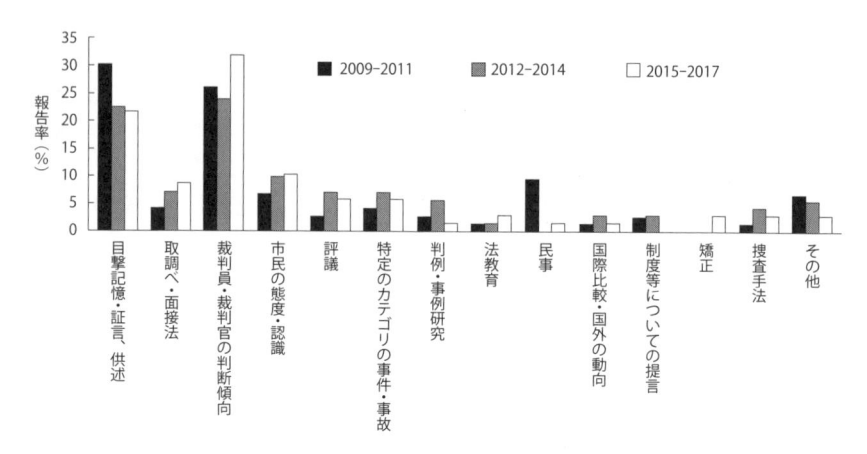

図 12 － 2　2009 ～ 2017 年度の各研究内容が延べ報告件数に占める割合（報告率）
出典：中田（2017）から抽出した法と心理学研究に関するデータに、筆者が最新のものを加えて作成。

3．2000 年以降の犯罪心理学研究の動向

　犯罪心理学に関連する文献や学術誌は数多くあり、さまざまな視点からその研究動向を捉えることができる。犯罪心理学の多様な研究テーマを包含し、日本だけでなく海外の最新の研究動向も取り上げた良書の一つとしては、日本犯罪心理学会（2016）が企画・編集し、矯正、家庭裁判所、保護、警察や大学の領域で活躍する犯罪心理学の研究者や実務家が執筆に参加した『犯罪心理学事典』がある。

　『犯罪心理学事典』（日本犯罪心理学会, 2016）を見ると、「犯罪・非行の原因」「犯罪心理学の研究法」「各種犯罪」「捜査」「査定」「施設内処遇」「社会内処遇・更生保護」「犯罪・非行の予防」「犯罪被害者」「司法制度・指導・福祉的措置」の 10 カテゴリが設定されている。従来の犯罪心理学研究の主な関心は犯罪・非行の原因や犯罪者・非行少年の心理、行動であったが、各カテゴリの内容を概観すると、被害者・遺族への支援、目撃者の心理、一般の人々による防犯活動、捜査員による犯罪捜査、裁判における裁判官・裁判員による法的判断、実務家・専門家による犯罪者・非行少年の査定、処遇、更生や保護の方法にまで関心の対象が拡大していることがわかる。

　各カテゴリに収録された項目の合計は 344 項目にのぼっている。従来の研究テーマやアプローチに加え、新たな視点に立ったものも多く見られるが、ここではいくつかのカテゴリにおける近年の特徴的な項目と関連する研究動向を簡単に紹介する。たとえば、「犯罪・非行の原因」のカテゴリでは、犯罪の原因に対する生物学アプローチを取り上げている。近年の代表的な研究例としては、レイン（Raine, 2013／高橋訳, 2015）が遺伝学の研究知見と陽電子放射断層撮影（positron emission tomography: PET）などの断層画像法を活用し、暴力など反社会的行動の神経学的基盤を解明しようとしている。

　「各種犯罪」のカテゴリでは、現代社会の世相を反映し、テロリズム（以下、テロとする）やテロの形態の一つとなる場合のある人質事件を取り上げている。日本では、たとえば越智（2004）や大上（2013）がテロリストについて、横田ら（2002）が人質事件の犯人について、その心理や行動の検討を行い、テロや人質事件への対処に心理学研究の知見を応用しようとしている。

　2000 年代に入り、「捜査」のカテゴリは大きく発展し、地理的プロファイリングを含めた犯罪者プロファイリング、取調べ、ポリグラフ検査や捜査の意思決定に関わる研究が推進されている。近年の研究例としては、萩野谷（2016）が ROC 分析（receiver operating characteristic analysis）など高度な統計分析を使用しながら、住居対象侵入窃盗事件に対する犯罪者プロファイリングの研究を行っている。もしくは新岡（2018）が、脳の局所の賦活状況を測定することを目的に、近赤外線を頭蓋内に照射して反射光を検出する方法である近赤外分光法（near infrared spectroscopy: NIRS）を使用した虚偽検出を試みるなど、日本では若い世代の研究者による新しい視点に立った試みが目立つ領域でもある。

　「施設内処遇」のカテゴリでは、たとえば、日本の刑事施設の被収容者の罪名に占める覚せい剤取締法違反、麻薬および向精神薬取締法違反の割合が引き続き高いことから、刑事施設における改善指導の一つとして薬物依存離脱指導を取り上げている。近年の研究例としては、山本ら（2011）が、医療機関の薬物依存患者を対象とした薬物の再使用リスクを評価する尺度を参考にしながら、刑事施設における薬物依存の被収容者を対象とした薬物の再使用リスクを評価する尺度の開発を試みている。

　「捜査」と同じく「犯罪・非行の予防」も、2000 年以降に活発に研究が行われているカテゴリである。島田・宮寺（2016）は、犯罪心理学が刑事司法の枠の中で犯罪者や非行少年にアプローチしていると考えられやすいと指摘しており、犯罪・非行を予防するためには潜在的な加害者、被害者、そして一般市民も対象とした刑事司法の枠の外におけるアプローチの必要性を提案している。近年の研究例としては、荒井ら（2013）は、犯罪や防犯に関わる情報を効果的に提供する観点から、3 歳から 12 歳の子どもを持つ母親を対象に、インターネット上で犯罪や防犯に関わる情報を探索する程度を調査するとともに、その探索行動を規定する要因を検討している。

　「犯罪被害者」のカテゴリでは、2004 年 12 月 1 日に成立し、2005 年 4 月 1 日に施行された犯罪被害者等基本法と関連し、被害者の心理アセスメントや遺族の心理的な支援を取り上げている。遺族に関する最新の研究では、たとえば白岩・唐沢（2018）が司法解剖を経験した交通死の遺族を対象に半構造化面接を行い、非破壊的な死因の究明方法として注目されている死亡時画像診断が遺族に与える心理的なベネフィットについて検討を行っている。

　本項では、『犯罪心理学事典』（日本犯罪心理学会, 2016）で取り上げられたカテゴリを中心に、2000 年以降の犯罪心理学研究を簡単に紹介した。2000 年以降の犯罪心理学研究では、研究者や実務家が、従来の問題意識、研究対象、アプローチ方法や分析手法に限定せず、実務や社会での必要性に応えるために工夫をしながら研究を実施し、発展してきていることを理解してもらいたい。

■引用・参考文献

荒井崇史・藤桂・吉田富二雄（2013）犯罪及び防犯に関する情報探索の規定因──インターネット上の情報探索．心理学研究, 84 (2), 83-92.

羽渕由子・三原恵・主田英之・仲真紀子（2017）多専門・多職種連携による司法面接の展開──通達からの 1 年を振り返り, 今後の展開を考える（法と心理学会第 17 回大会 ワークショップ）．法と心理, 17 (1), 47-54.

萩野谷俊平（2016）犯罪者プロファイリング研究──住居対象侵入窃盗事件の分析　北大路書房.

石崎千景（2010）日本における法と心理学研究の動向と展望．法と心理, 9 (1), 31-36.

中田友貴（2017）犯罪心理学史および大学所属研究者の近年における犯罪心理学研究．犯罪

心理学研究, *54*（特別号）, 248-249.

中田友貴・若林宏輔・サトウタツヤ（2018）取調べ録画動画の提示方法が自白の任意性判断に及ぼす影響——日本独自の二画面同時提示方式と撮影焦点の観点から. 法と心理, *18*（1）, 70-85.

新岡陽光（2018）近赤外分光法を用いた虚偽検出——情報秘匿意図の影響に関する検討. 法政大学大学院紀要, *80*, 43-54.

日本犯罪心理学会［編］（2016）犯罪心理学事典　丸善出版.

越智啓太（2004）テロリストの心理的特性に関する研究の現状と展開. 東京家政大学研究紀要, *44*（1）, 209-217.

大上渉（2013）日本における国内テロ組織の犯行パターン. 心理学研究, *84*（3）, 218-228.

Raine, A. (2013) *Anatomy of violence: The biological roots of crime*. Pantheon Books.（レイン, A. 高橋洋［訳］（2015）暴力の解剖学——神経犯罪学への招待　紀伊國屋書店）

島田貴仁・宮寺貴之（2016）概説 犯罪・非行の予防. 犯罪心理学事典（pp.560-563）. 丸善出版.

白岩祐子・唐沢かおり（2018）死因究明における死亡時画像診断（Ai）の意義——司法解剖を経験した交通死遺族との面接にもとづく検討. 人間環境学研究, *16*, 25-34.

山本麻奈・等々力伸司・西田篤史（2011）刑事施設における薬物依存者用評価尺度（C-SRRS）の開発——信頼性・妥当性の検討. 犯罪心理学研究, *49*（1）, 1-14.

山崎優子・山田直子・指宿信・北村亮太（2017）取調手法によってもらされる被告人への偏った印象はカメラアングルによって強化される. 法と心理学会第 18 回大会予稿集, 15.

横田賀英子・渡辺昭一・渡邉和美（2002）人質立てこもり事件の結末に影響する要因——状況要因が犯人の意思決定に与える影響について. 犯罪心理学研究, *40*（1）, 21-33.

児童ポルノ

池間愛梨・入山　茂

1．児童ポルノとは

　1996 年にストックホルムで開催された「児童の商業的性的搾取に反対する世界会議」にて、他の先進諸国と比べ、日本は児童ポルノに対する認識・対策が遅れていることが指摘された。その結果、1999 年に「児童買春、児童ポルノに係る行為等の処罰及び児童の保護等に関する法律」が成立し、2004 年、2011 年には見直しが行われた。

　2014 年には、「児童買春、児童ポルノに係る行為等の規制及び処罰並びに児童の保護等に関する法律」へと改正され、児童ポルノの定義の明確化、単純所持の禁止、盗撮による児童ポルノ製造罪の新設が行われ、規制が強化された。本トピックスのテーマである児童ポルノについて、この法律によれば「児童」とは 18 歳に満たない者を指し、「児童ポルノ」とは児童の性的描写に係る写真や電磁的記録に関連する記録媒体その他のものを指している。

　近年の日本の児童ポルノ事犯の検挙状況などを表 1 に示すが、2017 年中の検挙件数は 2,413 件、検挙人員は 1,703 人であり、児童ポルノ事犯が年々増加傾向にある。被害児童数は、過去最多であった 2016 年中よりは減少したが、10 年前の 2017 年と比較して約 4.4 倍に増加している（警察庁, 2018a）。

　被害の内容について見ると、だまされる、または脅されることにより児童が自らの裸体を撮影させられ、メールなどで送らされるもの（以下、

表 1　児童ポルノ事犯の検挙状況などの推移

	2012 年	2013 年	2014 年	2015 年	2016 年	2017 年
検挙件数（件）	1,596	1,644	1,828	1,938	2,097	2,413
検挙人員（人）	1,268	1,252	1,380	1,483	1,531	1,703
被害児童数（人）	531	646	746	905	1,313	1,216

出典：警察庁（2017a, 2018a）をもとに筆者作成。

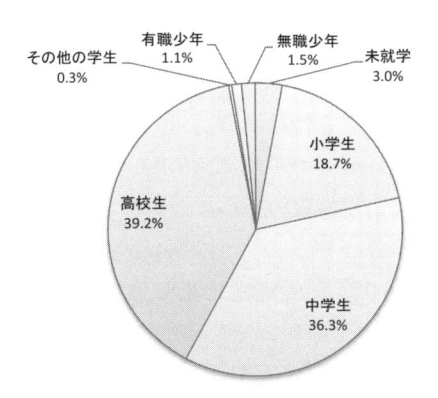

図 1　2017 年における児童ポルノ事件の送致事件に関わる被害児童の内訳
出典：警察庁（2018b）をもとに筆者作成。

自画撮り被害とする）が約 4 割を占めている。とくに、自画撮り被害のうち、スマートフォンを使用したコミュニティサイトの利用に起因するものが約 7 割を占めている。2012 年以降、自画撮り被害の児童数は 5 年連続で増加している（警察庁, 2018a）。

　被害児童の年次について見ると、2012 年から 2015 年まで各年とも高校生が約 4 割、中学生が約 4 割、小学生が約 1 割を占めていた。ちなみに、2016 年中における児童ポルノ事件の送致事件に関わる被害児童の年次の内訳は、高校生が 29.7％、中学生が 53.2％、小学生が 11.1％を占める結果となった（警察庁, 2017b）。最新のデータとして、2017 年中における児童ポルノ事件の送致事件に係る被害児童の年次の内訳を図 1 に示すが、高校生が 39.2％、中学生が 36.3％、小学生が 18.7％を占める結果となっている（警察庁, 2018b）。小学生以下の被害児童については、約 4 割の被害児童が強姦・強制わいせつの手段により児童ポルノの製造対象とされて、深刻な状況にある（警察庁, 2018a）。

2．海外における児童ポルノ研究

　海外における心理学アプローチによる児童ポルノ研究では、インターネットを使用した児童ポルノ犯罪者を「インターネット性犯罪者」あるい

は「オンライン性犯罪者」（以下、インターネット性犯罪者とする）と呼んでいる。また、児童に対して直接的に性犯罪を行う犯罪者を「接触型性犯罪者」または「オフライン性犯罪者」（以下、接触型性犯罪者とする）と呼んでいる。海外の先行研究の多くにおいて、インターネット性犯罪者と接触型性犯罪者の間にある特徴の違いについて検討している。

　たとえば、シェルドンとハウイット（Sheldon & Howitt, 2008）は、インターネット性犯罪者 16 名、接触型性犯罪者 25 名およびインターネット性犯罪と接触型性犯罪の両方の犯罪歴を有している混合型性犯罪者（以下、混合型性犯罪者とする）10 名を対象に調査を行い、犯行に関連した性的ファンタジー（sexual fantasy）について比較、検討を行った。その結果、まず最もよく見られたのは、典型的な成人男性が持つヘテロセクシャル（異性愛）なファンタジーであった。しかし、児童中心のファンタジーもよく見られた。次に、接触型性犯罪者は、他の性犯罪者のグループと比較して、男児中心の性的ファンタジーについて差は見られなかったが、女児中心の性的ファンタジーは少なかった。さらに、接触型性犯罪者は、インターネット性犯罪者と比較して、半接触型のファンタジー（例：性器を露出する、卑猥な電話をかける）がよく見られた。このことから、接触型性犯罪者は、インターネット性犯罪者と比較して、犯行に関連する性的ファンタジーが少なく、この性的ファンタジーの不足が児童に対する接触型の犯行と関連している可能性が示唆される。

　アームストロングとメラー（Armstrong & Mellor, 2016）は、インターネット性犯罪者 32 名と 16 歳未満の児童に対する性犯罪者 32 名、16 歳以上の成人に対する性犯罪者 31 名、混合型性犯罪者 20 名および非性犯罪者 47 名を対象に調査を行い、愛着、親密さや不安に関する心理特性について比較、検討を行った。その結果、まずインターネット性犯罪者は、児童に対する性犯罪者、成人に対する性犯罪者と比較して、安定型の愛着スタイルが少なかった。次に、インターネット性犯罪者と混合型性犯罪者は、非性犯罪者と比較して、恐怖型の愛着スタイルが多く、自己に対してよりネガティブな見方をしていた。また、インターネット性犯罪者は、児童に対する性犯罪者および成人に対する性犯罪者と比較して、自己に対してよ

りネガティブな見方をしていた。さらに、インターネット性犯罪者は、非性犯罪者と比較して、回避型の愛着スタイルが多く、より多くの社会的な苦悩を抱えていた。インターネット性犯罪者は、接触型性犯罪者だけでなく、非性犯罪者とも区別可能な心理的特徴を有していることが示唆された。

　ユングら（Jung et al., 2015）は、児童ポルノに接触および／または児童ポルノを流通させた犯罪者（以下、児童ポルノ犯罪者とする）50 名、露出または盗撮を行った非接触型性犯罪者 45 名、接触型性犯罪者 101 名を対象に調査を行い、比較、検討を行った。その結果、児童ポルノ犯罪者について次のような可能性が示唆された。まず、内制止（学習的な反応抑制）のレベルが高く、薬物を使用する傾向が低く、中等教育後の学業を修了する傾向が高く、さらに熟練した職業スキルを得る傾向が高い。また、外制止（生理学的な反応抑制）を増加させ、児童の抵抗に打ち勝つ可能性を減少させる。さらに、血のつながった子どもがいることが少なく、独身である可能性が高いため、児童の近くにいる可能性は低い。適切なコミュニケーションスキルが欠如し、社会的関係が少ないことにより、オンライン上の違反行為を行う可能性が高まる。

　セトら（Seto et al., 2006）は、児童ポルノ犯罪者 100 名（そのうち児童ポルノ犯罪のみを行った者が 57 名、1 名以上の児童への性的犯罪を含めて犯罪を行った者が 43 名であった）、14 歳以下の児童に対する性的犯罪者 178 名、17 歳以上の大人に対する性的犯罪者 216 名、性犯罪歴のない性科学的な診断を受けた一般患者 191 名の計 685 名を対象に調査を行い、児童ポルノ犯罪が小児性愛の有効な診断指標となるか、児童に対する性的覚醒度を基に検討を行った。その結果、児童ポルノ犯罪者は、成人に対する性的犯罪者、児童に対する性的犯罪者、および性科学的な診断を受けた一般患者と異なり、成人よりも児童に対して高い性的興奮を示していた。児童ポルノ犯罪は、小児性愛の診断において、児童に対する性的犯罪よりも強力な指標となることが示唆された。

　クラインら（Klein et al., 2018）は、一般のドイツ人男性 8,717 名を対象にオンライン調査を行い、トータル・セクシャル・アウトレッツ（Total

Sexual Outlets: TSO）⁽¹⁾と他の性的欲求の指標、反社会性行動、小児性
愛的な興味および性的加害行動との関連について、比較、検討を行った。
その結果、児童ポルノの使用と、児童に対する接触型の性的加害行動や児
童を含んだ性的ファンタジーと正の相関を示していた。さらに、性的欲
求、反社会性行動および児童を含む性的ファンタジーは児童ポルノの使用
を促すリスク・ファクターであることが示唆された。

　セトら（Seto et al., 2015）は、スウェーデンの高校3年生 1,978 名を対
象に調査を行った。その結果、児童ポルノの使用は、参加者の自己申告に
よるものであるが、性行為の強制や、児童との性行為への興味と関連して
いる可能性が示唆された。また、児童ポルノを使用した経験があると自己
申告した参加者の一部は、タブーや違法コンテンツに興味があることか
ら、性犯罪のリスクテイカーとなる可能性があることが示唆された。

　レイら（Ray et al., 2014）は、一般男性を対象に、オンライン調査を
行った。175 名を対象に分析を行った結果、まず 37 名（21.1％）が児童
ポルノを利用した経験があった。次に、37 名中 19 名（51.4％）は思春期
前の児童のポルノを閲覧した経験があると回答した。また、37 名中 23 名
（62.2％）が 10 代の児童のポルノを、4 名（10.8.％）が思春期前の児童の
ポルノを好んでいると回答した。さらに、児童ポルノ利用者は、子どもと
の性的接触に対する関心について述べる傾向が高いことが報告された。

3．国内研究

　これまで述べてきたように、海外ではさまざまなアプローチから児童ポ
ルノ犯罪者や児童ポルノ利用者について研究が行われている。しかし、日
本の児童ポルノ犯罪者や児童ポルノ利用者を対象とした心理学研究は少な
く、今後研究されることが期待される。数少ない研究例として、たとえば
田口（2015）は女児に対する性的興味の容認態度と、性的欲求やパーソナ
リティ要因、女性に対する認知といった個人要因、性的加害経験およびポ
ルノグラフィ、とくに児童ポルノの使用経験との関連を検討している。田
口（2015）によれば、女児に対する性的興味を容認する態度とポルノグラ
フィの使用経験の質の間に有意な連関は見られなかった。一方、女児に対

する性的興味を容認する態度と児童ポルノの使用経験率との間には弱い連関がみられた。田口（2015）は、児童ポルノの使用は一般社会における男性の行動としては希な行動ではあるものの、女児に対する性的興味の容認態度が大きいほど児童ポルノの使用経験率が多くなる傾向があることを示唆した。

■注記
(1) 性交やマスターベーションなど、1週間に関与したさまざまな種類の性行為に由来するオーガズムの総和と定義される（Kinsey et al., 1948）。

■引用・参考文献
Armstrong, J., & Mellor, D. (2016) Internet child pornography offenders: An examination of attachment and intimacy deficits. *Legal and Criminological Psychology*, *21*, 41-55.

Jung, S., Ennis, L., Stein, S., Choy, A. L., & Hook, T. (2015) Child pornography possessors: Comparisons and contrasts with contact- and non-contact sex offenders. *Journal of Sexual Aggression*, *19*(3), 295-310.

警察庁（2017a）平成29年版警察白書　警視庁　Retrieved from https://www.npa.go.jp/hakusyo/h29/honbun/index.html（2019年4月26日）.

警察庁（2017b）平成29年警察白書統計データ　警視庁　Retrieved from https://www.npa.go.jp/hakusyo/h29/data.html（2019年4月26日）.

警察庁（2018a）平成30年版警察白書　警視庁　Retrieved from https://www.npa.go.jp/hakusyo/h30/honbun/index.html（2019年4月26日）.

警察庁（2018b）平成30年警察白書統計データ　警視庁　Retrieved from https://www.npa.go.jp/hakusyo/h30/data.html（2019年4月26日）.

Kinsey A. C., Pomeroy W. B., & Martin C. E. (1948) Sexual behavior in the human male. W.B. Saunders Company.

Klein, V., Schmidt, A. D., Turner, D., & Briken, P. (2015) Are sex drive and hypersexuality associated with pedophilic interest and child sexual abuse in a male community sample? *PLoS ONE*, *10*(7), e0129730.

Ray, J. V., Kimonis, E. R., & Seto, M. C. (2014) Correlates and moderators of child pornography consumption in a community sample. *Sexual Abuse*, *26*(6), 523-545.

Seto, M. C., Cantor, J. M., & Blanchard, R. (2006) Child pornography offender are a valid diagnostic indicator of pedophilia. *Journal of Abnormal Psychology*, *115*(3), 610-615.

Seto, M. C., Hermann, C. A., Kjellgren, C., Priebe, G., Svedin, C. G., & Långström, N. (2015) Viewing child pornography: Prevalence and correlates in a representative community sample of young swedish man. *Archives of Sexual Behavior, 44*(1), 67-79.

Sheldon, K., & Howitt, D. (2008) Sexual fantasy in paedophile offenders: Can any model explain satisfactorily new findings from a study of Internet and contact sexual offenders? *Legal and Criminological Psychology, 13*, 137-158.

田口真二（2015）女児に対する性的興味を容認する態度と性的加害経験，個人要因および児童ポルノ使用経験との関連．日本法科学技術学会誌，*20*（2），175-183.

アブダクション

桐生正幸

　架空の人物ではあるが、世界最初の犯罪者プロファイラーと呼ぶにふさわしい「シャーロック・ホームズ」は、自らの推論を「ありそうもないことは不可能なことではない」といった表現で説明している（Konnikova, 2013）。事件においては、「ありそうもないこと」が起こり得る。しかし手馴れた捜査官ほど、目の前にある魅力的な証拠に対し、「ありそうな」視点からしか検討しない確証バイアスに陥りやすい。そのことをホームズは指摘し、「不可能なことではない」視点を常に意識することが、犯罪捜査に大事なのだと述べている。ホームズは、その時点で最もまともと考える仮説を立てては検証し、観察し、分析し、そして新たな仮説を立てる、といった推論を繰り返している。この推論に求められるのは、過去の事件や捜査・鑑識に関する幅広い基礎知識を持ち、豊かな観察力による事実への理解力を有し、それらから得られる仮説を立てることができる能力である。

　ラドフォード（Radford, 1999／小林ら訳, 2001）は、この推理法について、演繹法でも帰納法でもなく飛躍と当て推量の連続であるとしながらも、しかしながら正しい答えにたどり着くことから「アブダクション（abduction：仮説形成法）」に近いと指摘している。このアブダクションという推論の概念を提唱したのが、論理学者であるパース（Peirce, C. S.: 1839-1914）である（米盛, 2007）。米盛（2007）は、アブダクションとは「ある意外な事実や変則性の観察から出発して、その事実や変則性がなぜ起こったのかについて説明を与える『説明仮説』を形成する思惟または推論」としている。

　桐生（2019）は、事件捜査におけるアブダクションによる推論について、ひったくり事件を想定して、以下のように説明を試みている。

　・一連のひったくり事件の現場付近で、外国製のようなバイクに乗っ

ている人が目撃される
・もし、外国製バイクを借りていた A さんが犯人ならば、そのバイクに乗ってひったくりを行うだろう
・よって、A さんがひったくり犯であると仮定される

　この最後の結論に至るには、次のようないくつかの前提が隠れている。すなわち、

・もし、外国製風の改造バイクを所有する B さんがひったくり犯ならば、そのバイクに乗ってひったくりを行うだろう
・もし、外国製バイクを所有していた C さんがひったくり犯ならば、そのバイクに乗ってひったくりを行うだろう

　といったものだが、これら対立仮説は「A さん」仮説ほどうまく説明ができない、と判断されたことになる。推論過程において、目撃証言は確からしいから改造バイクの B さんの可能性は低い、であるとか、自ら所有する外国製バイクをわざわざ使用すれば目立つから C さんの可能性は低い、といった評価がなされる。むろん、この脆弱な推論をもって A さんの容疑が高まるわけではない。捜査過程で、新たな事実により立てられる推論によって、「A さん」仮説が否定されることも想定される。ただ、現時点においては最も有力な仮説でもあるから、それを手掛かりにして捜査方針が進められることとなる。

　統計学の視点から三中（2016）は、「同一のデータを説明しようと競合する複数の対立仮説の間で、データを証拠とする相対的な"支持"の順位を踏まえ、その時点でもっともよい仮説を選び出す」（pp.126）ものと説明している。すでに人工知能学において、アブダクションに統計的推論を組み合わせた確率的知識表現である「統計的アブダクション」が開発されている。アブダクションは終わりのない推測の連鎖といえる。データに現時点で最もよく見合った確率モデルとアルゴリズムを選択し、結果の評

価を行う。その評価に基づき、モデルの欠陥や誤りを修正して新たなデータを加え、先の手順を繰り返していく。しかしながら、「統計的アブダクション」は、広くベイジアンネットワークや隠れマルコフモデルなど機械学習で使用される生成的確率モデルを、表現、計算、学習でき、このようなスパイラルの手間を大幅に省いてくれる可能性を持つ（佐藤, 2010）。

　犯罪事象とアブダクションとの相性の良さがうかがえ、この推論法が統計的手法によって犯罪捜査に生かされる可能性が十分にあると考えられる（桐生, 2019）。たとえば、財津（2011）は、犯人像推定においてベイジアンネットワークを用いた分析を試みている。今後、この分野の研究の進展が大いに期待されよう。

■引用・参考文献

桐生正幸（2019）犯罪者プロファイリングはホームズの叡智を獲得したのか？　心理学評論, *61*（3）, 344-358.

Konnikova, M. (2013) *Mastermind: How to think like Sherlock Holmes*. Penguin Books.

三中信宏（2016）統計学の現場は一枚岩ではない. 心理学評論, *59*, 123-128.

Radford, J. (1999) *The intelligence of Sherlock Holmes and other three-pipe problems*. Sigma Forlag.（ラドフォード，J. 小林司・東山あかね・熊谷彰［訳］（2001）シャーロック・ホームズ──事件と心理の謎　講談社）

佐藤泰介（2010）統計的アブダクション. 人工知能学会, *25*, 400-407.

米盛裕二（2007）アブダクション──仮説と発見の論理　勁草書房.

財津亘（2011）犯罪者プロファイリングにおけるベイズ確率論の展開　多賀出版.

おわりに

　本書で取り上げた司法・犯罪心理学に関するテーマを見てもらうとわかるように、犯罪捜査から、裁判、犯罪者の処遇・矯正、刑務所出所者についてなどを取り上げており、概ね犯罪発生からの一連の流れで司法・犯罪心理学の領域で生じる心理学的問題について考えることができたのではないであろうか。

　また、犯罪者や捜査関係者だけでなく、被害者、法曹関係者、そして第三者といったさまざまな立場からの「司法・犯罪」に関わる心理学的問題を取り上げたともいえるであろう。これまでは、いうなれば「犯罪者心理学」というイメージが強かったと思われる当該分野であるが、司法・犯罪に関係する現実の場面では実に多くの要因が複雑に関連しているとともに、多くの機関や多くの人が異なる立場で同じ「犯罪」という問題に関わっているのである。

　もちろん、すべての立場でまったく同じ問題に関わっているわけではないし、それらすべてを同時に考慮に入れた実証的研究は不可能であると思われるが、それが司法・犯罪に関わる社会全体の中でどの位置に属しているのか、誰のためになるものなのかを考える必要は少なからずあると思われる。たとえば、犯罪者特有のパーソナリティや特徴を明らかにする場合、その明らかになった特徴は犯罪捜査の犯罪者像の推定につながると同時に、その知見は犯罪者の矯正・支援にもつながると思われるし、犯罪者・被害者の行動特徴は犯罪捜査に利用できるとともに、防犯にも応用できる可能性があるであろう。実際、日本心理学会や日本犯罪心理学会などで発表された研究内容を見ると、複数の司法・犯罪心理学の領域にまたがると思われるものは多い。

　また、本書ではデート暴力や痴漢、児童ポルノについて取り上げた。とくにこれらの問題では、加害者のことだけでなく、置き去りにされがちな被害者の心理や被害者非難についても忘れてはならないであろう（もちろん、すべての犯罪においてであるが）。また、日本の犯罪件数は減少を続けているが、再犯率の上昇が問題となっている。そのため、犯罪者の矯正はもちろん重要であるが、刑務所出所者等の再犯防止のカギとなる仕事と居場所の確保、立ち直りを

支える社会環境を構築のための国民の理解を促進させるための研究も重要となるであろう。

　さらに、海外では進んでいる研究テーマであったとしても、日本ではまだ発展していないテーマであったり、法制度や文化、国民性などさまざまな違いによって、海外の先行研究の知見がそのまま日本に適用できないことは少なくない。そのため、日本独自の実証研究は必要であるし、日本で新たに問題となってきた問題を研究していくことの意義は高いであろう。

　もちろん、本書で司法・犯罪心理学の、犯罪のすべての問題を取り上げられたわけではないが、少なからずそれらの研究を進めるための知見を提供できたのではなかろうか。犯罪というものは残念ながら起こるものである。少しでも多くの心理学者やそれを目指す人が、司法・犯罪心理学に関わる問題に興味を持ち、司法・犯罪心理学の研究を手がけていただきたい。その一つひとつの研究成果が、この先の犯罪を減らし、それを解決に導くことにつながることは間違いないであろう。本書がそのための少しのきっかけになれば幸いである。

2019 年 9 月

編者を代表して　板山　昂

さくいん

■編著者紹介

桐生正幸（きりう まさゆき）

1960 年生まれ。文教大学中退、大学改革支援・学位授与機構（文学士）。博士（学術）（東亜大学）。山形県警察本部科学捜査研究所（主任研究官）、関西国際大学（教授）を経て、現在、東洋大学社会学部教授。専門は犯罪心理学、生理心理学。日本犯罪心理学会常任理事、兵庫県地域安全まちづくり審議会委員などを兼任。主な著書に、『テキスト 司法・犯罪心理学』（共編著、北大路書房、2017 年）、『基礎から学ぶ犯罪心理学研究法』（編著、福村出版、2012 年）など約 20 冊。「クローズアップ現代＋」などテレビ解説やドラマ監修にも携わる。

板山　昂（いたやま あきら）

1985 年生まれ。関西国際大学大学院人間行動学研究科修士課程（犯罪心理学コース）修了。神戸学院大学大学院人間文化学研究科博士後期課程修了、博士（人間文化学）。現在、関西国際大学人間科学部講師。専門は犯罪心理学、社会心理学、法と心理学。法と心理学会理事。著書・分担記事に、「裁判員：裁判員制度と量刑判断」（太田信夫［監修］・桐生正幸［編集］『司法・犯罪心理学』シリーズ心理学と仕事 16、北大路書房、2019 年）、「個人と集団」（松田幸弘［編著］『人間関係の社会心理学』晃洋書房、2018 年）、『裁判員裁判における量刑判断に関する心理学的研究——量刑の決定者と評価者の視点からの総合的考察』（風間書房、2014 年）など 7 冊。

入山　茂（いりやま しげる）

1984 年生まれ。東洋大学大学院社会学研究科社会心理学専攻博士前期課程修了。現在、同大学院博士後期課程在籍。専門は犯罪心理学、社会心理学。日本犯罪心理学会関東地区理事。主な分担記事に、「日本におけるハイジャックとその分析」（越智啓太［編著］『テロリズムの心理学』誠信書房、2019 年）、「犯罪者プロファイリング：開発の背景と理論、そして日本における実践」（太田信夫［監修］・桐生正幸［編集］『司法・犯罪心理学』シリーズ心理学と仕事 16、北大路書房、2019 年）、「死因の推定」（日本犯罪心理学会［編］『犯罪心理学事典』丸善出版、2016 年）。

■著者紹介　（五十音順　＊は執筆当時の所属）

荒井崇史　東北大学大学院

有賀隆之　虎門中央法律事務所

池間愛梨　東洋大学大学院社会学研究科社会心理学専攻博士後期課程＊

岩見広一　北海道警察本部科学捜査研究所

大上　渉　福岡大学

大髙実奈　東洋大学大学院社会学研究科社会心理学専攻博士後期課程

小嶋理江　椙山女学園大学

高岸幸弘　熊本大学

滝口雄太　東洋大学大学院社会学研究科社会心理学専攻博士後期課程

中川知宏　近畿大学

若林宏輔　立命館大学

司法・犯罪心理学入門
——捜査場面を踏まえた理論と実務

2019年11月20日　初版第1刷発行
2021年3月25日　　第2刷発行

編著者　　桐　生　正　幸

　　　　　板　山　　昂

　　　　　入　山　　茂

発行者　　宮　下　基　幸

発行所　　福村出版株式会社

〒113-0034　東京都文京区湯島 2-14-11

電　話　03-5812-9702

ＦＡＸ　03-5812-9705

https://www.fukumura.co.jp

印　刷　株式会社文化カラー印刷

製　本　協栄製本株式会社

© 2019 Masayuki Kiriu, Akira Itayama, Shigeru Iriyama

Printed in Japan

ISBN978-4-571-25053-8 C3011

乱丁・落丁本はお取替えいたします。

定価はカバーに表示してあります。